Cativos do Reino

A circulação de escravos entre
Portugal e Brasil, séculos 18 e 19

Cativos do Reino

A circulação de escravos entre
Portugal e Brasil, séculos 18 e 19

Renato Pinto Venancio

Copyright © 2012 Renato Pinto Venancio

Grafia atualizada segundo o Acordo Ortográfico da Língua Portuguesa de 1990, que entrou em vigor no Brasil em 2009.

Publishers: Joana Monteleone/ Haroldo Ceravolo Sereza/ Roberto Cosso
Edição: Joana Monteleone
Editor assistente: Vitor Rodrigo Donofrio Arruda
Revisão: João Paulo Putini
Assistente de produção: João Paulo Putini
Projeto gráfico, diagramação e capa: Sami Reininger
Imagem da capa: Marquesa Elena Grimaldi, 1623, Van Dyck

CIP-BRASIL. CATALOGAÇÃO-NA-FONTE
SINDICATO NACIONAL DOS EDITORES DE LIVROS, RJ

V461c

CATIVOS DO REINO: A CIRCULAÇÃO DE ESCRAVOS
ENTRE PORTUGAL E BRASIL, SÉCULOS 18 E 19
Renato Pinto Venancio
São Paulo : Alameda, 2012.
276 p.

Inclui bibliografia
ISBN 978-85-7939-021-0

1. Escravidão – Brasil – História. 2. Escravidão – Portugal – História. 3. Escravos – Brasil – Condições sociais. 4. Escravos – Brasil – Usos e costumes. 5. Brasil – História – Período colonial, 1500-1822. I. Título.

10-0291.   CDD: 981.03
                            CDU: 94(81)"1500/1822"

                                        017247

ALAMEDA CASA EDITORIAL
Rua Conselheiro Ramalho, 694, Bela Vista
CEP 01325-000 – São Paulo, SP
Tel. (11) 3012-2400
www.alamedaeditorial.com.br

Sumário

Introdução	7
Cap. I. A circulação de escravos	11
Cap. II. Trajetórias coloniais	43
Cap. III. Escravos de Lisboa	75
Cap. IV. O tráfico de pigmeus	113
Cap. V. Os cativos contra o reino	141
Cap. VI. Os escravos sabiam ler?	169
Cap. VII. Todos somos filhos de Adão e Eva	185
Cap. VIII. Os últimos senhores do reino	211
Conclusão	239
Fontes e Referências Bibliográficas	245

Introdução

A ESCRAVIDÃO É UM DOS TEMAS mais pesquisados da história do Brasil. Apesar disso, constantemente são feitas novas descobertas. O presente livro tem por objetivo explorar uma vertente ainda pouco conhecida. Trata-se da circulação de escravos, fenômeno que dizia respeito à transferência de cativos de uma região a outra, em áreas externas ao continente africano.

Esses movimentos constituíam uma situação de exceção; após a longa travessia, via o tradicional tráfico internacional, a tendência era a da estabilização da população escrava. Não obstante, foram registradas ocorrências de circulação de cativos, em rotas por vezes surpreendentes. O primeiro capítulo deste livro apresenta um desses circuitos. Constatamos a existência de escravos transferidos de Portugal para o Novo Mundo e daí, novamente, para o reino. O segundo capítulo tem por objetivo uma análise de caso, traçando as linhas gerais da trajetória de uma escrava nascida em Portugal e enviada ao Brasil Colônia. O capítulo seguinte aborda uma questão historiográfica, diferenciando as práticas escravistas de Lisboa em relação às do restante do reino. Essa perspectiva procura relativizar um impasse. Por um lado, há pesquisadores que defendem a existência, em relação aos séculos 16-18, de um singular sistema escravista em Portugal.[1] Por outro lado, há historiadores que – seguindo sugestões M. I. Finley[2] – diferenciam a "presença de escravos" da existência de um "sistema escravista". Esse último só existiria quando se torna a base da reprodução da sociedade.[3]

Conforme veremos, em Lisboa a escravidão não era a base do sistema econômico, mas nem por isso a instituição deixou de ter importância: em termos absolutos, a capital do reino era uma das três maiores cidades escravistas do império. O capítulo IV explora a questão do desembarque de escravos em Portugal, mesmo após a proibição oficial dessa prática. O texto seguinte avalia as formas de resistência à escravidão por parte dos cativos que circulavam entre o Velho e o Novo Mundo. Os dois capítulos posteriores tratam do letramento e de tradições orais portuguesas, apropriadas pelos habitantes das senzalas e que também circularam no interior do império. O último capítulo apresenta a questão dos "senhores por procuração"; em outras palavras, proprietários de escravos brasileiros, embora residentes em Portugal.

No sentido de facilitar a leitura, foi atualizada a ortografia dos documentos de época, salvo nos casos de se tratar de citações extraídas de pesquisas já publicadas. Também, na medida do possível, atualizamos os nomes das localidades. Para a maioria dos leitores, é fácil relacionar "Vila Rica" à atual "Ouro Preto". No entanto, em relação a várias outras localidades, isso exige pesquisas e cria dificuldades desnecessárias. Por fim cabe reconhecer e agradecer o apoio dado pelo CNPq a esta pesquisa e à Fapemig, que viabilizou sua publicação.

Notas:

1   Os principais defensores desta perspectiva são: LAHON, Didier. *O Negro no Coração do Império: uma memória a resgatar. Séculos XV-XIX.* Lisboa, 1999 e STELLA, Alessandro. *Histoires d'esclaves dans la Péninsule Ibérique.* Paris: EHESS, 2000.

2   FINLEY, Moses I. *Escravidão antiga e ideologia moderna.* Rio de Janeiro: Graal, 1991.

3   Por isso mesmo, não se "pode, portanto, em absoluto, falar de sociedade escravista, referindo-se ao Portugal do Antigo Regime, como fazem alguns autores menos rigorosos em conceitos; o sistema produtivo nunca chegou a se basear na produção escrava". Ver: NOVAIS, Fernando A. *Aproximações: estudos de história e historiografia.* São Paulo: Cosac Naify, 2005, p. 86.

Capítulo I
A circulação de escravos

TODO MUNDO SABE QUE OS escravos do Brasil colonial vieram da África. A esta rota de circulação somam-se outras no interior do império português. Quais seriam? O objetivo deste capítulo é explorar essa questão. Inicialmente vamos tratar da vinda de cativos de Portugal para o Novo Mundo; em seguida, apresentamos casos de envio de escravos coloniais ao reino.

A análise detalhada de casos limites das populações da senzala mostra que estas trajetórias também envolviam a circulação de valores e ideias. Os primeiros casos a ser apresentados dizem respeito a Minas Gerais colonial. Em relação ao estudo de mobilidade humana, o período e local são ideais. As descobertas de ouro tiveram grande repercussão. A partir de 1696, o novo Eldorado exerceu verdadeiro fascínio, estimulando um poderoso movimento migratório. Das lavras auríferas de Minas saíram recursos que em grande parte deram nova vida ao sistema econômico português, permitindo a retomada das atividades comerciais e reativando ou mesmo criando novos circuitos de troca de mercadorias e circulação de pessoas.[1]

O estudo pormenorizado das migrações é, no entanto, difícil de ser realizado. Uma das razões se deve à raridade da emissão de passaportes, nos quais o emigrante indicava o próprio nome, assim como dos familiares e criados ou escravos que o acompanhavam. As primeiras tentativas de se impor esse documento são antigas. No início do século 17, ainda sob o domínio espanhol em Portugal, são feitos os primeiros esforços para controlar "a vinda de estrangeiros ao Brasil [...] obrigando os solicitadores a submeterem suas pretensões ao Conselho da Índia, cujo presidente assinaria passaporte no caso de concessão".[2]

Nesta época, porém, os moradores do ultramar não eram considerados "estrangeiros", o que os eximia deste documento. O passaporte dos não-portugueses, por sua vez, era feito em nome das embarcações. Existiam algumas exceções, como nos casos dos "soldados para irem e virem de algum lugar".[3] Em 1645, ainda sob o impacto da guerra de Restauração, surge em Portugal a primeira tentativa de tornar obrigatório o documento individual:

> Eu El-Rei faço saber aos que este Alvará de Lei virem, que eu ei por bem, e me praz, de proibir, com penas de desnaturamento, e além dele, de perder fazendas, bens e honras, que neste Reino tiver, que pessoa alguma, de qualquer estado, qualidade e condição que seja, não saia fora deste Reino, sem licença e passaporte firmado por mim.[4]

Passado o medo de uma nova invasão espanhola, as leis voltam a restringir o passaporte a fins militares ou a embarcações.[5]

A colonização de Minas Gerais suscitou uma nova onda de preocupações. Entre 1700 e 1760, calcula-se que cerca de 600 mil portugueses desembarcaram na América portuguesa.[6] Cifra gigantesca, frente aos 100 mil estimados em relação aos séculos 16 e 17.[7] Foram feitas inúmeras tentativas de diminuir ou mesmo impedir o imenso fluxo migratório do início do século 18. Diante do fracasso das medidas, leis ameaçam com rigorosas punições. Uma delas, sancionada em 1720, deu início à obrigatoriedade do passaporte individual, internamente ao império português. A lei obrigava que, na hora da partida dos navios para o Brasil, se lhe daria busca e seriam "presos todos os indivíduos encontrados sem passaportes, assentando-se praça aos que tiverem idade para isso e sofrendo os mais seis meses de cadeia e cem mil réis de multa".[8]

Tal determinação, por meio de correspondência régia, é reafirmada junto às autoridades coloniais, se reconhecendo

> o particular da muita gente que deste Reino passa as Minas, tomou a Majestade a resolução de mandar promulgar uma lei para que não fossem mais pessoas que as necessárias para o comércio e que só a estas se desse passaporte, e as que lá forem sem ele sejam remetidas prezas para a Corte [...][9]

O levantamento dos dados do Conselho Ultramarino, que em parte regulava essa questão, revela o quanto a determinação foi inócua. Entre 1720 e 1822, apenas 77 passaportes, referentes a viajantes com destino a Minas Gerais, foram registrados. Quase sempre os requerentes desses documentos procuravam justificar a viagem como algo irremediável. Essa foi a argumentação expressa, por exemplo, pelo padre "Caetano da Mata Guimarães, solicitando a D. João V que lhe faça a mercê de conceder licença e passaporte para poder ir as Minas cobrar a herança deixada pelo seu falecido irmão".[10] Em outras situações, a dificuldade de se conseguir o documento era tanta, que deu origem a falsificações, inclusive entre clérigos, como a denunciada em 1753:

> Carta de José António Freire de Andrade, governador de Minas, informando a Diogo de Mendonça Corte-Real ter tomado conhecimento da sua ordem na qual determinava que se prendesse o pe. Joaquim José de Melo, por ter passado ao Reino do Brasil munido de passaporte falso.[11]

A raridade dos passaportes com destino a Minas Gerais pode ser atribuía aos desembarques ocorridos principalmente no Rio de Janeiro, mas com passageiros destinados à capitania fronteiriça. Em algumas situações isso era explicitado no documento: "Requerimento de Domingos António, pedindo passaporte que lhe permita transitar pelo Rio de Janeiro, a caminho de Minas".[12] O porto carioca, porém, no mesmo período acima referido, registrou apenas 2.410 passaportes,[13] mesmo somando-se os reinóis desembarcados no porto do Rio e que daí seguiam para Minas Gerais.

Como se vê, os registros são ínfimos e muitíssimo longe de corresponder à efetiva corrente migratória. Ao que parece foi feita vista grossa à migração ilegal, como eram os casos daqueles que costumavam "embarcar e desembarcar do navio em movimento".[14] Junto a essa documentação encontram-se milhares de "solicitações" e "pedidos" não sancionados, principalmente de militares, em que se registravam intenções de deslocamentos internos na sociedade colonial ou em direção ao reino.

Não obstante os passaportes apresentarem informações pontuais relevantes, seu conteúdo é de difícil generalização. Na ausência de séries consistentes referentes a esse documento, uma alternativa é a de utilizar testemunhos que de alguma forma indiquem a procedência dos escravos. Os registros paroquiais de batismo, casamento e óbito, a esse respeito, apresentam informações interessantes, mas raramente foram conservados em séries completas, obrigando o pesquisador a fazer generalizações a partir de dados de uma única igreja. Além disso, os registros de casamento, que apresentam dados mais minuciosos em relação à naturalidade dos noivos, são os que em menos constam a presença de escravos, pois eles frequentemente viviam em uniões não sacramentadas pela Igreja católica.

Por isso mesmo, foram selecionadas as séries de *Reais Quintos* (1710-1725) e de *Capitação* (1735-1750), documentação que trazem informações mais sistemáticas e abrangentes. Os *Reais Quintos* consistiam na cobrança de uma taxa de dez oitavas de ouro em pó sobre cada escravo de mineradores e faiscadores. A *Capitação*, por sua vez, expandiu essa cobrança aos "negros, mulatos e mestiços livres, que não tivessem escravos próprios",[15] assim como aos artífices, donos de lojas e de hospedarias. Esses direitos régios eram impopulares: o primeiro independia da quantidade de ouro encontrada; o segundo incidia sobre a camada mais pobre da população.

Tal situação gerou descontentamentos. O risco da sonegação, no entanto, era contrabalançado em razão de um escravo não declarado pelo senhor implicar no aumento da carga fiscal sobre outros senhores, pois se devia atingir cotas pré-estabelecidas de ouro a ser enviado à Portugal.[16] Também é importante sublinhar que os conteúdos das listagens de Quintos e de Capitação eram bastante semelhantes. Nelas lemos os nomes dos senhores e de seus respectivos cativos, dados que orientavam as autoridades por ocasião da cobrança do direito régio.

Os escrivães registravam, ainda, as *nações* dos escravos. Nas diversas listagens conservadas, observamos referências a escravos "crioulos", ou seja, aqueles nascidos no Brasil, e "africanos", designados na sua maior parte como *Mina, Congo, Angola, Benguela,* ou mesmo – para citarmos designação menos conhecida – como *Camudongo.* Também eram feitas alusões aos cativos vindos de Portugal, designados como *do Reino, de Portugal, Reinol* ou, mais raramente, *de Lisboa, do Alentejo* e assim por diante.

Quando analisados em minúncia esses dados confluem em uma mesma direção: raríssimos portugueses vieram acompanhados de escravos. Na tabela 1, indicamos a distribuição dos cativos do reino nos principais centros mineiros.[17] A identificação desse segmento implica, como é possível notar, em um imenso trabalho de pesquisa. Assim, paralelamente às localidades da tabela 1, cabe registrar as que tiveram as listagens consultadas, mas não apresentaram informação alguma a respeito dos cativos do reino. Isso ocorreu, por exemplo, em relação a várias freguesias de Ouro Preto (na época Vila Rica), Mariana (na época Vila do Carmo), Pitangui, Sabará e Tiradentes (na época São José del-Rei). Para se ter ideia do volume desse trabalho, cabe aqui mencionar o caso de Mariana. Em relação a essa localidade foi consultada, sem sucesso, a documentação de 12 freguesias e distritos: Camargos, Gama, Antonio Pereira, Barra do Bacalhau, Bento Rodrigues, Pinheiro Rocha, Musuns, Mata Cavalos, Guarapiranga, Brumado, Itacolomi e São Caetano.

Como se constata na tabela 1, os cativos do reino eram exceção na população das senzalas, raramente ultrapassando 1% da escravaria. Obviamente, contribuía para isso o fato de a escravidão portuguesa ser residual, dificilmente ultrapassando a referida cifra. Além disso, em Minas Gerais, o ínfimo número de cativos do reino era raro devido a outros motivos. Um deles se devia ao fato de quase sempre os portugueses se deslocarem jovens, entre 11 e 16 anos, para o Novo Mundo. Além de emigrarem jovens, a elite colonial circulava por várias áreas do império, quase sempre desempenhando atividades mercantis e sendo acolhida por um parente já estabelecido; não sendo de se estranhar que muito poucos levassem escravos consigo.[18]

Um grupo de proprietários de cativos do reino aparece descrito na tabela 2. Os dados apresentados revelam que nele estavam inseridos os estratos senhoriais mais elevados da sociedade mineira. Para se ter ideia disso, basta mencionar que, em 1718, 81,5% dos proprietários arrolados no conjunto das listas de quinto declararam ter até dez escravos;[19] em 1725, nas imediações de Mariana, essa cifra era ainda mais elevada, alcançando 82,3%.[20] O mesmo, porém, não podemos afirmar em relação aos proprietários de cativos reinóis: dos 19 senhores em que foi possível a identificação do nome e sobrenome, 15 possuíam dez ou mais escravos, o que os remete à faixa dos 20% mais ricos escravistas de Minas Gerais colonial.

Tabela 1. Cativos do reino em Minas Gerais – 1718-1738

Localidade	N° total de escravos	N° de cativos do reino	%
Ouro Preto (1718)			
Bairro do Morro	881	2	0,2
São João del-Rei (1718)			
Várias freguesias	1.347	4	0,3
Pitangui (1722)			
Várias Freguesias	893	1	0,1
Mariana (1725)			
Freguesias			
Catas Altas	1.374	5	0,3
São Sebastião	1.197	1	0,08
Inficcionados	1.128	1	0,3
Passagem	725	4	0,5
Gualacho	323	1	0,3
Diamantina (1738)			
Várias freguesias	738	10	1,3
Total:	8.606	29	0,3

Fonte: Listas de quintos e de capitação de 1718, 1722 e 1738, *Casa dos Contos de Ouro Preto*, cód. APM 03/10 e AN M7. Reais quintos e lista dos escravos de 1725, *Arquivo Histórico da Câmara de Mariana*, cód. 150. REZENDE, Rodrigo Castro. *As nossas áfricas: população escrava e identidades africanas nas Minas Setecentistas*. Dissertação de Mestrado, FAFICH-UFMG, 2006, p. 180-189. LUNA, Francisco Vidal; COSTA, Iraci del Nero da; KLEIN, Herbert S. *Escravismo em São Paulo e Minas Gerais*. São Paulo: Edusp, 2009, p. 26-27.

Tabela 2 - Proprietários de cativos do reino em Minas Gerais – 1718-1738

Nome do Proprietário	Localidade	N° total de escravos	N° de cativos do reino
Martinho Pereira Misericórdia	Ouro Preto	22	1
Domingos de Souza de Oliveira	Ouro Preto	17	1
Antonio Martins Leça	Ouro Preto	62	1
Francisco da Silva Machado	Ouro Preto	18	1
Francisco da Silva Carvalho	Mariana	17	1
José Vieira Machado	Mariana	31	1
Guilherme Maynard da Silva	Mariana	38	1
Ignacio Dias	Mariana	24	1
João Gonçalves da Costa	Mariana	9	1
Francisco do Amaral Coutinho	Mariana	41	3
Pedro da Rocha Gandavo	Pitangui	30	1
Manoel da Gama	São João del Rei	4	1
Rafael Pires Pardinho	Diamantina	6	4
Antônio Aveiro Mascarenhas	Diamantina	14	1
Manoel de Souza Ribeiro	Diamantina	21	1
Amaro Gomes Álvares	Diamantina	20	1
Manoel de Barros Caminha	Diamantina	3	1
João Batista de Oliveira	Diamantina	79	1
Bernardo de Souza	Diamantina	57	1

Fonte: Listas de quintos e de capitação de 1718, 1722 e 1738, *Casa dos Contos de Ouro Preto*, cód. APM 03/10 e AN M7. Reais quintos e lista dos escravos de 1725, *Arquivo Histórico da Câmara de Mariana*, cód. 150.

Por outro lado, a posse de poucos escravos necessariamente não indica uma condição social modesta. Tal situação foi muito bem documentada para o caso de Rafael Pires Pardinho. Como é possível perceber na tabela 2, em 1738, ele declarou ter seis escravos, sendo quatro provenientes de Portugal. Não se tratava, contudo, de um acanhado minerador ou de simples roceiro, mas sim de uma das figuras mais poderosas da capitania: Pires Pardinho era intendente dos diamantes e responsável pela demarcação diamantina, um "quadrilátero em torno do arraial do Tejuco".[21]

A trajetória desse servidor do rei é exemplar. Em 1702, logo após ter se formado em Leis na Universidade de Coimbra,[22] assumiu o cargo de juiz de fora nas vilas de Santiago do Cacém e Sines, sendo depois, até 1715, juiz em Lisboa. Dois anos mais tarde, embarca para o Brasil, onde ocupa cargo de ouvidor em São Paulo. Ao longo de mais de uma década, atua em várias questões, como o combate a piratas, proibição de escravização de indígenas e legalização de sesmarias. Graças a isso pôde solicitar mercê de cargo na Casa de Suplicação da Corte. Em 1730 se estabelece novamente em Lisboa, de onde é nomeado, quatro anos mais tarde, demarcador da intendência diamantina.

Pardinho permanece em Minas Gerais até 1743, quando então retorna a Lisboa, assumindo postos no Conselho Ultramarino até seu falecimento, quinze anos mais tarde. A trajetória do intendente mostra que ele era uma exceção frente aos demais emigrantes portugueses, pois veio em idade adulta para o mundo colonial. Quando aceitou o cargo no Tejuco, o primeiro intendente dos diamantes contava com 57 anos. Antes, como vimos, ele residia em Lisboa, onde ocupava cargo administrativo. Talvez isso explique porque, em 1738, já estabelecido em Minas Gerais, declarou ser proprietário dos escravos: José Ferreira, crioulo, de Lisboa, de 43 anos; José Nascentes, natural de Lisboa, de 37 anos; Gabriel, da Ilha (Açores), de 43 anos; e Afonso, de Crasto (localidade próxima à cidade do Porto), de 33 anos.

Na lista de *Reais Quintos* de 1725 é registrado outro proprietário português que migrou em idade adulta. Tratava-se de João Gonçalves da Costa. Esse senhor viria a se tornar uma celebridade póstuma em razão de ser pai do poeta Cláudio Manoel da Costa. Ele emigrou em 1710, com aproximadamente 30 anos, "trocando o arado pela quimera do ouro";[23] em Minas Gerais, se estabeleceu em área rural de Mariana e trouxe consigo um cativo do reino.

Antonio Martins Leça – em razão da imensa escravaria que possuía – também parece ter desembarcado na Colônia em idade adulta e com grandes recursos. Ele se fixou em Minas Gerais logo após as primeiras descobertas de ouro. Foi extremamente bem sucedido e em 1718 é listado como proprietário de 62 escravos. A data de sua chegada pode ser estimada através dos cargos que ocupou. Em 1713, foi sargento-mor de Companhia de Ordenança da Câmara de Mariana. No ano seguinte, ocupa o posto de procurador da Câmara de Ouro Preto, permanecendo nessa posição durante vários anos, até entrar em conflito com o Conde de Assumar, em razão da cobrança de impostos.[24]

O procurador foi um importante articulador na implantação da cobrança dos Quintos nas Minas. Em uma ata da câmara de Ouro Preto, datada de 1714, seu nome é registrado entre os que "acordaram e ajustaram e concluíram uniformemente, que os Reais Quintos se carregassem por este ano presente não ficando exemplo para os Anos vindouros em trinta arrobas de Ouro. As quais se tirassem dos moradores de todas as minas".[25] Neste mesmo ano, Leça, junto a quatro oficiais ouro-pretanos, foi responsável pelo ensaio de implantação de uma ordem social nas lavras, proibindo a instalação de "tavernas e cozinhas nas lavras em que se minerar ou faiscar, pelos prejuízos geral que se segue aos mineiros pelos descaminhos dos seus escravos".

Guilherme Maynard da Silva é outro proprietário de origem reinol. Senhor de 38 cativos, Maynard era residente na freguesia de Gualacho do Sul, em Mariana. Em 1718, ele se tornou vereador da Câmara de Mariana, cargo que volta a ocupar em 1730.[26] Em seu testamento, infelizmente não acompanhado por inventário *post-mortem* com a lista da escravaria, declarou: "sou natural e Batizado na freguesia da Leal Cidade do Porto".[27] Maynard, no momento da morte, continuava a manter relações estreitas com Portugal: deixou casas na cidade do Porto e mandou pagar dívidas ali contraídas.

Esses exemplos, somados às demais informações da tabela 2, sugerem que os cativos do reino quase sempre faziam parte da criadagem senhorial. Tratava-se de um requinte que somente proprietários muito ricos ou funcionários do alto escalão da administração colonial podiam usufruir. Em alguns casos foi possível encontrar outros suportes documentais para essa interpretação. Isso ocorreu, por exemplo, em 1756. Fugindo do terremoto que assolara Portugal no ano anterior, Manoel Rodrigues de Oliveira solicita "passaporte para passar ao Rio de Janeiro e a Minas Gerais onde tinha negócios". O documento registra, ainda, que o solicitante vinha "em companhia de sua esposa, Ana Moreira da Cruz, de seus filhos João, Manoel e Helena, bem como de dois escravos de nome Salvador e Florência".[28] Apesar dos custos e dos riscos da viagem, o proprietário trazia escravos para o serviço pessoal.

Ao que parece, nos meios sociais afidalgados ou enobrecidos, nem mesmo quando se caía em desgraça a exigência da criadagem era dispensada. José Mascarenhas, fundador da *Academia Brasílica dos Renascidos*, sob a suspeita de colaboração com o inimigo francês, foi condenado pela justiça e degredado, em 1750, para cumprir pena em presídio na capitania de Santa Catarina; apesar da condição de prisioneiro, ele não dispensou a exigência de serviçais domésticos, sendo acompanhado "por oito criados (muitos deles escravos)".[29]

Na tabela 1, porém, cabe sublinhar a raridade de mulheres escravas, numerosas no reino e cuja viagem poderia encobrir concubinatos com os respectivos senhores.[30] Nas listagens de *Reais Quintos* e de *Capitação* consultadas, apenas Manoel de Barros Caminha, morador em Diamantina, declarou ser proprietário de "Josepha, crioula do Reino de 42 anos". Em parte, essa ausência de cativas deve ser atribuía à alforria. Os livros notariais mais antigos de Mariana, ainda conservados, registraram nos anos 1718-1719 quatro manumissões de cativas do reino, como nos casos de Joana da Silva – "mulher parda, natural do Reino, filha da cidade de Lisboa" – e da "mulata chamada Maria, natural do Reino da Eiropa (*sic*), de idade de 20 anos".[31]

Às vezes a perambulação forçada do cativo envolvia circuitos de tráfico ainda mais excêntricos. Em 1718, registrou-se a "liberdade que fez o capitão João de Mello e Brito a Julhia, de nação inglesa".[32] Nesse mesmo ano, o citado Antonio Martins Leça declarou na lista de *Reais Quintos* a propriedade sobre o escravo "Antonio, flamengo", ou seja, proveniente da Holanda.

Ignacio Dias, arrolado na lista de *Reais Quintos* de Mariana em 1725, afirmou ter um escravo "castilhiano". Tratava-se, portanto, de um escravo proveniente da Espanha. Esse não foi o único caso encontrado. Em 1719, foi registrada "escritura de alforria e liberdade de que fez Alexandre Álvares de Castilho a Maria da Encarnação, mulher [...] de nação espanhola".[33]

Em alguns casos, pode-se suspeitar que a compra desses escravos decorria de sua qualificação técnica. Os livros de notas dos cartórios registraram algumas dessas ocorrências. Eram comprados e vendidos alfaiates, barbeiros, carpinteiros, sapateiros etc. – habilidades também registradas nas "listas nominativas de habitantes".[34] Os cativos do reino não estavam ausentes desse mercado. Em Diamantina, o megaproprietário João Batista de Oliveira, senhor de 79 cativos, declarou ser proprietário de "Maurício, pardo ferrador de Lisboa, de 37 anos".

Eventualmente, a circulação de escravos, em razão de alguma habilidade técnica, levou à inversão do circuito habitual do tráfico "África-Brasil". Em 1767, por exemplo, autoridades coloniais de Angola importaram três ferreiros da Bahia para prover uma oficina local.[35] Esse tipo de circulação estava longe de ser uma novidade. Em 1692, o governador geral da América portuguesa importou cativos e homens livres da Índia, *canarins*,[36] com o objetivo de estimular o cultivo da canela, palmeira e pimenta.[37] Tal fluxo foi mantido nas décadas seguintes. Em 1751, Luís Pedro Peregrino de Carvalho e Ataíde, então vice-rei do Brasil, reconheceu "os serviços prestados pelos canarins que tinham ido de Goa à Bahia, destinados a ensinar o melhor aproveitamento das palmeiras";[38] desta planta foi possível produzir uma bebida alcoólica, denominada *urraca*, que se acreditou ter um bom futuro comercial.

Os indianos contribuíram não só na produção de bebidas, mas também na difusão da cultura do linho[39] e na fabricação de vidros.[40] Alguns deles foram vendidos de senhor a senhor até alcançarem regiões do interior. Na lista de *Capitação* de 1738 constam exemplos dessa circulação. Em Diamantina foram registradas as presenças de "João, mulato da Índia, de 32 anos; Antonio, cabra da Índia, de 30 anos; e Ignácio, cabra da Índia, de 39 anos". Devido a essa origem, eles não estão incluídos na tabela 1. No entanto, há grande chance de serem provenientes de Portugal, tendo em vista que, no Algarve, os *canarins* constituíram, durante o século 17, cerca de 6% da escravaria[41] e, em Lisboa, foram numerosos, chegando a fundar uma irmandade dedicada a São Tomé.[42]

A importação direta de cativos da Índia para o Brasil colonial também deve ter ocorrido. Em meados do século 18, Goa contava com cerca de 5 mil escravos, funcionando como o principal local de tráfico dos portugueses na Ásia[43] – aí também chegavam numerosos chineses, vendidos em várias partes do império, como foi o caso de Antônio, "china da Índia", morador em Bento Rodrigues, freguesia de Mariana, Minas Gerais, em 1725.[44]

Em algumas situações, os *canarins*, na condição de livres, acabavam sendo escravizados em seus deslocamentos pelo sertão, conforme ocorreu a Agostinho Pereira. Em 1765, aos 14 anos idade, ele foi raptado durante uma viagem que fazia da Bahia para Minas Gerais, sendo reduzido ao "vil estado de escravidão"; quando adulto, na ação cível que impetrou, solicitou que lhe pagassem suas "soldadas [salários] desde o tempo do injusto cativeiro".[45] Nem todos os *canarins* tinham a sorte de se livrar da escravidão, proibida em Goa desde o início do século 18, mas na prática não só implementada como também, eventualmente, em expansão. A própria topografia de Minas Gerais ficou marcada por essa presença, como no caso do arraial de Coromandel, ao norte da capitania, que ganhou designação homônima à da Costa do Coromandel, na Índia,[46] ocupada pelos portugueses desde o século 16 e se destacando como a maior fornecedora de diamantes para a Europa.[47]

Como se vê, há fortes indícios para se acreditar que os circuitos não convencionais do tráfico resultassem da necessidade de escravos com habilidades técnicas especiais, capazes de encontrar e extrair pedras preciosas, assim como para atividade que os portugueses desconheciam ou tinham pouca familiaridade. Outros cativos do reino tinham origens menos ilustres. Desde o início da colonização enviavam-se escravos de um lugar a outro com o objetivo de castigá-los. Encaravam-se "os territórios ultramarinos como repositórios adequados aos indesejáveis das metrópoles".[48] Tais situações, contudo, foram raras, pois deparavam com a oposição senhorial, que via na medida um confisco de propriedade alheia.[49] Pesava sobre os escravos degredados, perseguidos pela Inquisição ou pela justiça civil, a acusação de feitiçaria, blasfêmia e sodomia, sendo revendidos assim que desembarcados no Novo Mundo.[50] Em 1690, Estevão Luís, de Évora, vivenciou uma dessas experiências. Esse cativo do reino foi acusado de pacto com o diabo e sodomia. Em seu processo, consta que o mesmo lamuriou frente a "uma pena de seis anos de degredo para o Brasil – punição bastante rígida para um velho de 78 anos".[51]

A justiça senhorial sistematicamente também fazia uso do degredo.[52] Na Ilha da Madeira, por exemplo, exportavam-se escravos "maus de suas manhas".[53] Em 1742, como punição a uma tentativa de fuga, o senhor de uma escrava lisboeta a vendeu a um capitão que residia no Rio de Janeiro.[54] Dez anos antes, a Inquisição de Lisboa registrou um caso de pacto demoníaco de uma escrava. O desespero da incriminada, frente à possibilidade "ser vendida para os Brasis", teria sido a causa de tal pacto.

Outra forma de circulação de escravos bastante peculiar foi a que envolveu o deslocamento de indígenas do Brasil para Portugal. Na década de 1530, em Portugal, "as cartas de doação das capitanias estipulavam uniformemente que os donatários poderiam mandar para o reino 24 escravos índios cada ano".[55] Não se tratava de uma novidade, pois em 1501, "os Côrte-Reais trouxeram da Groelândia, sessenta Índios, que fizeram grande impressão nos portugueses".[56] Em 1553, jesuítas enviaram meninos índios a Lisboa "para apreenderem lá virtudes [...] e algum pouco latim, para se ordenarem quando tiverem idade". Junto a eles iam cativos, vítimas de guerra contra as tribos hostis.

Apesar das pequenas dimensões desse circuito, ele atingiu a Espanha: "los indígenas del Nuevo Mundo que hallamos em Sevilla, Córdoba y otras cidades andaluzes proceden de diferentes puntos: Española, la Isabel. San Juan de Puerto Rico y el Brasil".[57] Na França também há testemunhos desta presença. Em 1550 ocorreram festejos na cidade de Rouen, na qual índios tupinambás dançaram para o rei. Em 1562, Montaigne, em célebre texto, registra conversação com indígenas brasileiros através de um intérprete.[58] Porém, não demorou muito para esse microtráfico declinar, impactado pela morte em massa dos indígenas, que não resistiam ao contato com as doenças europeias; em 1570, "por provisão de 20 de março, o rei D. Sebastião proíbe a ida dos selvagens (*sic*) escravizados para o reino".[59]

No final do século 16 começa a se formar outro circuito. Em 1591, um testemunho da cidade do Porto revela seu surgimento:

> De 23 de fevereiro a 1 de agosto desembarcaram no cais da Ribeira do Douro 14 escravos, cujo preço total foi avaliado em 298$000 rs. Cinco deles vinham adquiridos em segunda mão. Dois dos escravos foram trazidos "de Marfim" [Costa do Marfim], *quatro do Brasil* e um de Angola.

Os cativos do Novo Mundo, então desembarcados, não eram mais indígenas, mas africanos que haviam residido na América portuguesa. Nos cem anos seguintes, tal prática continuou a ocorrer: "Em 1670 o tráfico de escravos entra numa fase de euforia. De 28 de fevereiro a 3 de outubro desembarcaram no cais do Porto 133 molecas, 65 moleques e uma cria, trazidos em 23 navios vindos da Bahia, Rio de Janeiro e Pernambuco". Tal circulação era atribuída aos padres e frades, que "depois de terem missionado no Brasil traziam para a região do Porto crianças negras ou mulatas" para serem empregadas domésticas.[60]

De fato, a presença desses pequenos serviçais de clérigos aparece em outros documentos. No livro de batismo da Sé de Lisboa, referente a 21 de outubro de 1750, consta o registro de "Francisco adulto (*sic*), que mostrara ter treze anos de idade, natural de Cacheu [localizada na atual Guiné-Bissau], filho de pais gentios e escravo do Padre Manoel Recador (*sic*)".[61] Os leigos também usufruíam do tráfico de meninos e meninas serviçais: "Aos dois dias do mês de maio de mil setecentos e cinquenta e um, de manhã, nesta Basílica de Santa Maria, batizei e pus os Santos Óleos a Maria adulta (*sic*), de idade de quatorze anos, natural de Cacheu, e escrava de Antonio Nunes de Oliveira [...]".[62]

A circulação de cativos coloniais, que se tornavam "do reino", decorria ainda de outros motivos. Elas serviam, por exemplo, para o pagamento de dívidas. Em julho de 1720, "navios da frota de Pernambuco desembarcaram 83 escravos" em Lisboa. Não se tratava de um acontecimento excepcional, pois "com frequência [...] os capitães e marinheiros recebiam uma parte do salário em escravos, que traziam para o continente a fim de vendê-los".[63] A correspondência de comerciantes portugueses registra, ainda, razões familiares e sentimentais para o envio de cativos a Portugal. Em 20 de julho de 1741, Antonio Pinto de Miranda remete carta à esposa, que residia na cidade do Porto, se justificando sentimentalmente: "para minorar as saudades. Talvez como forma de a compensar, mando-lhe uma muleca (*sic*), para servir [...]".[64]

Por outro lado, desde a Idade Média, o mundo mediterrânico foi marcado por conflitos entre cristãos e muçulmanos que se escravizavam mutuamente. Em Portugal, para socorrer esses cristãos foi instalada filial da *Ordem da Santíssima Trindade de Redenção dos Cativos*, originária da França,[65] que recolhia esmolas e donativos para resgates de europeus, escravizados em terras islâmicas. Também havia o "Tribunal dos Cativos, com pessoal privativo – mamposteiros [pedidores de esmolas] maiores e menores, oficiais encarregados de obter donativos para resgates por meio de peditórios".[66] Ora, à medida que a colonização avança, piratas argelinos e marroquinos atingem até mesmo o litoral brasileiro. Os povos das senzalas, junto aos livres, ficam sujeitos a essa nova forma de apresamento. Em 1726, nas negociações dos trindários no Norte da África, foram resgatados e enviados a Portugal "214 cativos, entre portugueses e estrangeiros. Entre eles foi libertada Maria, mulher negra, natural do Maranhão, de 23 anos e 15 de cativeiro".[67]

Da mesma forma que alguns cativos do reino eram degredados para o Novo Mundo em razão de condenações da justiça inquisitorial e civil, o inverso também ocorria. Alguns escravos do Brasil foram obrigados a se deslocarem para Portugal; exemplo disso ocorreu em 1705, quando da condenação de dois sodomitas da Bahia: "João Carvalho de Barros, 26 anos, homem de negócios, e o escravo Joseph, 20 anos, natural de Benguela e domiciliado na paróquia da Piedade. Ambos foram condenados às galés portuguesas".[68] Em outras ocasiões, o cativo acompanhava o respectivo proprietário incriminado pela justiça inquisitorial. Um desses casos ocorreu em 1729, quando uma degredada a cumprir pena em Portugal declarou, entre os bens que levava, "escravos e várias ferramentas do ofício de seu marido Latoeiro".[69]

Paradoxalmente, a Colônia povoou a metrópole com "indesejáveis". Em 1744, Luiza Pinta, moradora em Sabará, sob a acusação de feitiçaria foi degredada para Castro Marim, ao sul de Portugal. Neste mesmo ano o cativo carioca Domingos Álvares, também sob a acusação de ser feiticeiro, conheceu idêntico destino.[70] A Inquisição, dessa maneira, forçava a circulação de cativos por várias partes do império. João da Silva, conhecido como "o pequeno", foi preso na Bahia em 1756. Ele havia nascido em Luanda, Angola e, pelo crime de feitiçaria, foi degredado para vila de Silves, no Algarve. Domingos Alves experimentou um circuito ainda mais amplo. Em razão do mesmo delito, foi degredado para Castro Marim. Ele havia nascido na região africana de Costa da Mina e, à época da acusação, residia no Rio de Janeiro. Na cidade portuguesa ele continuou a fazer "curas supersticiosas", o que lhe valeu um novo banimento para a vila de Bragança, ao extremo norte de Portugal.

A justiça civil, por sua vez, também alimentava rotas de deslocamento; em 1735, o Conselho Ultramarino aprovou demanda de autoridades da capitania do Grão-Pará, para que "os escravos Hilário e Narciso, por culpa da morte de seu senhor", fossem "condenados ao degredo nas galés de Lisboa".[71] Tais punições implicavam na permanência em Portugal; a ocupação nas galés dizia respeito à função de remadores das embarcações, assim como trabalho "nas oficinas onde era feita a manutenção dos navios, o transporte de materiais, o descarregamento dos navios e o controle de água e de provisões para as viagens". A generalização do uso das velas nas embarcações marítimas fez com que o trabalho das galés, desde o século 17, fosse também progressivamente desviado para as obras públicas, como no caso da abertura de estradas e construção de pontes e aquedutos.[72]

Paralelamente ao degredo para Portugal, havia retornos decorrentes dos laços da escravidão doméstica. Os registros paroquiais de casamento guardam a memória de alguns desses movimentos. No dia 11 de dezembro de 1740, na Sé de Lisboa, celebrou-se: "o casamento de Joseph, escravo de Joseph Luis Felipe, morador nesta freguesia [...], natural da Costa da Mina, batizado na freguesia de N. S. da Candelária da cidade do Rio de Janeiro";[73] o cativo, que tinha o mesmo nome do senhor, por duas vezes atravessou o Atlântico, da África ao Rio de Janeiro, e daí foi residir em Lisboa. Há deslocamentos ainda mais espetaculares. Em 21 de agosto de 1770, num matrimônio realizado em Lisboa, foi declarado: "José Joaquim, homem preto, escravo de Cipriano Antunes de Araujo, filho de pais gentios, natural da Costa da Mina, batizado nas Minas dos Goiazes, na freguesia de Santa Ana".[74] Além do oceano Atlântico, o cativo conheceu as profundezas do sertão colonial e o centro do império português, tendo sido batizado na Capitania de Goiás e se casado na Sé de Lisboa.

Como se vê, havia circulação de escravos no interior do império português. No entanto, esses movimentos constituíam uma situação de exceção. Após a longa travessia, via o tradicional tráfico de africanos, a tendência era a da fixação da população cativa no espaço colonial, pois os custos das novas viagens eram elevados. Alguns membros da nobreza da terra, entretanto, transportavam escravos de um lado a outro do império, como símbolos de riqueza e poder ou então em razão de alguma habilidade técnica específica. Havia, ainda, aqueles que viajavam por estarem cumprindo pena. Por esses circuitos passavam não apenas pessoas, mas também sentimentos e informações.

Notas:

1   HANSON, Carla A. *Economia e Sociedade no Portugal Barroco*. Lisboa: Publicações Dom Quixote, 1986.

2   NOVAIS, Fernando A. *Portugal e Brasil na crise do Antigo Sistema Colonial (1777-1808)*. 7ª ed. São Paulo: Hucitec, 2001, p. 80-81.

3   BLUTEAU, Raphael. *Vocabulario portuguez & latino: aulico, anatomico, architectonico...* Coimbra: Collegio das Artes da Companhia de Jesus,

1712-1728. Disponível em: <http://www.brasiliana.usp.br/dicionario/edicao/1>. Acesso: 16 de julho de 2009. A obrigatoriedade de passaportes para soldados era uma tradição jurídica que vinha do direito romano.

4 http://iuslusitaniae.fcsh.unl.pt/pesquisasimples.php. Acesso: 16 de julho de 2009.

5 THOMAZ, Manuel Fernandes. *Repertorio geral, ou, Indice alphabetico das leis extravagantes do reino de Portugal, publicadas depois das ordenações, comprehendendo tambem algumas anteriores, que se achão em observância.* Lisboa: Real Imprensa da Universidade, 1819, p. 102.

6 "Calcula-se que a emigração para o Brasil, durante o século XVIII, não foi inferior ao meio milhão de indivíduos, tendo possivelmente atingido as 600.000 pessoas nas primeiras seis décadas do século", FERRO, João Pedro. *A população portuguesa no final do Antigo Regime (1750-1815).* Lisboa: Ed. Presença, 1995, p. 64. Ver também: GODINHO, Vitorino Magalhães. *Estrutura da Antiga Sociedade Portuguesa.* 2ª ed. Lisboa: Arcádia, 1975, p. 57. Recentemente, Nuno Gonçalo Monteiro avançou cifras bem mais modestas, de apenas 100.000 imigrantes entre 1700-1750. Mesmo assim, indica que: "Não restam dúvidas que o esforço emigratório de Portugal (relação população de origem/emigração) foi cerca de três vezes superior ao de qualquer outra potência europeia [...]". MONTEIRO, Nuno Gonçalo. "A circulação das elites no império dos Bragança (1640-1808): algumas notas". *Tempo*, vol. 14, n. 27, 2009, p. 76. Conforme há muito é sabido, para se constituir um engenho, ou mesmo uma lavoura de cana, eram necessários dezenas de escravos. Em relação às áreas produtoras de ouro, um indivíduo, sozinho ou com auxílio de um escravo, poderia dar início à atividade aurífera legal ou clandestina. Isso estimulou e retroalimentou o fluxo migratório português. Ver FURTADO, Celso. *Formação econômica do Brasil* (1958). São Paulo: Companhia das Letras, 2007, p. 117-124.

7 RUSSELL-WOOD, A. J. R. "Fluxos de Emigração". In: BETHENCOURT, Francisco e CHAUDHURI, Kirti (dir.). *História da Expansão Portuguesa.* Vol. 1. Navarra: Circulo de Leitores, 1998, p. 224-237.

8   LIMA JR, Augusto. *A Capitania das Minas Gerais (origem e formação)*. Belo Horizonte: Instituto de História, Letras e Artes, 1965, p. 37.

9   Carta de Diogo de Mendonça Corte-Real, secretário de Estado da Marinha e Ultramar, para Aires de Saldanha de Albuquerque, ordenando-lhe remetesse para o Reino todas as pessoas que fossem para Minas sem passaporte, 17 de março de 1720, *Arquivo Histórico Ultramarino*, Cx. 2, doc. 57. Disponível em: <http://www.resgate.unb.br>. Acesso: 16 de julho de 2009.

10   *Arquivo Histórico Ultramarino*, Cx. 21, doc. 12. Disponível em: <http://www.resgate.unb.br>. Acesso: 16 de julho de 2009.

11   *Arquivo Histórico Ultramarino*, Cx. 61, doc. 1. Disponível em: <http://www.resgate.unb.br>. Acesso: 16 de julho de 2009.

12   Documento de 16 de janeiro de 1756. *Arquivo Histórico Ultramarino*, Cx. 69, doc. 15. Disponível em: <http://www.resgate.unb.br>. Acesso: 16 de julho de 2009.

13   http://www.resgate.unb.br. Acesso: 16 de julho de 2009.

14   SANTOS, Corcino Medeiros dos. *O Rio de Janeiro e a conjuntura atlântica*. Rio de Janeiro: Expressão e Cultura, 1993, p. 138.

15   BOXER, Charles R. *A idade de ouro do Brasil. Dores de crescimento de uma sociedade colonial*. São Paulo: Companhia Editora Nacional, 1969, p. 217.

16   BOTELHO, Tarcísio R. "A escravidão nas Minas Gerais, c. 1720". In: BOTELHO, Tarcisio Rodrigues *et al* (orgs.). *História Quantitativa e Serial no Brasil: um balanço*. Belo Horizonte: ANPUH-MG, 2001, p. 45-63.

17   Para se ter uma ideia da diminuta expressividade deste grupo populacional, basta mencionar que, no período que se estende entre 1718 e 1738, o número de cativos em Minas Gerais variou entre 35.061 e 101.655 homens e mulheres. BERGAD, Lair. "Depois do Boom: aspectos demográficos e econômicos da escravidão em Mariana, 1750-1808". *Estudos Econômicos*, 24(3), set.-dez. 1994, p. 499.

18   Pesquisas realizadas revelaram que, em meados do século 18, em Minas Gerais, cerca de 85,0% da elite havia deixado a terra natal entre onze e dezesseis anos. Ver: ALMEIDA, Carla Maria Carvalho de. "Do Reino às Minas: o 'cosmopolitismo' da elite mineira setecentista". In: FRAGOSO João; FLORENTINO, Manolo; SAMPAIO, Antônio Carlos Jucá de; CAMPOS, Adriana Pereira (orgs.). *Nas rotas do Império: eixos mercantis, tráfico e relações sociais no mundo português*. Vitória: Edufes, 2006, p. 331-356.

19   LUNA, Francisco Vidal; COSTA, Iraci del Nero da; KLEIN, Herbert S. *Escravismo em São Paulo e Minas Gerais*. São Paulo: Edusp, p. 261.

20   Reais quintos e lista dos escravos de 1725. *Arquivo Histórico da Câmara Municipal de Mariana*, cód. 150.

21   FURTADO, Júnia Ferreira. *Chica da Silva e o Contratador de Diamantes: outro lado do mito*. São Paulo: Companhia das Letras, 2006, p. 33.

22   LACERDA NETO, Arthur Virmond de. *As ouvidorias do Brasil Colônia*. Curitiba: Juruá, 2000, p. 54. A circulação da elite ocorria frequentemente, devendo ter estimulado outras transferências de cativos do reino: "Também promovida pela coroa, a circulação da magistratura letrada tinha uma função destacada, numa monarquia na qual a partir de meados do século só existia uma única universidade, localizada no reino (Coimbra). Entre 1772 e 1826, 417 magistrados (juízes de fora, ouvidores e desembargadores) foram providos para as ilhas e o ultramar, ou seja, cerca de um quarto do total das nomeações para toda a monarquia. Parece que seria uma forma mais rápida de ascensão na carreira [...]". Ver: MONTEIRO, Nuno Gonçalo. "A circulação das elites no império dos Bragança (1640-1808): algumas notas". *Tempo*, vol. 14, n. 27, 2009, p. 73.

23   SOUZA, Laura de Mello. *Claudio Manuel da Costa*. São Paulo: Companhia das Letras, 2011, p. 26-28.

24   RUSSELL-WOOD, A. J. R. "Local Government in Portuguese America: A Study in Cultural Divergence". *Comparative Studies in Society and History*, n. 16, 1974, p. 187-231.

25 Ata da Câmara de Vila Rica (1714). *Anais da Biblioteca Nacional*, 1927, vol. 49, p. 293.

26 CHAVES, Claudia Maria das Graças; PIRES, Maria do Carmo; MAGALHÃES, Sônia Maria de (org.). *Casa de Vereança de Mariana: 300 anos de história da câmara municipal*. Ouro Preto: Ed. UFOP, 2008, p. 189 e 193.

27 Testamento de Guilherme Maynard da Silva. *Casa Setecentista de Mariana*, 1745, Cód. I, Of. 63/270.

28 Requerimento de Manoel Rodrigues de Oliveira ao rei [D. José], solicitando passaporte para passar ao Rio de Janeiro e a Minas Gerais, onde tinha negócios, em companhia de sua esposa, Ana Moreira da Cruz, de seus filhos João, Manoel e Helena, bem como de dois escravos de nome Salvador e Florência, 26 de janeiro 1756. *Arquivo Histórico Ultramarino*, Cód. 4965. Disponível em: <http://www.cmd. unb.br/biblioteca.html>. Acesso: 16 de julho de 2009.

29 KANTOR, Íris. *Esquecidos e Renascidos: a historiografia acadêmica luso-americana, 1724-1759*. São Paulo: Hucitec, 2005, p. 153, nota 246.

30 SILVA, Álvaro Ferreira da. *Propriedade, Família e Trabalho no "Hinterland" de Lisboa: Oeiras, 1738-1811*. Cosmos, 1993, p. 151.

31 Escritura de alforria e liberdade que fez Manoel Rodrigues Pereira (1719). Livro de Notas. *Arquivo da Casa Setecentista de Mariana*, Cód. 1, Of. 8; Escritura de alforria e liberdade que fez Tenente General Manuel da Costa Fragoso (1719). Livro de Notas. *Arquivo da Casa Setecentista de Mariana*, Cód. 1, Of. 8.

32 Escritura de alforria e liberdade que fez o Capitão João de Mello e Brito (1718). Livro de Notas. *Arquivo da Casa Setecentista de Mariana*, Cód. 1, Of. 8.

33 Escritura de alforria e liberdade que fez Alexandre Alvares de Castilho (1718). Livro de Notas. *Arquivo da Casa Setecentista de Mariana*, Cód. 1, Of. 8.

Cativos do Reino   37

34   Luna, Francisco Vidal; Costa, Iraci del Nero da; Klein, Herbert S. *Escravismo em São Paulo e Minas Gerais*. São Paulo: Edusp, 2009, p. 61-64; Mathias, Carlos. "Preço e estrutura da posse de escravos no termo de Vila do Carmo (Minas Gerais), 1713 – 1756". *Almanack Braziliense*, n. 6, nov. 2007. Disponível em: <http://www.brasiliana. usp.br/almanack/index.php/almanack/article/view/274>. Acesso em: 29 de dezembro de 2010.

35   Silva, José-Gentil da. "En Afrique portugaise: l'Angola au XVIII siècle". *Annales ECS*, vol. 14 (3), 1959, p. 577.

36   "O termo Canarim deveria aplicar-se, em sentido restrito, aos habitantes de Canara, antiga região carnática do Deccan. Mas os portugueses, desde os seus primeiros dias, aplicaram erradamente o termo ao povo de Goa [...]". Boxer, Charles R. *Relações raciais no império colonial português, 1415-1825*. Porto: Afrontamento, 1963, p. 85. "Os portugueses empregavam o termo erroneamente quando indicavam habitantes de Goa, mas também podiam designar os conversos e os hindus indiscriminadamente. Desde meados do século XVII, ele designava os habitantes locais, raça vil, covarde, fraca e efeminada",. Raminelli, Ronald. *Viagens ultramarinas: monarcas, vassalos e governo a distância*. São Paulo: Alameda, 2008, p. 226-227.

37   Carta para S. Mags. Sobre os dous Canarins que vieram da Índia para a planta da Canella e Pimenta nas terras da Coroa, dando-lhe sítio para morarem. 19 de junho de 1692. *Anais da Biblioteca Nacional*, vol. 5(1), 1878/79, p. 205; Carta Régia para o Governador e Capitão General do Estado do Brasil, a respeito do cultivo da canella e pimenta e providenciando o sustento de dois canarins que para este mister vieram da Índia, 19 de dezembro de 1697. *Anais da Biblioteca Nacional*, vol. 68(2), 1949, p. 20.

38   Offício do Vice-Rei Conde de Athouguia para Diogo de Mendonça Côrte Real, referendo a pouca utilidade que produzem as palmeiras do Brasil, os serviços prestados pelos canarins que tinham ido de Gôa para a Bahia, destinados a ensinar o melhor aproveitamento

daquelas plantas. 12 de outubro de 1751. *Anais da Biblioteca Nacional,* vol. 31(1), 1909, p. 18.

39 Offício do Vice-Rei Conde de Athouguia, participando que os canarins, que estavam na Bahia para o fabrico da urraca, pretendiam regressar a Goa e informando acerca da cultura do linho, 10 de maio de 1753. *Anais da Biblioteca Nacional,* vol. 31(5), 1909, p. 52. Ofício de Diogo de Mendonça Côrte Real ao Conde de Attouguia acusando recebimento das contas a respeito dos canarins enviados pelo Marques de Távora para o Brasil para a fábrica de vidraça e sobre a sementeira de linho. 20 de novembro de 1752. *Anais da Biblioteca Nacional,* vol. 68(2), 1949, p. 44.

40 Ofício de Diogo de Mendonça Corte-Real ao Conde de Attouguia acusando recebimento das contas a respeito dos canarins enviados pelo Marques de Távora para o Brasil para a fábrica de vidraça e sobre a sementeira de linho. 20 de novembro de 1752 *Anais da Biblioteca Nacional,* vol. 68(2), 1949, p. 44.

41 FONSECA, Jorge. *Escravos no sul de Portugal, Séculos XVI –XVII.* Lisboa: Vulgata, 2002, p. 29-34.

42 BRASIO, Antonio. *Os pretos em Portugal.* Lisboa: Agência Geral das Colônias, 1944, p. 89.

43 CARREIRA, Ernestine. "Au XVIIIe siècle: l'océan Indien et la traite négrière vers le Brésil". In: MATTOSO, Kátia de Queirós *et al. Esclavages: histoire d'une diversité de l'océan Indien à l'Atlantique sud.* Paris: Harmattan, 1997, p. 62.

44 Reais quintos e lista dos escravos de 1725. *Arquivo Histórico da Câmara de Mariana,* cód. 150.

45 SOUZA, Laura de Mello. *Desclassificados do ouro: a pobreza mineira no século XVIII.* Rio de Janeiro: Graal, 1982, p. 150-51; RUSSELL-WOOD, A. J. R. *Escravos e libertos no Brasil colonial.* Rio de Janeiro: Civilização Brasileira, 2005, p. 48.

46 Como quase toda toponímia mineira, a designação é alvo de controvérsias; o nome do lugar originou-se, "segundo tradição local, de

uma costa oriental da Índia, chamada Coromandel ou Curimandila, de onde teriam vindo portugueses, fundadores do povoado. Seria também de origem tapuia, corr. de coromandê". Costa, Joaquim Ribeiro. *Toponímia de Minas Gerais*. 2ª ed. Belo Horizonte: BDMG Cultura, 1997, p. 172.

47   Alam, Ishrat. "Century Diamond Mining and Trade in South India in the Seventeenth". *The Medieval History Journal*, vol. 3, 2000, p. 291-310. O autor menciona a existência de trabalho livre e escravo na produção de diamantes da Índia.

48   Russell-Wood, A. J. R. *Um mundo em movimento: os portugueses na África, Ásia e América (1415-1808)*. Lisboa: Difel, 1998, p. 161.

49   A identificação de 3.857 casos de degredos entre os séculos 15 e 18 revelou que apenas 41 deles eram escravos ou forros. Pieroni, Geraldo. *Os excluídos do reino: a Inquisição portuguesa e o degredo para o Brasil Colônia*. Brasília: Ed. UnB, 2000, p. 185-188.

50   Pieroni, Geraldo. *Os excluídos do reino: a Inquisição portuguesa e o degredo para o Brasil Colônia*. Brasília: Ed. UnB, 2000, p. 177.

51   Pieroni, Geraldo. *Os excluídos do reino: a Inquisição portuguesa e o degredo para o Brasil Colônia*. Brasília: Ed. UnB, 2000, p. 177.

52   Mello, Evaldo Cabral de. *Um imenso Portugal: história e historiografia*. São Paulo: Editora 34, 2002, p. 127.

53   Vieira, Alberto. *Os escravos no Arquipélago da Madeira, séculos XV-XVII*. Funchal: Centro de Estudos da História do Atlântico, 1991, p. 396.

54   Calainho, Daniela Buono. *Metrópole das mandingas: religiosidade negra e Inquisição portuguesa no Antigo Regime*. Rio de Janeiro: Garamond, 2008, p. 109 e 241. A tentativa de manipular a Inquisição, por parte dos escravos, também foi identificada por Mello, Evaldo Cabral de. *Um imenso Portugal: história e historiografia*. São Paulo: Editora 34, 2002, p. 129.

55 Ver cap. II, "Viagens de índios brasileiros à Europa". In: FRANCO, Afonso Arinos de Mello. *O índio brasileiro e a Revolução Francesa: as origens brasileiras da teoria da bondade natural*. Rio de Janeiro: José Olympio, 1937, p. 52-99.

56 LIMA, Joaquim Pires de. *Mouros, Judeus e Negros na História de Portugal*. Porto: Livraria Civilização, 1940, p. 21.

57 SILVA, Alfonso Franco. "Aspectos diversos sobre a esclavitud en las ciudades andaluzas en los siglos XV y XVI". *Revista de Indias*, vol. 2, 1986, p. 19.

58 RAMINELLI, Ronald. "Montaigne e os canibais". *Revista de Ciências Humanas*, vol. 7-8, 1999, p. 89-106.

59 FRANCO, Affonso Arinos de Mello. *O índio brasileiro e a Revolução Francesa: as origens brasileiras da teoria da bondade natural*. Rio de Janeiro: José Olympio, 1937, p. 59-61. Casos esporádicos de envio de índios a Europa ocorreram no século 18. Francisco Santana identificou o caso de um indígena, em Lisboa, libertado por "Caetano José de Souza em 1773 por carta datada do 'Arrayal do Tejuco'". Ver: SANTANA, Francisco. "Senhores e escravos em alforrias setecentistas". *Ler História*, vol. 42, 2002, p. 102.

60 VALENÇA, Manuel. *Escravatura na região do Porto (1591-1795)*. Braga: Franciscana, 2003, p. 8-38. Grifo nosso.

61 Registro paroquial de batismo da Sé, Lisboa. *Arquivo Nacional da Torre do Tombo*, Cx. 11-L. 13.

62 Registro paroquial de batismo da Sé, Lisboa. *Arquivo Nacional da Torre do Tombo*, Cx. 11-L. 13.

63 LAHON, Didier. *O Negro no Coração do Império: uma memória a resgatar. Séculos XV-XIX*. Lisboa, 1999, p. 36.

64 REIS, Maria Cecília Batista Nunes R. S. *Entre as fragrâncias do vinho do Porto e as tentações do ouro brasileiro (1739-1777)*. Dissertação de Mestrado em História, Universidade do Porto, 1995, p. 38.

65 Braga, Paulo Drumond. "Os trinitários e o resgate de cativos. O caso de 1728-1729". *Actas do Congresso Internacional de História: missionação portuguesa e encontro de culturas*. Vol. III. Braga, 1993, p. 485.

66 Peres, Damião; Cerdeira, Eleautério. *História de Portugal*. Vol. II. Barcelos: Portucalense, 1932, p. 164.

67 Alberto, Edite. "Longe de casa: as listas dos resgates de cativos efetuados durante o reinado de D. João V revelam quem eram os 'brasileiros' aprisionados por corsários do Norte da África". *Revista de História da Biblioteca Nacional*, ano 2 (13), 2006, p. 56.

68 Pieroni, Geraldo. *Os excluídos do reino. a Inquisição portuguesa e o degredo para o Brasil Colônia*. Brasília: Ed. UnB, 2000, p. 144.

69 Carta de informação da execução de diligências e envio de lista de presos e recibos de embarque. *Arquivo Nacional da Torre do Tombo*. 11 de julho de 1729. PT/TT/TSO-IL/028/Cx. 1623/1694.

70 Pieroni, Geraldo. "Les inquisiteurs ont-ils aussi banni des esclaves? (Empire portugais, XVIe-XVIIe siècles)". In: Mattoso, Kátia de Queirós *et al. Esclavages: histoire d'une diversité de l'océan Indien à l'Atlantique sud*. Paris: Harmattan, 1997, p. 186.

71 Torres, Simei Maria de Souza. *O cárcere dos indesejáveis (1750-1800): degredados na Amazônia portuguesa*. Dissertação de Mestrado. Pontifícia Universidade Católica de São Paulo, 2006, p. 192.

72 Coates, Timothy. *Degredados e Órfãos: colonização dirigida pela Coroa no império português, 1550-1755*. Lisboa: Comissão Nacional para as Comemorações dos Descobrimentos Portugueses, 1998, p. 85-87.

73 Registro paroquial de casamento da Sé, Lisboa. *Arquivo Nacional da Torre do Tombo*, Cx. 11-L. 13.

74 Registro paroquial de casamento da Sé, Lisboa. *Arquivo Nacional da Torre do Tombo*, Cx. 12-L. 14.

Capítulo II
Trajetórias coloniais

Os CATIVOS DO REINO eram raros. A vida deles também podia ser excepcional. Nas próximas páginas exploraremos fragmentos de um desses relatos biográficos. Trata-se da trajetória da escrava Angela da Cruz, nascida em 1716 na vila portuguesa de Estremoz, província do Alentejo, região central do reino, não muito distante da fronteira espanhola. Desde fins da Idade Média, as cerâmicas produzidas localmente eram elogiadas. A produção de tecidos de lã e de panos ordinários, para vestir a gente pobre portuguesa, é outra tradição do lugar; não por acaso a vila foi alvo do estímulo econômico do conde de Ericeira, que estabeleceu aí uma manufatura central na década de 1670; na área rural, a agricultura voltava-se principalmente para a produção de trigo, oliva, centeio e cevada.[1] Em 1720, Estremoz contava com aproximadamente cinco mil habitantes.[2] Tal cifra representava menos da metade da população de Évora, principal centro econômico regional, mas era superior ao da maioria das vilas alentejanas, como Borba, Montemor, Serpa ou Moura.[3]

A vida da cativa do reino, em parte, ficou registrada em um processo matrimonial, datado de 1737.[4] Nesse documento, Angela da Cruz declarou ter vinte e um anos, e ser "filha natural de Manoel Gonçalves, e Catherina da Veiga". Também afirmou ter sido batizada na paróquia de Santo André, em 1716, e aos nove anos, acrescenta: "a trouxeram para o Rio de Janeiro, homens de negócios, de cujos nomes se não lembra, e aí a venderam a Antonio Teixeira". Angela declara, ainda, ser filha de "preta cativa" e revela ter sido "vendida por morte do dito pai, de quem fora cativa." Tratava-se, portanto, de uma filha ilegítima que a família senhorial quis se livrar na primeira oportunidade. Aos vários motivos arrolados no capítulo anterior, para o envio de cativos do reino ao Novo Mundo, devemos acrescentar mais um: era uma forma de se livrar de *bastardos*.

Por outro lado, a referência a práticas sexuais entre senhor e escrava, numa região central de Portugal, sugere que, antes mesmo de adentrarem nas sociedades escravistas das Américas, alguns portugueses estavam familiarizados com os costumes que marcavam o patriarcalismo colonial. Ao longo do processo matrimonial, a paternidade da escrava é confirmada por documentos enviados pelo pároco de Estremoz. O uso de sobrenome sugere que a menina nasceu em ambiente de escravidão doméstica. Essa suspeita é reforçada pelo fato de a paróquia de batismo se localizar em área urbana da vila; nesse meio, era comum escravos domésticos reproduzirem o sobrenome do primeiro senhor.[5]

Como a maioria das crianças de sua época, Angela Cruz não teve acesso a qualquer forma de escolaridade. Aliás, em Portugal, assim como nas áreas coloniais, os cativos eram caracterizados por um domínio precário da língua portuguesa.[6] No processo matrimonial, a cativa declara: "e por não saber ler, nem escrever,

rogou a ele Reverendo Dr. Comissário, que por ela assinasse".
Isso, porém, não a excluía de outras formas de aprendizado. É
importante lembrar que no mundo em que Angela nasceu e viveu, o trabalho doméstico incluía diversas atividades produtivas
que pressupunham algum tipo de aprendizado técnico, como
ocorria na produção de roupas, sapatos etc. Estremoz não deve
ter fugido a essa regra. Lá, também, a produção de tecidos devia ocorrer em ambiente doméstico e contar com a presença de
mulheres em vários momentos do processo produtivo – não se
devendo descartar a existência de escravas nesse meio.

Mesmo que não tenha passado por alguma forma de aprendizado, a venda da escravinha, aos nove anos de idade, foi relativamente fácil. No Alentejo foram registradas formas variadas
de tráfico interno. O mais comum era a venda local, envolvendo
parentes e vizinhos. No século 17, livros notariais locais registraram alguns desses casos, como o de Francisca de Matos, moradora em Campo Maior, que vendeu ao vizinho a escrava Catarina
de Matos.[7] Uma vez esgotada essa alternativa, havia outras. Era
comum, por exemplo, o pregão no mercado público. No ano de
1682, a escrava Brites foi arrematada "na praça de Beja". Outro
circuito importante era aquele promovido por comerciantes, que
circulavam de um lugar a outro. O principal eixo desse circuito
se vinculava a Lisboa – aliás Angela da Cruz foi adquirida por
comerciantes aí estabelecidos, mercadores de tal maneira envolvidos com o tráfico atlântico que acrescentavam o ofício ao sobrenome, como nos casos de Antonio Rodrigues *Negreiro*, Domingos
Gonçalves *Negreiro* ou Manuel da Costa *Negreiro*.

Um atrativo para a compra e venda de crianças consistia
nos baixos preços quase sempre a elas atribuídos. O frio cálculo

mercantil visava o lucro, daí o preço variar conforme a capacidade de trabalho da "peça" e o risco de sua perda. Por isso mesmo, a idade comprometia o valor atribuído aos escravos. Bebês costumavam ser vendidos a preços ínfimos, tendo em vista que não podiam desempenhar atividades produtivas e, além disso, havia grandes chances de perdê-los em razão das elevadas taxas de mortalidade infanto-juvenil.[8] No Alentejo não era diferente. No final do século 17, os recém-nascidos costumavam ser avaliados por míseros 4 mil réis – equivalente ao preço de uma vaca![9] Na época em que foi arrematada pela primeira vez, o preço de Angela da Cruz provavelmente foi bem superior a esse, pois a cativa estava com nove anos de idade; uma estimativa referente a essa faixa etária sugere o valor de 30 mil réis – metade do preço de um escravo adulto.[10]

Contudo, na ausência do registro notarial, esse valor permanece apenas como hipótese, pois o preço dos escravos era influenciado por inúmeras variáveis, como sua beleza e comportamento. Não por acaso, os registros de vendas estão repletos de comentários do tipo: "isento de más manhas, a saber, fujão ou ladrão ou bêbado". Estereótipos étnicos também pesavam nessa avaliação. Na península Ibérica, por exemplo, os indianos, por serem menos corpulentos e considerados menos aptos a trabalhos físicos pesados, eram vendidos por valores inferiores aos dos demais escravos.[11] No caso de Angela Cruz, o interesse da família senhorial em se livrar dela o mais rápido possível pode ter influenciado seu preço de mercado; ao certo, sabemos apenas que a menina foi parar nas mãos de traficantes lisboetas que a trouxeram para o Rio de Janeiro.

Essa nova transferência significava o ingresso em um dos maiores mercados escravistas do planeta. A capital carioca era o porto que alimentava as fazendas e lavras de ouro do centro-sul colonial, ou seja, abastecia um grande arco territorial que ia do Rio Grande do Sul até Mato Grosso. Um levantamento desse comércio, referente à primeira metade do século 18, revelou o desembarque anual de cerca de 10 mil africanos em portos brasileiros, sendo que aproximadamente mil deles eram bebês ou crianças menores de 14 anos.[12] O porto carioca respondia por metade desses desembarques. No Rio de Janeiro havia, portanto, um mercado consolidado de compra e venda de meninos e meninas escravos. Com objetivos fiscais, leis portuguesas chegavam mesmo a determinar quem pertencia a essa faixa etária, reconhecendo como adultos aqueles que excediam "a altura de quatro palmos craveiros da vara [aproximadamente um metro], de que se usa na cidade de Lisboa".[13]

Em 1725, ninguém deve ter estranhado o desembarque, no porto carioca, de uma pequena cativa, proveniente de Lisboa e destinada a engrossar um sinistro mercado. Nesse ano, também começa uma nova etapa na vida de Angela da Cruz. Ela permanece pouco tempo no porto carioca, sendo aí adquirida por Antonio Teixeira, morador na freguesia rural de São Caetano, pertencente à Vila do Carmo, atual cidade de Mariana. Após atravessar o oceano Atlântico, a pequena cativa do reino experimenta outro deslocamento de longa distância: 500 quilômetros andando a pé ou em lombo de mulas, em um trajeto que, dependendo da época do ano, podia levar de quinze dias a um mês.[14]

Conforme mencionamos, não se tratava de uma situação excepcional. Em condições semelhantes, milhares de escravos adentraram no território mineiro colonial e nesse universo não faltavam crianças. No mesmo ano em que Angela da Cruz desembarcou no Rio de Janeiro e seguiu rumo ao interior, outra menina aí chegou e teve a vida muito bem documentada. Tratava-se de Rosa Egipcíaca, escrava que, quando adulta, foi perseguida pela Inquisição portuguesa e que, em tempos recentes, foi alvo de uma minunciosa biografia. Segundo esse estudo, Rosa nasceu na Costa de Mina e quando desembarcou no porto carioca contava apenas com seis anos de idade; tempos mais tarde, também caminhou em direção a Minas Gerais.[15]

Tais deslocamentos eram estimulados pelo aquecimento do mercado escravista colonial. Em 1725, nas áreas mineradoras brasileiras, um escravo adulto valia aproximadamente 300 mil réis – ou seja, cerca de cinco vezes mais do que os valores registrados no Alentejo. A mesma desproporção foi registrada no caso das crianças. Como vimos, em Portugal elas eram avaliadas por 30 mil réis, mas em Minas Gerais atingiam o preço médio de 150 mil réis.[16] Na verdade, a necessidade crescente de cativos para mineração havia criado uma enorme pressão sobre o mercado. Até meados do século 18, embora sofressem eventuais variações, os preços dos cativos tenderam a se manter elevadíssimos, criando situações até agora não identificadas em Portugal: em 1741, por exemplo, um inventário *post-mortem* de Sabará atribui o valor de 48 mil réis a um feto ainda "no ventre da escrava!"[17]

Após três anos residindo na freguesia de São Caetano, Angela Cruz foi vendida ao vizinho do senhor. Esse proprietário "de segunda mão" – conforme consta no processo matrimonial – se chamava João Francisco Guimarães. No testemunho dado pela cativa é revelado que o mesmo a "forçara delito,[e] lhe dera sua carta haverá de seis para sete anos". Não cabe aqui discutir a veracidade da informação, mas sim sublinhar a percepção da forra; ela relata experiência semelhante à materna: também foi violada pelo senhor e isso parece ter ocorrido entre os 12 e 14 anos de idade.

Apesar de o texto acima sugerir a gratuidade da carta de alforria, os fatos desenrolaram de outra forma. A própria escrava e os testemunhos registrados no processo matrimonial enfatizaram a compra da liberdade. O valor pago foi, por assim dizer, astronômico: 500 oitavas de ouro, ou seja, 600 mil réis, cerca de três vezes mais do que o preço à época atribuído às escravas adultas.[18] O elevado valor atribuído a Angela da Cruz talvez decorresse de habilidades específicas. Uma delas dizia respeito a atividades comerciais.[19] Na freguesia de São Caetano, essa qualidade, aliás, não era excepcional. Os registros da almotaçaria (ou seja, de cobrança de impostos sobre estabelecimentos comerciais) revelam que Angela da Cruz, durante a juventude, conviveu com outras seis escravas que, no lugarejo, se encarregavam do pequeno comércio;[20] em várias regiões, há registros desse pequeno comércio ou até mesmo casos excepcionais, como o de forras que chegaram a estabelecer redes mercantis com o reino.[21]

Tempos depois de ter conseguido a alforria, Angela da Cruz se casou com o português Domingos Fernandes de Carvalho, que, além de marido, desembolsou a quantia da compra da liberdade: "o suplicante concorreu para a sua alforria em fé do ilícito trato que com a mesma tinha, em vista que sem emenda tem continuado por todo este tempo". No processo matrimonial de 1737, Domingos afirma viver "de sua fazenda", e ter "quarenta e cinco anos". Além disso, declara ser natural da freguesia de Rio-Mao, Barcelos, Arcebispado de Braga, norte de Portugal, sendo "filho de Domingos Carvalho e Hyeronima Gonçalves de Almeida", estalajadeiros na referida vila. O documento, dessa forma, conta a trajetória do português. Uma vez decidido partir para o Novo Mundo, Domingos foi para a cidade do Porto, situada em comarca fronteiriça à sua cidade natal, e "sem se deter tempo considerável, se embarcou para esta América". A viagem teve percalços e "por causa de uma tormenta" permaneceu em Lisboa "pouco mais de vinte dias". No Rio de Janeiro, se deteve por mais nove dias, rumando, segundo declaração própria, em "direitura para estas Minas", onde permaneceu "cousa de um mês em a Vila do Ribeirão do Carmo e passando logo para a freguesia do São Caetano, fora aí morador treze para quatorze anos".

O testemunho é revelador de uma trajetória comum a muitos portugueses da primeira metade do século 18. Domingos Fernandes nasceu em uma área que, à época, apresentava uma das maiores concentrações demográficas da península Ibérica.[22] Ao longo dos séculos 17 e 18, a região do Minho, tal qual o Alentejo, também foi castigada por pestes, mas a associação entre o acesso à terra e à melhora da alimentação proporcionada pelo cultivo do milho viabilizou o intenso crescimento populacional. A emigração para o Brasil, nesse contexto, se tornou uma forma de diminuir a pressão demográfica;[23] vários estudos mostram que a maior parte dos portugueses que colonizou Minas Gerais provinha dessa área.[24]

Nesse sentido, a trajetória de Domingos Fernandes de Carvalho é típica, a não ser pela idade em que resolveu abandonar a terra natal. Conforme mencionamos em outro capítulo, a saída de Portugal era uma forma de aprendizado: crianças e jovens se deslocavam pelo império português, trabalhando inicialmente como caixeiros ou auxiliando grandes comerciantes, aprendendo o ofício de ganhar dinheiro.[25] Domingos, de acordo com esses padrões, viajou um pouco "mais velho". A partir de dados de sua ata batismal, que teve uma cópia anexada ao processo matrimonial, constata-se que ele havia nascido em sete de abril de 1691; por outro lado, seus vizinhos mineiros afirmam que sua chegada a São Caetano datava de "vinte e um para vinte e dois anos"; ou seja, em 1715 ou 1716, com a idade de 24 ou 25 anos.

Talvez esse deslocamento tardio decorresse do fato de Domingos prescindir de treinamento comercial, tendo em vista que seus pais, como estalajadeiros, eram do ramo e lhe ensinaram as regras do mercadejar. Com efeito, em Minas Gerais, nosso personagem foi extremamente bem sucedido. Em 1756 constou em uma seleta lista dos indivíduos mais ricos da capitania, na qual é registrado como senhor de engenho na freguesia de Senhor Bom Jesus do Furquim.[26] O casamento com a liberta ocorreu aproximadamente dez anos após a alforria. De fato, por toda a Colônia, ocorreram uniões sacramentadas entre portugueses e ex-escravas. Entre 1727 e 1746, por exemplo, em uma das igrejas de Ouro Preto, onze homens livres levaram libertas "ao pé do altar".[27]

Segundo testemunhos do processo, a decisão do casamento decorreu do fato de Domingos seguir

> conselhos dos seus Confessores e Reverendo Pároco, reconhecendo o perigo a que estava exposta sua salvação e a da sua cúmplice, e vendo que o remédio mais eficaz para se reconciliar com Deus, Nosso Senhor, era o casar-se com a mesma, e assim o fez habilitando-se pelo Juízo da Comarca.

Não se tratava de uma recomendação isolada. Em toda a cristandade, concubinos eram excluídos dos sacramentos e, consequentemente, expostos à condenação pública. Em 1728, Dom Guadalupe, bispo do Rio de Janeiro e responsável pelas paróquias de São Caetano e Furquim, alertou aos padres sob sua jurisdição: "[...] nos Concubinatos pelo que com pena de suspensão *ipso facto* proibimos que os Párocos admitam a confissão, ou deem Licença para a confessarem com outrem, aquelas pessoas que souberem estar concubinadas sem primeiro lhe constar estarem separadas".[28]

A perseguição ao relaxamento moral também contava com apoio das autoridades civis.[29] De fato, desde 1670 a Igreja colonial assistiu a um crescimento institucional, interrompido posteriormente pelas reformas do Marquês de Pombal. A criação dos bispados de Olinda (1676), Rio de Janeiro (1676) e Maranhão (1677) são frutos dessa tendência. Por esta época são multiplicados os seminários voltados à formação do clero secular, assim como é instituído o primeiro arcebispado, sediado na Bahia.[30] Ao mesmo tempo, o número de paróquias cresce, tornando a ação pastoral mais eficaz. O coroamento desses esforços ocorreu em 1707, quando então é realizado o primeiro sínodo colonial, reunião convocada pela autoridade eclesiástica e responsável pela adaptação das leis tridentinas à realidade da América Portuguesa. As *Constituições Primeiras do Arcebispado da Bahia*, dessa forma, representaram um vasto programa de reforma dos costumes, inspirado na Contrarreforma católica. Pelo menos no plano das intenções, as leis eclesiásticas reproduziam o modelo austero em voga no mundo europeu da época. Condenava-se asperamente o concubinato: "E porque sucede muitas vezes, que muitos para mais licenciosamente viverem no vício da concupiscência, e amancebamento, e escapar ao castigo, usam enganosamente do Sacramento do Matrimônio, fingindo-se casados com mulheres, que trazem consigo [...]".

Até 1745, quando da criação do bispado de Mariana, a região em que Angela da Cruz residiu esteve subordinada, do ponto de vista eclesiástico, ao Rio de Janeiro. Tal instituição possuía tribunal eclesiástico e até mesmo um sistema carcerário próprio, o "aljube", distinto do civil. O tribunal recebia queixas avulsas ou podia abrir inquéritos contra os faltosos, bastando para isso que o "vigário da vara" – sacerdote nomeado pelo bispo com funções jurídico-administrativas – desse início ao processo. O bispo ou seu representante, por ocasião das visitas diocesanas, também dispunham da prerrogativa de abrir devassas contra paroquianos.

Conforme foi definida por um especialista, essa "pequena Inquisição" seguia um roteiro estabelecido pela legislação.[31] O primeiro passo era fixar o edital na porta da igreja, indicando a lista de pecados e convocado os fiéis para denunciarem. O pároco também lia durante a missa dominical o texto do edital, permitindo assim que mesmo os iletrados não apresentassem a própria ignorância como desculpa para não denunciar os delitos; uma vez dado início à devassa, o escrivão do tribunal anotava em livro específico o conjunto dos depoimentos colhidos. Em todos esses momentos, o padre local era o elemento chave para o sucesso da punição aos pecadores. No *Regimento do Auditório Eclesiástico das Constituições Primeiras*, lemos:

> Os párocos são obrigados a dar notícia ao visitador dos pecados públicos, e de escândalo que souberem fora da confissão, e nomear testemunhas que deles saibam

> para se remediarem, e juntamente de tudo o mais que necessitar de reformação, e emenda, e se assim não obrarem, ofenderão a Deus gravemente e poderão ser castigados.[32]

De acordo com as leis eclesiásticas, as visitas deveriam ser anuais. Na prática isso raramente ocorreu, embora tenham acontecido com uma frequência não pré-determinada. Na primeira vez que os concubinos eram identificados, eles deviam pagar multas. Caso o visitador, em devassa seguinte, constatasse que o mesmo casal permanecia concubinado, o valor da multa duplicava e havia o risco da prisão. Na terceira admoestação, os amancebados podiam ser degredados. Dessa forma, o alto clero tentava enquadrar a sociedade escravista nos moldes da Contrarreforma; as autoridades coloniais, por sua vez, viam na punição aos concubinos uma forma de subordinar a população e, ao mesmo tempo, gerar uma massa de homens e mulheres a ser degredados para áreas em processo de povoamento.[33]

Na década de 1730, Angela e Domingos, além de ameaçados no confessionário, corriam o risco de ser presos pela justiça eclesiástica. Havia chances de eles engrossarem a lista dos degredados para as áreas indígenas ou de fronteira com as colônias espanholas, nas capitanias de Mato Grosso e Goiás.[34] Uma "devassa eclesiástica", ocorrida entre 1733 e 1734, mostrou que esse risco era real. A investigação abarcou as freguesias de São Caetano e Furquim, revelando o predomínio de acusações de concubinato: 88 pessoas foram indiciadas em razão desse delito.

Em Furquim, o primeiro a depor foi Nicolau da Silva Bragança, que se adiantou declarando pertencer à *Ordem de Cristo*, ordem religiosa e militar cuja comenda indicava pertencimento à nobreza colonial.[35] Ele nada declarou. No entanto, nos testemunhos subsequentes, as denúncias se sucedem. O fazendeiro Antonio Pinto Pereira, por exemplo, acusa José de Almeida, "morador no mesmo Arraial, de anda[r] concubinado com uma mulata do capitão-mor Manuel de Castro".[36] À medida que a devassa prossegue, é dada voz aos setores menos favorecidos da sociedade. Manuel da Costa declara viver "de sua roça" e dirige suas acusações contra Lourenço Rodrigues, afirmando que ele tinha "uma escrava por nome Rosa, a qual forrou, e a dita tem uns três filhos mulatinhos, e era público serem filhos do dito, e como o Reverendo Vigario desta freguesia, pelo tempo da Quaresma o constrangeu a que a botasse fora de casa e da freguesia [...]".

Os registros da devassa de Furquim mostram que Domingos Fernandes não foi convocado a depor, nem muito menos foi alvo de denúncias. Ele havia, portanto, mantido sua relação com Angela da Cruz na clandestinidade. Porém, a situação dessa última ma foi bem diferente. Ela acabou sendo alvo de vários denunciantes, residentes na freguesia de São Caetano. O primeiro deles "disse saber, por ser público, que Manuel Alves de Oliveira, morador no Arraial desta freguesia anda concubinado com Angela da Cruz, parda forra, com grande escândalo da vizinhança". A mesma acusação foi repetida por seis outras pessoas, que fizeram afirmações semelhantes: "disse que sabia que Manuel Alves de Oliveira anda concubinado com Angela da Cruz, parda forra, o que é notório e público [...] disse que sabia, pelo ouvir dizer, que Manuel Alves de Oliveira anda amigado com Angela da Cruz, parda forra [...]".

Portanto, além de se relacionar com Domingos Fernandes, a cativa do reino mantinha "trato ilícito" com outro português. Tal situação também foi reconhecida no processo matrimonial de 1737. Nele a ex-escrava afirma que

> era solteira, livre, e desimpedida, e que nunca fizera promessas de casamento a pessoa alguma, menos que a Manuel Alves de Oliveira, com quem estivera denunciada em a sobredita freguesia de São Caetano. [Em seguida acrescenta:] por se haverem desfeitos os ditos desponsais de mútuo consentimento e depois só ao justificante Domingos Fernandes de Carvalho fizera semelhante promessa, e ele a ela haverá cousa de um ano pouco mais ou menos.

Sem dúvida, conforme sublinhou Gilberto Freyre, "não há escravidão sem depravação sexual. É da essência mesma do regime".[37] Isso, contudo, não impede a identificação de matizes, de variações, no interior desse universo moral. Angela da Cruz se relacionou com homens solteiros, mas se refere a essas uniões como "desponsais". Tal expressão significava promessa de casamento, registrada de em cartório ou testemunhada pelo menos por duas pessoas; seu eventual não cumprimento – denominado "quebra de esponsais" – podia gerar processos, daí a importância do acordo mútuo em seu eventual término.[38]

Os poucos estudos a respeito do tema apresentam os "desponsais"(ou "esponsais") como um "casamento por juras", não submetido à Igreja católica. Em 1750, o tribunal eclesiástico bispado de Mariana – criado cinco anos antes – registrou o não cumprimento de um desses pactos:

> Antonio José Carlos Tinoco denunciou a ré Ana Maria de Santa Rosa à justiça eclesiástica no dia 1º de julho de 1750, alegando que esta andou de correspondência com ele, escrevendo cartas e "matéria encaminhadas a se casarem"[...] mandou à ré, por meio de seu tio, um anel de ouro com uma pedra e cinco diamantes de "olhos de mosquitos".[39]

Em 1759, Curitiba registrou outro caso, envolvendo troca de dádivas bem mais humildes. O processo foi iniciado por Paula Fernandes Lisboa, e teve como réu Paulo Fernandes da Silva, por ele não ter cumprido a promessa de casamento. Segundo uma testemunha, Paulo Fernandes, "em uma ocasião mandara a dita justificante um queijo e também lhe parece que haveria um ano pouco mais ou menos que os ditos andaram de amores". Outra testemunha acrescentou: "Paulo Fernandes lhe disse que achava capaz de ser seu marido e também viu que o dito lhe deu duas laranjas e não sabe de que tempo andavam com semelhantes amores".[40]

A veracidade destes testemunhos não é o dado mais importante, mas sim os argumentos alegados. A união não era passageira e, mais importante ainda, era acompanhada por dádivas que simbolizavam o pacto. Tanto na elite quanto nos meios populares, a promessa se tornou um substitutivo do casamento religioso, com a vantagem de poder ser feito e desfeito sem que isso fosse vivenciado como promiscuidade ou ausência de vida familiar. No processo matrimonial de 1737, Angela não só declara o fim do "desponsal" anterior, como anuncia o novo. Por essa época ela havia passado a residir na freguesia de Furquim. Tal mudança é reafirmada no depoimento de Domingos Fernandes, que declara mantê-la "dentro da própria fazenda em que vive nesta freguesia, com estimação, e bens de fortuna, que o habilitam para um honrado estado [...]".

O casamento ocorreu tempos mais tarde, pois as exigências documentais do processo o tornaram bastante moroso. A união causou mal-estar na sociedade local e gerou uma polêmica que envolveu os dois lados do Atlântico. O próprio noivo reconheceu a extravagância. Sua principal demanda foi a de "ser dispensado antes do matrimônio em todos os banhos". Esses "banhos de casamento" consistiam em proclamas públicas durante três missas dominicais que precedessem à cerimônia. Procurava-se, assim, identificar se havia alguém que "ponha impedimento"[41] à união. Domingos acreditava que seus próprios parentes fariam isso, devido "desigualha que há entre um e outro, em razão dele suplicante ser um homem branco bem aparentado, e com bens de fortuna, que nesta terra o fazem hoje atendível; e ela uma mulher parda, e haver sido cativa". O casamento, aliás, comprometia "por viverem na freguesia, junto a ele, parentes seus, como são um irmão, casado em o Reino, e um sobrinho que na consideração da dita igualdade, e se a poder herda, não deixarão cousa que não movam para lhe impedir o dito matrimônio".

Ora, a ausência dos respectivos banhos significava a realização de um "casamento clandestino", somente com a presença do padre.[42] Contudo, Domingos e Angela não atingiram esse intento. As *proclamas* tiveram que ocorrer não só em Minas Gerais, como também nas localidades portuguesas de Barcelos e Estremoz. Como era comum acontecer, o excesso de burocracia e as distâncias nela envolvidas atrasaram a realização da cerimônia, pois o processo matrimonial só foi finalizado em 1740 e custou uma verdadeira fortuna: 789 mil réis – o suficiente para comprar três ou quatro escravos adultos.[43]

Não faltam testemunhos condenando a união. O irmão se referiu a Domingos como um "homem frágil", que caiu "em trato ilícito" com uma "mulher parda". Outro morador de Furquim, José Pacheco Resende, afirmou que há tempos a família do pretendente intercedia para que ele não se casasse na Colônia: "as cartas de seu pai" – afirma Pacheco Resende – "das quais ele testemunha elas lhe lera por não saber o justificante ler, nas quais o mesmo lhe rogara não tomasse estado nesta terra e o fosse fazer a sua própria".

De fato, o próprio Domingos Fernandes parece ter adiado ao máximo a decisão. Na época de abertura do processo matrimonial ele contava com 46 anos (aliás, um ano a mais do que o declarado no documento) e só efetivou a união aos 49 anos.[44] Angela da Cruz, por sua vez, nessa época comemorava seus 24 anos de existência. A união talvez se relacionasse à decisão de Domingos em permanecer até o final de seus dias na América portuguesa, não retornando ao reino.

Aliás, na freguesia de São Caetano, o mercado matrimonial era bastante restrito. Havia apenas seis mulheres forras, em um universo de 145 proprietários. O número de brancas devia ser ainda menor. A situação nos centros urbanos locais não era melhor. Em Ouro Preto, por exemplo, os registros de óbitos de uma paróquia indicam que, nas décadas de 1720 e 1730, para cada dez homens livres havia apenas uma mulher nessa mesma condição.[45] Tal quadro social deu origem a vários tipos de relações sexuais e familiares, que variavam da promiscuidade, passando por concubinatos mais ou menos estáveis até casamento inter-raciais. Em certas situações, esses elementos se misturavam, agravando ainda mais o "escândalo público" causado pelo vínculo espúrio. Em 1733, por exemplo, na freguesia de São Caetano o visitador episcopal constatou que o Alferes João Teixeira "andava concubinado com uma negra, que fora sua escrava, por nome Bernarda, a qual ele casou com um preto seu escravo, e suposto a não tenha em casa, entram amiúde, e com escândalo um na casa do outro".

Nesse universo, Angela da Cruz registrou uma trajetória bastante peculiar. Inicialmente, ela manteve com Domingos Fernandes uma relação paralela ao concubinato com Manuel Alves. Em seguida, o primeiro a levou ao pé do altar, assumindo perante a Igreja e a comunidade local o papel de esposo. Em certo sentido, metade da vida de Angela da Cruz desenrolou na forma típica da escravidão: foi vendida ainda menina, sendo violentada pelo terceiro senhor e, em seguida, se envolveu em "tratos ilícitos" com dois portugueses; porém, num dado momento sua situação muda, ela consegue a liberdade e, via o casamento, se integrar à sociedade senhorial.

A trajetória do marido da cativa do reino, de certa forma, foi complementar a essa. Embora livre e branco, Domingos tinha origem humilde: era analfabeto e filho de estalajadeiros. Em Portugal, esse segmento não era identificado à elite, mas sim às camadas populares. A legislação reinol caracterizava as estalagens como locais de roubos e de prostituição.[46] Ao que parece, sua ascensão social ocorreu lentamente. No livro de *Reais Quintos* de 1725, o futuro marido de Angela aparece como proprietário de apenas seis escravos. Vários anos após ter chegado a Minas Gerais, Domingos ainda mantinha um status social relativamente modesto, principalmente quando comparado a outros proprietários da freguesia de São Caetano, como o Capitão André Gonçalves Chaves, dono de 66 cativos, ou o Coronel Salvador Furtado, proprietário de um plantel com 46 escravos.[47]

Em 1756, porém, Domingos Fernandes foi arrolado na lista dos homens mais ricos da capitania. De forma semelhante à cativa do reino, ele vivenciou uma experiência de ascensão social. Novas pistas para entendermos como isso foi possível são fornecidas pelos respectivos testamento e inventário *post-mortem* de Angela da Cruz.[48] Trata-se de documentação complementar. O último registro consistia na avaliação monetária dos bens deixados em herança, enquanto o primeiro, produzido em vida, regulamentava a partilha entre os herdeiros, assim como atendia a inquietações religiosas: definia como seria o enterro, invocava santos protetores e previa a concessão de esmolas para obras misericordiosas. Isso era possível graças à legislação da época, que permitia no momento da morte o uso de um terço dos próprios bens (a denominada "terça") para livre transmissão ou realização de cerimônias religiosas.[49]

Datado de 27 de maio de 1744, o testamento da liberta indica as condições em que ela se encontrava pouco antes da morte: "aos trinta dias do mês de abril do dito ano [...] estando em meu perfeito juízo e entendimento que Nosso Senhor me deu e achando doente de cama e temendo minha morte [...] faço este meu testamento". No mês seguinte foi elaborado o inventário *post-mortem*, confirmando o falecimento de Angela da Cruz. O documento também revela um herdeiro, descrito como filho de "pai incógnito". Não sabemos se a liberta chegou a comemorar os 28 anos, pois nenhum dos documentos analisados indica o dia e mês de seu nascimento. As referências a estar "doente de cama" e à feitura do testamento sugerem que havia algum tempo ela enfrentava problema de saúde. Na época, um dos males mais frequentes decorria de gripe, agravada por pneumonia ou tuberculose. Essas doenças eram reunidas sob a denominação de "tísica". Um médico que andou em Mariana no período, aqui apresentado, registrou em detalhes o tratamento popular dessas enfermidades, que tinham nos escravos – mal alimentados, pior ainda agasalhados e extraindo ouro em gélidos rios mineiros – seus principais transmissores.[50]

De acordo com a legislação da época, marido e mulher eram meeiros dos bens. Daí a necessidade da descrição dos bens do casal. O inventário confirma a ascensão social do português. Em 1744, além dos 32 escravos (parte do plantel, em sociedade com o irmão e sobrinho), ele possuía a fazenda de Furquim, com 500 alqueires de milho e criação de gado. Junto ao alambique de cobre foram registradas "duas pipas grandes que cada uma havia cem barris de aguardente", sugerindo a capacidade anual da produção; são registrados, ainda, um engenho de açúcar e outro de moer milho, assim como "um caixão de guardar farinha, com doze palmos de comprimento e dois de largura".

Ao se casar, Angela da Cruz se tornou senhora de escravos, ingressando em uma família tão rica quanto a dos grandes senhores de engenho das áreas açucareiras nordestinas.[51] No inventário, ela é definida como "Angela da Cruz de Santa Rita, casada que foi com Domingos Fernandes de Carvalho". Ao sobrenome original, foi acrescida uma invocação religiosa – relacionada provavelmente à viuvez[52] –, o tornando tão extenso quanto o da população livre em geral. As mudanças decorrentes da nova condição social também se expressam nos objetos de seu cotidiano, como "um relicário" (objeto para guardar imagens de santo), "uma cruz de ouro com um Santo Cristo e uma imagem de Nossa Senhora da Conceição".

Por outro lado, o passado de escrava não a impedia de se vestir e se enfeitar como uma mulher branca da elite. O guarda-roupa da liberta incluía "saias de veludo e de seda; camisas de mulher de cambraia e linho, todas guarnecidas de rendas; assim como casaca de pano azul; sapatos de veludo e meias de seda de mulher; botões de ouro de saia e de camisa; brincos e cordões de ouro". Dessa forma, Angela da Cruz transitava, usando imagens sacras sobre roupas portuguesas. Essa atitude indicava que ela começava a ser aceita na elite, pois nessa sociedade a indumentária era signo de uma "linguagem visual das hierarquias", estabelecendo limites e colaborando para definir quem comandava e quem era comandado.[53]

O mencionado testamento registra, ainda, outras formas de aproximação em relação à cultura senhorial. A liberta prevê a própria "pompa fúnebre":[54] "Mando fazer em Portugal dois ofícios cantados pela minha alma", acrescentando em seguida: "declaro que se mandarão dizer mais três capelas de missas [ou seja, 150 missas![55] em Portugal [...] pela alma de meu Pai e outra pela alma de minha Mãe e outra pela alma de minha sogra". Tal comportamento a aproxima das demais mulheres da elite colonial;[56] aliás, as autoridades judiciais assim a viam; no inventário de 1744, não há referência à "cor" da ex-escrava.[57]

Como era comum entre os membros da elite, o testamento também destinou esmolas a irmandades religiosas em Mariana e em Portugal. A ex-escrava solicita, ainda, que se dispusesse de "cento e cinquenta mil réis para três moças donzelas para ajuda de seus dotes" – moças não nomeadas, que deviam ser escolhidas entre as mais pobres. Paralelamente à caridade cristã, Angela demonstra seguir as regras do paternalismo senhorial, se revelando magnânima em relação aos escravos: "Declaro que entre os bens que possuímos eu e meu marido, somos senhores e possuidores de duas crias mulatinhas, um por nome Felipe e outra por nome Faustina [...] faço mercê de os forrar por meu falecimento e os deixo libertos e isentos da escravidão".

De certa maneira, a mobilidade da cativa do reino foi complementar a do marido. Esse último, conforme mencionamos, tinha origem humilde e só muito tardiamente ingressou na "nobreza da terra". A documentação analisada também sugere que a liberta jamais retornou a Portugal, mas manteve as referências "do reino": o idioma mencionado no processo matrimonial, a prática religiosa registrada no testamento e as roupas presentes no inventário *post-mortem*; de forma semelhante a outras forras, tal situação deve ter contribuído para sua aceitação na camada senhorial.[58]

Os dados apresentados revelam, dessa maneira, trajetórias sociais que ora se afastavam ora se aproximavam. O imigrante branco de origem aristocrática evitava contato com a senzala, recorrendo a feitores como intermediários. Na outra ponta da escala social, havia migrantes portugueses provenientes das camadas populares, cuja proximidade com a escravaria chegava a ponto de gerar alforrias seguidas de casamento com libertas. No caso de Angela da Cruz, esta última possibilidade, paradoxalmente,

Cativos do Reino

contou com a ajuda de traficantes, que a venderam e revenderam sob a denominação de "cativa do reino", dando aval à construção de uma memória que a aproximava culturalmente de proprietários oriundos de Portugal.[59]

Notas:

1   SERRÃO, José Vicente. "A agricultura". In: LAINS, Pedro; SILVA, Álvaro Ferreira da (orgs.). *História económica de Portugal, 1700-2000: O século XVIII*. Lisboa: ICS, 2005, p. 149-150.

2   PEDREIRA, Jorge Miguel Viana. *Estrutura industrial e mercado colonial: Portugal e Brasil (1780-1830)*. Lisboa: Difel, 1994, p. 28.

3   MOREIRA, Maria João Guardado; VEIGA, Teresa Rodrigues. "A evolução da população". In: In: LAINS, Pedro; SILVA, Álvaro Ferreira da (orgs.). *História económica de Portugal, 1700-2000: O século XVIII*. Lisboa: ICS, 2005, p. 41.

4   Este tipo de documento se tornou obrigatório em toda a cristandade. Conforme o próprio nome sugere, ele consistia em um inquérito, no qual se arguia os respectivos noivos, seus familiares e vizinhos. Através dele se procurava conhecer em detalhes as origens dos futuros esposos e esposas, evitando a bigamia ou o incesto, assim como impedindo uniões entre católicos e protestantes. Em certo sentido, o processo matrimonial consistia no exercício de construção de uma identidade própria. O relato dos noivos, ao ser contrastado ao de vários testemunhos, ficava sujeito a formas de controle da veracidade do conteúdo. Soma-se a isso outro elemento importante: todos os depoimentos eram feitos sob juramento; "jurava-se sobre os Santos Evangelhos no livro deles, sobre o qual a sua mão direita, e debaixo da qual, prometendo a dizer verdade de tudo que lhe for perguntado". É justamente a partir desse tipo de relatos que é possível reconstituir parte da trama da vida de pessoas que viveram há dois séculos. Não se trata, contudo, de

defender um realismo ingênuo, aceitando literalmente a palavra escrita. Na verdade, o aspecto mais interessante e importante dos processos matrimoniais é a possibilidade de identificarmos a construção de auto-imagens e o ideal social nela implícito. Outro aspecto interessante é que, em uma sociedade escravista, tais processos são um dos raros casos em que se dava direito à palavra aos escravos e ex-escravos. Mas não a qualquer um. Por outro lado, a identificação de alguma cláusula impeditiva – como no caso da existência de parentesco de segundo grau, fruto de uniões entre primos ou entre tios e sobrinhas – dava origem a outro processo: o de dispensa matrimonial, importante fonte de renda para as instituições eclesiásticas coloniais. Ver: SILVA, Maria Beatriz Nizza da. *Sistema de casamento no Brasil colonial*. São Paulo: T. A. Queiroz/Edusp, 1984, p. 187. Processo de Matrimônio de Domingos Fernandes de Carvalho e Angela da Cruz, Furquim, 1737. *Arquivo Eclesiástico da Arquidiocese de Mariana*, Cód. 1809. Sou grato a Maria José Ferro pela indicação desse documento e sua reprodução digital.

5   Para a análise da relação entre sobrenome e trabalho doméstico, ver: MELLO, Evaldo Cabral de. *Um imenso Portugal: história e historiografia*. São Paulo: Editora 34, 2002, p. 130. Portugal, nesse sentido, parece ter desenvolvido uma tradição distinta da espanhola. Na Galícia, os sobrenomes dos escravos eram emprestados do reino animal, tais como *Cabrela, Connelio, Xorra, Lecton, Perrot, Mula, Carneiro*. VERLINDEN, Charles. *L'esclavage dans Le monde ibérique mediéval*. Madrid: Typ. Archivos Olózoga, 1934, p. 101.

6   Segundo o estigma "fala de preto", eles confundiam vogais e consoantes, estropiando o idioma. Contudo, há fortes elementos preconceituosos nessas descrições, ou mesmo seu uso jocoso em cordéis e peças de teatro. Além disso, cabe lembrar que as habilidades linguísticas deviam variar entre africanos recém-chegados e os que nasciam e se criavam na sociedade portuguesa, como foi o caso da personagem em questão. TINHORÃO, José Ramos. *Os negros em Portugal: uma presença silenciosa*. 2ª ed. Lisboa: Caminho, 1997, p. 221-238.

7   FONSECA, Jorge. *Escravos ao Sul de Portugal: séculos XVI-XVII*. Lisboa: Vulgata, 2002, p. 54 *et passim*.

8   MOTT, Maria Lúcia B. "Criança escrava na literatura de viagens". *Cadernos de Pesquisa*, n. 31, 1979, p. 57-67.

9   FONSECA, Jorge. *Escravos no sul de Portugal, Séculos XVI –XVII*. Lisboa: Vulgata, 2002, p. 71 e 74.

10   FONSECA, Jorge. *Escravos ao Sul de Portugal: séculos XVI-XVII*. Lisboa: Vulgata, 2002, p. 70-71.

11   STELLA, Alessandro. *Histoires d´esclaves dans la Péninsule Ibérique*. Paris: EHESS, 2000, p. 103.

12   GUTIÉRREZ, Horacio. "O tráfico de crianças escravas para o Brasil durante o século XVIII". *Revista de História*, São Paulo, n. 120, 1989, p. 63.

13   LARA, Silvia Hunold. *Legislação sobre escravos africanos na América portuguesa* (CD-ROM). Madri: Fundación Histórica Tavera, 2000, p. 333.

14   A respeito da história destes caminhos, ver: SANTOS, Marcio. *Estradas reais: introdução ao estudo dos caminhos do ouro e do diamante no Brasil*. Belo Horizonte: Instituto Estrada Real, 2001.

15   MOTT, Luis. *Rosa Egipcíaca: uma santa africana no Brasil*. São Paulo: Bertrand, 1993, p. 24.

16   São valores médios calculados a partir de amostragens. Ver: BERGAD, Laird W. *Escravidão e história econômica: demografia de Minas Gerais, 1720-1888*. Bauru: Edusc, 2004, p. 266.

17   PAIVA, Eduardo França. *Escravos e libertos nas Minas Gerais do século XVIII: estratégias de resistência através dos testamentos*. São Paulo: Annablume, 1995, p. 217.

18   Valor da oitava em 1730: 1.200 réis. PAIVA, Eduardo França. *Escravos e libertos nas Minas Gerais do século XVIII: estratégias de resistência através dos testamentos*. São Paulo: Annablume, 1995, p. 226. Em relação ao preço médio das escravas nas décadas de 1720 e 1730, ver: BERGAD, Laird W. *Escravidão e história econômica: demografia de Minas*

Gerais, 1720-1888. Bauru: Edusc, 2004, p. 257. Por essa época, além de dispendiosas, as alforrias também costumavam ser bastante raras; calcula-se que entre 1735 e 1749, apenas 1,5% da população mineira era constituída por forros e forras. SILVEIRA, Marco Antonio. "Soberania e luta social: negros e mestiços libertos na Capitania de Minas Gerais (1709-1763)". In: CHAVES, Claudia Maria das Graças; SILVEIRA, Marco Antonio (orgs.). *Território, conflito e identidade*. Belo Horizonte: Argumentum, 2007, p. 26, nota 3. Também cabe lembrar que "a taxa de alforria de pessoas escravizadas no Brasil colonial [...] era baixíssima [...]". RUSSELL-WOOD, A. J. R. *Escravos e libertos no Brasil colonial*. Rio de Janeiro: Civilização Brasileira, 2005, p. 309. Essa afirmação é particularmente correta em relação a Minas Gerais da primeira metade do século 18. Ver: HIGGINS, Kathleen J. *"Licentious liberty" in a Brazilian gold-mining region: slavery, gender, and social control in eighteenth-century Sabará, Minas Gerais*. Penn State Press, 1999, p. 69. Os registros paroquiais da igreja de Antonio Dias, de Ouro Preto, indicam 2.355 óbitos para o período de 1719 a 1748; desse total, apenas 70 são forros, ou seja, 2% da população. Ver: COSTA, Iraci del Nero da. *Vila Rica: população (1719-1826)*. São Paulo: IPE-USP, 1979, p. 232.

19   RUSSELL-WOOD, A. J. R. *Escravos e libertos no Brasil colonial*. Rio de Janeiro: Civilização Brasileira, 2005, p. 307.

20   Registros das Almotaçarias de Mariana (1732-1738). *Arquivo Histórico da Câmara Municipal de Mariana*, livro 175.

21   Em Diamantina, a forra Rosa Correa estabeleceu uma rede comercial que se estendia até Portugal. FURTADO, Júnia Ferreira. *Chica da Silva e o contratador dos diamantes: o outro lado do mito*. São Paulo: Companhia das Letras, 2003, p. 110.

22   Em 1706, o Minho, província na qual a vila de Barcelos se localiza, abrigava 22,3% da população portuguesa, embora respondesse por apenas 8,1% do território do reino – para se ter ideia do significado desses números, basta lembrar que a província de Alentejo, com 28,2% do território português, abrigava somente 14,9% da população

reinol. Ver: Serrão, José Vicente. "O quadro humano". In: Hespanha, António Manuel (coord.). *História de Portugal. O Antigo Regime (1620-1808).* Vol. 4. Lisboa: Estampa, 1998, p. 54.

23   Scott, Ana Sílvia Volpi. *Famílias, Formas de União e Reprodução Social no Noroeste Português (séculos XVIII e XIX).* Guimarães: NEPS – Universidade do Minho, 1999.

24   Costa, Iraci del Nero. *Vila Rica: população (1719-1826).* São Paulo: IPE-USP, 1979, p. 217-218; Ramos, Donald. "Do Minho a Minas". *Revista do Arquivo Público Mineiro,* vol. XLIV (1), 2008, p. 132-153.

25   Almeida, Carla Maria Carvalho de. "Do Reino às Minas: o 'cosmopolitismo' da elite mineira setecentista". In: Fragoso João; Florentino, Manolo; Sampaio, Antônio Carlos Jucá de; Campos, Adriana Pereira (orgs.). *Nas rotas do Império: eixos mercantis, tráfico e relações sociais no mundo português.* Vitória: Edufes, 2006, p. 331-356.

26   O documento está descrito de forma incorreta, com o título de "Entrega da lista das fazenda (sic) que entraram em Minas Gerais". 26 de julho de 1756. *Arquivo do Conselho Histórico Ultramarino,* Cx. 70, D. 5880. Disponível em: <http://siarq.iict.pt/pagman/iman001.asp?RCODOBJ=102011005168&CODDES=&txtDes=&offset=12>. Acesso: 1 de janeiro de 2011.

27   Costa, Iraci del Nero. *Vila Rica: população (1719-1826).* São Paulo: IPE-USP, 1979, p. 215.

28   Carta Pastoral de Dom Frei Antonio de Guadalupe, 16 de setembro de 1728. *Arquivo da Cúria Metropolitana de São Paulo,* cód. 10.3.25. Trata-se de cópia da original, produzida no Rio de Janeiro.

29   Figueiredo, Luciano. *Barrocas famílias: vida familiar em Minas Gerais no século XVIII.* São Paulo: Hucitec, 1997, p. 21-30.

30   Rubert, Arlindo. *A Igreja no Brasil: expansão territorial e absolutismo estatal (1700-1822).* Santa Maria: Pallotti, 1988.

31 Figueiredo, Luciano. *Barrocas famílias: vida familiar em Minas Gerais no século XVIII*. São Paulo: Hucitec, 1997, p. 41-80.

32 "Regimento do Auditório Eclesiástico". In: *Constituições primeiras do arcebispado da Bahia*. Coimbra: Real Colégio das Artes da Companhia de Jesus, 1720, Tít. VIII, Canon 388.

33 Souza, Laura de Mello. *Desclassificados do ouro: a pobreza mineira no século XVIII*. Rio de Janeiro: Graal, 1982, p. 170.

34 Mesmo após a proibição da prisão por concubinato, as autoridades do Rio de Janeiro continuaram a fazer uso desse procedimento para povoar, com degredados, Santa Catarina, Rio Grande do Sul e áreas indígenas da Bahia. Ver: Alden, Dauril. *Royal government in colonial Brazil: with special reference to the administration of the Marquis of Lavradio, viceroy, 1769-1779*. University of California Press, 1968, p. 436.

35 Silva, Maria Beatriz Nizza da. *Ser nobre na Colônia*. São Paulo: Ed. Unesp, 2005, p. 8.

36 Devassa eclesiástica feita pelo vigário colado da matriz de Nossa Senhora da Conceição da Vila Rica e visitador ordinário da Comarca do Ribeirão do Carmo, Felix Simões de Paiva, aos moradores das diversas freguesias desta comarca, 1733-1734. *Arquivo Eclesiástico da Arquidiocese de Mariana*, s/cód.

37 Freyre, Gilberto. *Casa-grande & senzala: formação da família brasileira sob o regime da economia patriarcal*. 18ª ed. Rio de Janeiro: José Olympio, 1987, p. 316.

38 Na verdade, há nas palavras da forra uma manipulação dos fatos. Ela alega ter passado de um esponsal a outro, mas na prática manteve relações com dois portugueses, coabitando com um deles. Não se trata de uma suposição, mas sim de um dado declarado no processo matrimonial. Nele Domingos Fernandes e testemunhas reconhecem o "trato ilícito (ou seja, concubinato), contínuo e largo tempo" com Angela da Cruz em virtude das promessas de casamento que lhe fez.

39 SILVA, Marilda Santana. *Dignidade e transgressão: mulheres no tribunal eclesiástico em Minas Gerais (1748-1830)*. Campinas: Ed. Unicamp, 2001, p. 113.

40 KRINSKI, Márcia Luzia (org.). *Promessas desfeitas: documentação paranaense em processos do Juízo Eclesiástico da Diocese de São Paulo (1750-1796)*. Curitiba: Quatro Ventos/Cedope, 2003, p. 42-49.

41 BLUTEAU, Raphael. *Vocabulario portuguez & latino: aulico, anatomico, architectonico...* Vol. II. Coimbra: Collegio das Artes da Companhia de Jesus, 1712-1728, p. 35. Disponível em: <http://www.brasiliana.usp.br/dicionario/1/banho>. Acesso: 13 de janeiro de 2011.

42 SILVEIRA, Alessandra da Silva. "Casando em segredo: um estudo sobre os casamentos de consciência, Bispado do Rio de Janeiro, século XIX". *Anais do XIV Encontro Nacional de Estudos Populacionais*, ABEP, 2004. Disponível em: <http://www.abep.nepo.unicamp.br/site_eventos_abep/PDF/ABEP2004_571.pdf>. Acesso: 30 de abril de 2007.

43 BERGAD, Laird W. *Escravidão e história econômica: demografia de Minas Gerais, 1720-1888*. Bauru: Edusc, 2004, p. 267.

44 A precária matematização da idade é algo comum em populações do passado. Na cópia do batismo anexada ao processo, consta a data de 7 de abril de 1691, como a do batismo de Domingos Fernandes de Carvalho, não sendo, porém, indicada a data de seu nascimento. A data de abertura do processo matrimonial é de 25 de abril de 1737. Portanto, o suplicante tinha, ao menos, a idade de 46 anos.

45 COSTA, Iraci del Nero. *Vila Rica: população (1719-1826)*. São Paulo: IPE-USP, 1979, p. 233.

46 Título LXIV. Como os Estalajadeiros são obrigados aos Furtos e Danos, que em suas Estalagens se fazem. *Código Filipino* (1603). Disponível em: <http://iuslusitaniae.fcsh.unl.pt/verlivro.php?id_parte=88&id_obra=65&pagina=127>. Acesso: 16 de janeiro de 2011.

47 Reais quintos e lista dos escravos de 1725. *Arquivo Histórico da Câmara de Mariana*, cód. 150.

48 Inventário de Angela da Cruz de Santa Rita. *Arquivo da Casa Setecentista de Mariana*, 23 de junho de 1744, 1º Of, Cx. 30, Auto 724. Disponível em: <http://www.lampeh.ufv.br/acervosmg/visualizador/index2.php?codNivel=293>. Acesso: 16 de janeiro de 2011.

49 Marcilio, Maria Luiza. "A morte de nossos ancestrais". In: Martins, José de Souza (org.). *A morte e os mortos na sociedade brasileira*. São Paulo: Hucitec, 1983, p. 61-75.

50 Ver "Introdução" de Júnia Ferreira Furtado, em: Ferreira, Luís Gomes. *Erário Mineral* (org. Júnia Ferreira Furtado). Vol. 1. Belo Horizonte: Fundação João Pinheiro; Rio de Janeiro: Fiocruz, 2002, p. 14. Texto publicado originalmente em 1735. Ver também vol. 2, p. 559, onde o autor afirma: "Do remédio da fruta chamada urucu, para quem lançar sangue pela boca, ou estiver tísico, ou tiver tosse seca [...] Desta fruta há abundância nas Minas e no Rio de Janeiro; [em seguida acrescentando:] Em três frascos de água lancem três onças de urucu bem pisado, o qual se ponha a ferver até ficar na terça parte; então se coe por um pano e, bem espremido, torne ao fogo com o que bastar de açúcar para ferver e ficar em ponto de lambedor, no qual, depois de tirado do fogo, se lhe lançará mais uma onça do dito urucu em pó sutil e se mexerá muito bem, e, mexido, está o remédio feito".

51 A fortuna em questão (do casal mais o da sociedade) daria para comprar, no mínimo, 40 escravos, o que corresponde à média dos proprietários de engenho da Bahia do século 18. Ver: Schwartz, Stuart B. *Segredos internos: engenhos e escravos na sociedade colonial, 1550-1835*. São Paulo: Companhia das Letras, 1988, p. 370.

52 O novo sobrenome podia estar relacionado à morte do antigo concubino e adoção de uma autoidentificação socialmente mais aceita, de "viúva", por parte da antiga cativa do reino. Cabe lembrar que livros do século 18 indicam "22 de maio" como de comemoração, no bispado do Rio de Janeiro, do dia de "Santa Rita Viúva". Ver: *Martyrologio romano dado a luz por mandado do Papa Gregorio XIII*. Lisboa, Academia Real, 1748, p. 310. Por outro lado, mudanças como essas foram

registradas em outras situações e a legislação não as proibia; a citada Rosa Egipcíaca, em um período de fervor místico, alterou o próprio nome e sobrenome, passando a se apresentar como "Rosa Maria Egipcíaca da Vera Cruz". Mott, Luis. *Rosa Egipcíaca: uma santa africana no Brasil*. São Paulo: Bertrand, 1993, p. 23.

53   De certa forma, ao contrário de nossa contemporânea noção de "moda", o elemento principal na definição das roupas e joias no Antigo Regime se vinculava ao ideal do "uniforme". Ver: Lara, Sílvia H. "Sedas, panos e balangandãs: o traje das senhoras e escravas nas cidades do Rio de Janeiro e Salvador (Século XVIII)". In: Silva, Maria Beatriz Nizza da (org.). *Brasil: colonização e escravidão*. Rio de Janeiro: Nova Fronteira, 2000, p. 183.

54   Para uma análise dessa tradição, ver: Rodrigues, Cláudia. *Nas fronteiras do além: a secularização da morte no Rio de Janeiro, séculos XVIII e XIX*. Rio de Janeiro: Arquivo Nacional, 2005, p. 31-83.

55   Por esta época, uma "capela de missa" significava uma série de ofícios religiosos que se estendiam por cinquenta dias. Ver: Nunes, Verônica Maria Meneses. *Glossário de termos sobre religiosidade*. Aracaju: Tribunal de Justiça; Arquivo Judiciário do Estado de Sergipe, 2008, p. 36.

56   O testamento de Angela da Cruz é tão impactante que uma historiadora a considerou mulher "branca", tendo em vista que suas demandas eram semelhantes a de outras portuguesas da região de Mariana: "A moradora de Furquim Ângela da Cruz de Santa Rita, mulher branca e de posse pediu em seu testamento que seu funeral fosse acompanhado por todos os sacerdotes que se acham na freguesia e pelos membros da Irmandade das Almas. Pediu ainda uma procissão com cantos pela sua alma. Registrou ainda que fosse dita uma missa de corpo presente, além das missas que deveriam ser celebradas em Portugal, sendo sete por sua alma e uma para seus sogros e seus pais". Ver: Araujo, Regina Mendes. "Mulheres de Vila do Carmo: a preocupação com a 'Boa Morte' (1713-1750)". *Temporalidades: Revista Discente do Programa de Pós-graduação em História da UFMG*, vol. 1,

n. 2, 2009, p. 96. Disponível em: <www.fafich.ufmg.br/temporalidades>. Acesso: 17 de janeiro de 2011.

57   Contudo, a marca de sua origem reaparece no testamento, onde ela declara ser do "Bispado de Évora, Província do Alentejo, filha natural do capitão Manoel Gonçalves e de Maria Gonçalves, preta captiva já defunta". A referência ao nome da mãe é diferente da declarada no processo matrimonial registrado sete anos antes. A paróquia de nascimento também difere de um documento a outro. A memória era traiçoeira e incerta; em texto algum ela declara o dia e mês do nascimento.

58   Este foi o caso de Chica da Silva, forra analfabeta, que se transformou em uma senhora culta, nos moldes portugueses. Ver: FURTADO, Júnia Ferreira. *Chica da Silva e o contratador dos diamantes: o outro lado do mito.* São Paulo: Companhia das Letras, 2003, p. 183-188. A ascensão social, obviamente, era algo raro. Iraci del Nero da Costa identificou 1.166 óbitos de forras de Vila Rica entre 1719 e 1819; apenas 11,9% delas deixaram testamento, ver: *Vila Rica: população (1719-1826).* São Paulo: IPE-USP, 1979, p. 236. Tendo em vistas as pesquisas existentes, ainda não é possível estabelecer um padrão dessa mobilidade para a sociedade colonial. Ver: FARIA, Sheila de Castro. "A riqueza dos libertos: os alforriados no Brasil escravista". In: CHAVES, Claudia Maria das Graças; SILVEIRA, Marco Antonio (orgs.). *Território, conflito e identidade.* Belo Horizonte: Argumentum, 2007, p. 11-24.

59   Tal perspectiva, de certa maneira, adapta a noção de "grupo de procedência" a um estudo de um caso. Ver: SOARES, Mariza de Carvalho. *Devotos da cor: Identidade étnica, religiosidade e escravidão.* Rio de Janeiro: Civilização Brasileira, 2000, p. 116-118.

Capítulo III
Os escravos de Lisboa

Lisboa do século 18 registrou uma nova moda cultural. Tratava-se do costume de brancos espirrarem quando deparados a afro-descendentes. Em 1777, o duque de Chatelet se refere a essa prática por ocasião de uma procissão da Irmandade de Nossa Senhora do Rosário: "durante toda a passagem do cortejo" – afirma o viajante – "as moças [brancas] do público não paravam de espirrar".[1] As peças de teatros também registraram o gesto. Na *Entremez da floreira*, por exemplo, a trama retrata a corte amorosa de um casal negro, interrompida por um rapaz branco que simula um espirro, sinal para deflagrar uma situação conflituosa.[2] Chamava-se, assim, atenção para os "raposinhos". Essa última expressão era bastante antiga e de uso amplo. No século 16, João de Barros a usou na descrição de certos animais asiáticos: "Há uns bichos a que chamam Cuços (*sic*), que habitam nas árvores, de cujo fruto se mantém, são como coelhos, o pelo espesso, crespo, e áspero, entre pardo e ruivo, os olhos redondos, e [...] *fedem muito a rapozinhos* [...]".[3] Em 1625, no *Tratado da terra e gente do Brasil*, Fernão Cardim se referiu a supostos animais que "têm o umbigo nas costas e por ele lhes sai um cheiro, *como de raposinhos*";[4] o mesmo autor também registra um tipo de "cobra de notável grandura, *cheira tanto a raposinhos* que por onde quer que vai não há quem a sofra".

Os médicos foram pioneiros em associar o termo aos seres humanos. Em 1680, num dos capítulos da *Polyanthea medicinal*, intitulado "Advertência que se devem observar sobre o uso de remédios sudoríficos", João Curvo Sammedo observa "a existência de pessoas que lançam de si um *cheiro de raposinhos*".[5] Em outro livro, publicado em 1743, mas provavelmente escrito no século anterior, a associação entre a palavra e os africanos é avançada:

> Digo mais, que nunca ninguém teve nojo do dinheiro, porque o recolhem em bolsas de âmbar e de seda, o guardam no seio, e até na boca o metem, sem terem asco dele, nem se lembrarem, que tem andado por mãos de regateiras, ramelosas, e de lacaios rabugentos, e de *negros rapozinhos*.[6]

No século 18, são registradas outras imagens negativas frente aos afrodescendentes. Os textos de cordéis lisboetas, por exemplo, revelam de forma transparente o preconceito:

> Não és a que vai a praia,
> Não és a que vai ao Rio,
> E por mais que lá te laves,
> Não fica o negro contigo?[7]

Defende-se até mesmo a expulsão dos cativos do reino para territórios coloniais. Num cordel português datado de 1736, intitulado *Uma negra vendo-se a um espelho*, lê-se:

> Vai-te já para o Reino do Pará,
> Aonde atrás de um negro todo nu
> Melhor te podes ver sempre por lá:
>
> Pois para tal negrura como tu,
> Nesse lugar é bem que ver-se vá
> Lá nos Reinos escuros do Gandu.[8]

Em certo sentido, a existência desses preconceitos sugere a visibilidade social dos escravos portugueses, a ponto de serem registrados em livros de cronistas e médicos, assim como em textos de cordéis de ampla circulação. No presente capítulo procuraremos mostrar que essa situação refletia a significativa presença de escravos em Lisboa.

Para melhor compreendermos essa questão, é necessário apresentar resumidamente os traços gerais do tráfico de escravos português no contexto europeu. Com efeito, o tema está longe de ser uma novidade. Em 1934, Charles Verlinden publicou uma síntese a respeito do tema, em relação ao período medieval.[9] Em pesquisas posteriores, o mesmo autor reservou capítulos finais de sua monumental obra *L'esclavage dans l'Europe medievale* (1955 e 1977) para identificar regiões europeias em que a instituição teria sobrevivido até o século 18, como foi o caso da península Ibérica.[10] Tais sugestões foram exploradas por vários historiadores. Um traço comum a essas pesquisas consistiu em se concentrarem no início da Época Moderna. A escolha cronológica justificava-se, uma vez que na Europa a escravidão, em declínio na

Idade Média, ressurgiu durante a expansão ultramarina. Dessa forma, nos séculos 15 e 16, teria ocorrido um aumento da presença de escravos no Velho Mundo – em grande parte para compensar a sangria populacional gerada pelas migrações decorrentes da expansão ultramarina.[11]

Essa perspectiva foi confirmada pelos estudos do tráfico atlântico. Com base em criteriosos levantamentos quantitativos, Philip Curtin identificou, para o período compreendido entre 1451 e 1870, o montante de 9.566.000 africanos sendo escravizados e vendidos para fora de seu continente de origem. O autor também estimou que aproximadamente 50 mil cativos africanos teriam sido enviados à Europa. Desse total, 48.800 desembarcaram entre 1451 e 1600, ao passo que, entre 1601 e 1700, teriam chegado apenas 1.200 escravos – após a última data, os desembarques provenientes da África supostamente deixaram de ocorrer no Velho Mundo.[12]

A razão dessa evolução é fácil de ser compreendida: a partir de 1530, várias regiões americanas se tornam vorazes importadoras de escravos, fenômeno que irá perdurar até o século 19. Portanto, ao concentrarem a investigação no século 16, os historiadores estavam, aparentemente, fazendo a escolha mais acertada, pois foi nesse período que teria ocorrido o ingresso mais significativo de africanos no Velho Mundo.[13]

Nas últimas décadas, contudo, numerosas pesquisas começaram a reavaliar estes valores. Constatou-se, por exemplo, o eventual aumento, no século 17, da presença de escravos no espaço europeu e a sobrevivência residual da instituição até mesmo no século 19.[14] Paralelamente a isso, os estudos sobre o tráfico atlântico também sofreram revisões. Hugh Thomas ampliou para 11.328.000 o total de africanos apresados; segundo a nova perspectiva, durante a Época Moderna, 200 mil escravos africanos desembarcaram na Europa.[15]

Outra inovação importante foi o surgimento de estudos que exploram documentação até então pouco conhecida, tais como os registros paroquiais de batismo, casamento e óbito, assim como os registros alfandegários, testamentários e notariais de compra e venda de escravos. Dessa forma foi possível detectar a reprodução da escravatura do Velho Mundo,[16] assim como a permanência de redes de tráfico provenientes do Mediterrâneo e Mar Vermelho, envolvendo cativos turcos, árabes, gregos ortodoxos e eslavos. Constatou-se, ainda, que em razão de os reinos europeus constituíram seus respectivos impérios coloniais, começaram a surgir circuitos de tráfico paralelos ao africano, resultante dos retornos de colonos à sociedade metropolitana.[17]

Com base nos resultados dessas pesquisas, Didier Lahon e Alessandro Stella propuseram novas cifras. O primeiro estima que o tráfico africano, somente em Portugal, envolveu 350 mil escravos; o segundo amplia esses números para 800 mil desembarques em relação ao conjunto da península Ibérica.[18] Portanto, as estimativas de introdução de cativos no espaço europeu em muito variam de autor a autor: 50 mil, 200 mil, 350 mil, 800 mil, qual número escolher? Quando são incluídos a essas cifras os valores atribuídos às linhas alternativas de abastecimento e os nascimentos locais, chega-se mesmo a propor a existência de 2 milhões de escravos em Portugal e Espanha da Época Moderna.[19]

Na verdade é muito difícil haver um consenso a respeito da questão. Não há como saber, por exemplo, o número de cativos em trânsito, que permaneceram pouco tempo, acompanhado senhores ou dentro de navios negreiros. Além disso, o período em questão é pré-censitário. Portanto, é praticamente impossível identificar, ao certo, a presença de africanos no conjunto da população; problema acompanhado pela indefinição do que seria o "espaço europeu", cujos limites geográficos podem variar de autor a autor, ora se incluindo nele até mesmo ilhas do litoral africano, como São Thomé e Príncipe.[20]

Outros aspectos das pesquisas recentes também são questionáveis. Embora os dados de Curtin tenham sido revistos e ampliados,[21] sua perspectiva cronológica parece correta. O ápice do tráfico de escravos destinado ao território europeu se concentrou no século 16, revelando em seguida tendência à queda. Aliás, os elevados números acima mencionados não resistem a uma análise comparativa. Cabe lembrar, por exemplo, que as estimativas de Lahon e Stella se aproximam ou mesmo superam as referentes a sociedades do Novo Mundo que conheceram vigorosos modos de produção escravista, como os Estados Unidos, que, até o início do século 19, recebeu cerca de 500 mil escravos africanos.[22]

As elevadas estimativas também não encontram suporte na estrutura econômica portuguesa. No reino, a importância da força de trabalho cativa sempre foi pequena e localizada. Salvo algumas exceções, essa mão de obra era constituída predominantemente por mulheres do meio urbano. Além disso, havia localidades que passavam décadas sem se registrar traço algum de escravatura. O levantamento de quinhentos testamentos de 12 paróquias de Braga, entre 1720 e 1809, indicou a presença de apenas dois escravos.[23] Em Guimarães, entre 1700 e 1819, foram identificados 107 "negros" e "negras" em 11.584 registros paroquiais de óbitos, ou seja, 0,9% da população.[24] O mesmo pode ser afirmado em relação a outras localidades menores. Em Santo

André de Barcelinhos, próxima à cidade do Porto, no período compreendido entre 1606 e 1789, 30 cativos foram batizados, num universo de 3.324 atas paroquiais, ou seja, também 0,9% da população;[25] na paróquia minhota de Meadela, entre 1593 e 1850, foram batizados 11 escravos - em média, quatro a cada século![26]

Os estudos sistemáticos dessas informações – envolvendo amostragens de 127 paróquias do Alentejo, Estremadura e Algarve – permitem generalizações mais amplas. Dessa forma, é possível afirmar que, entre a primeira e a segunda metade do século 17, 101 localidades portuguesas (79,5%), registraram declínio do percentual de escravos na população total – dado também confirmado através da soma dos valores referentes às sub-regiões. Em 32 paróquias que apresentam crescimento do referido percentual, quase sempre isso se deve a amostras não representativas: em apenas onze delas foram batizadas mais de dez crianças cativas por ano. Há situações semelhantes à registrada na Aldeia Galega, na península de Setubal, em que amostragens colhidas – para o período entre 1601 e 1650 – não indicam batizados de escravos; ao passo que, entre 1651 e 1700, essas mesmas amostragens estimam a ablução batismal sobre a cabeça de 20 cativos, registrando assim um significativo "aumento" do percentual desse segmento na população, mas irrelevante do ponto de vista da força de trabalho local.[27]

Por isso mesmo é possível afirmar que a escravidão era residual no território português. No século 17, nas províncias de Estremadura, Alentejo e Algarve – consideradas as mais tradicionalmente escravistas do reino –, o percentual de cativos na população total variou entre 1,8% e 3,3%.[28] Para se ter ideia da insignificância desses números, basta compará-los aos identificados em territórios coloniais. Entre 1719 e 1748, em Ouro Preto, capitania de Minas Gerais, centro econômico de primeira grandeza do império português, o percentual de batismo de escravos na população total foi de 63,3%.[29] Na acanhada cidade de São Paulo, essa mesma cifra, na última década do século 18, atingiu o índice de 31,1%.[30] Em 1798, tal percentual foi de 21,5% em Ubatuba, singela aldeia de pescadores camponeses do litoral paulista, inserida na periferia do sistema colonial.[31]

Perante estas constatações cabe reafirmar algo há muito sabido: durante o Antigo Regime, a base do sistema econômico português foi o trabalho camponês, com maior ou menor grau de autonomia, associado ao trabalho livre volante; por isso mesmo, atribuir uma presença elevada de escravos na população do reino é algo problemático. Contudo, não há como negar que os historiadores que defenderam essa perspectiva se basearam em documentos de época. Quanto a isso, o depoimento mais citado é o de Diogo Inácio de Pina Manique que, em 1801, calculou que, em meados do século 18, haveria a importação anual de 4.000 escravos em Portugal.[32] Tal estimativa foi avançada por quem tinha conhecimento dos fatos. Além de funcionário de confiança de Pombal, Pina Manique acumulou cargos importantes na administração régia, sendo desembargador de agravos da Casa da Suplicação, contador da Fazenda, assim como primeiro intendente-geral da polícia de Lisboa. Trata-se de um importante testemunho. No entanto, é preciso olhá-lo criticamente. Se aceito literalmente, ele implica em admitir que, no século 18, Portugal teria recebido um número de escravos semelhante ao da América espanhola.[33]

Em vez de acolher acriticamente a estimativa avançada por Pina Manique, melhor seria interpretá-la como um indício da presença de escravos na capital do império. Lisboa, na época, era uma das maiores cidades europeias.[34] Por volta de 1550, nesta capital foi observada a substituição dos escravos *mouros* pelos africanos das áreas subsaarianas.[35] Em relação à referida data, calculou-se em 40.000 o numero de cativos do reino,[36] ao passo que a população escrava lisboeta foi avaliada em 9.950 indivíduos.[37] Outras estimativas confirmam esses dados e sugerem uma estabilidade da população cativa lisboeta. Em 1620, ela foi estimada em 10.470 indivíduos[38] e, conforme veremos, número semelhante pode ser avançado em relação ao do século 18.

Outro aspecto que cabe sublinhar é que essa presença impactava viajantes provenientes de sociedades em que os escravos ainda não existiam ou eram raríssimos. O transitar de negros e negras pelas ruas levava esses estrangeiros a projetar cifras elevadíssimas a respeito dessa população. No século 16, o representante diplomático italiano, Matteo Zane, afirmou haver entre 60 mil e 70 mil negros em Lisboa. No século 18, um viajante francês amplia essa cifra para 150 mil,[39] estimativa francamente absurda, mas reveladora da sensação de um forte escravismo urbano.

A legislação portuguesa, por sua vez, sugere que esse sentimento também era compartilhado por segmentos da nobreza. As Ordenações Manuelinas, publicadas em 1521, dedicam várias medidas ao controle e circulação dos escravos da Corte, determinações repetidas pelas Ordenações Filipinas, em 1603, e cuja validade se estendeu até o século 19. Nesses códigos legais, é possível ler sanções dirigidas explicitamente à população cativa de Lisboa e posteriormente generalizadas ao reino e domínios coloniais. Leis, decretos, alvarás e cartas-régias se preocupam com o eventual acesso que os escravos tinham a armas e os efeitos que isso teria em termos de segurança coletiva. Em 1559, por exemplo, "el-rei [...] defendeu por uma sua provisão que na *Corte e nesta cidade* [de Lisboa] os escravos não pudessem trazer armas algumas, salvo aqueles que as costumam trazer andando com seus senhores".

A legislação posterior chegou até mesmo ao requinte de discutir o conceito do que seria "arma", dedicando parágrafos aos "escravos cativos que com pau ou pedra ferirem". Este temor também se desdobrava em relação a roubos. Determinações legais do século 16, referentes à capital portuguesa, estipulavam que se o escravo "furtar valia de 400 reais para baixo, contanto que não seja menos de 100 reais, será açoitado publicamente com baraço e pregão e desorelhado; e se for de 100 reais para baixo, será açoitado somente".[40]

A desproporção entre o delito e a pena era outra forma de exteriorizar o temor frente ao escravo:

> [...] por evitar os furtos que se fazem no tempo das uvas assim no *termo da cidade de Lisboa* [...] como em qualquer lugar onde nossa Corte estiver, mandamos a qualquer pessoa que for tomado em cada um dos ditos lugares assim de dia como de noite com uvas furtadas, se for peão, seja açoitado publicamente e, *se for escravo, além da pena dos açoites seja desorelhado* [...].[41]

O universo cultural dos cativos também era visto com suspeita. As ordenações do reino proibiam, por exemplo, festas africanas:

> E bem assim *na cidade de Lisboa e uma légua ao redor*, se não faça

Cativos do Reino 85

> ajuntamento de escravos nem bailes,
> nem tangeres seus, de dia nem de
> noite, em dias de festas nem pelas
> semanas, sob pena de serem presos
> e de os que tangerem ou bailarem
> pagarem cada um 1$000 réis para
> quem os prender, e a mesma defesa
> se entenda nos pretos forros.[42]

Os exemplos retirados da legislação poderiam ser multiplicados. Eles são reflexos do medo da presença escrava na capital do império português. A população em trânsito aumentava essa sensação de descontrole. Desde 1512, Lisboa havia se tornado o único porto em que era autorizado o desembarque de cativos africanos;[43] embora exceções pudessem ocorrer no Algarve, Setubal e na cidade do Porto,[44] é de supor que a sede metropolitana fosse o mais representativo ponto de chegada.

O lugar fervilhava de imigrantes vindos das mais diferentes partes. Atas eclesiásticas de casamento registram esse tipo de informação. Contudo, o levantamento desses dados não é isento de problemas. O gigantismo do espaço urbano da capital – composto no século 18 por 36 paróquias ou freguesias – dificulta a pesquisa.[45] Na impossibilidade do levantamento de tão vasta documentação, tem-se pesquisado por amostragens. Um exemplo: a leitura de 36 atas de casamento da Sé de Lisboa, referente ao ano de 1700, permite identificar noivos e noivas provenientes de 24 diferentes localidades portuguesas, assim como de cidades espanholas, italianas e francesas.[46]

A pesquisa sistemática desses dados confirma essa situação. Entre 1701 e 1725, na paróquia de Santa Catarina – a segunda mais populosa da capital – se constata que "o número de contraentes nascidos no continente mas fora de Lisboa excede o de nascidos na cidade".[47] Além de imigrantes dos reinos acima mencionados, nesta freguesia havia aqueles provenientes da Inglaterra, Irlanda, Alemanha, Dinamarca, Holanda e Áustria. Nela também se constatou a presença de 149 casamentos (5% do total) que envolveram ao menos um cônjuge escravo, possibilitando o conhecimento de algumas trajetórias de cativos do reino. Como seria de esperar, nesse meio, os cônjuges nascidos em Portugal eram minoritários, sendo que 80,5% deles provinham de Angola, Costa da Mina, Cabo Verde, Moçambique, Guiné e São Tomé – também foram identificados oito cativos indianos e um nascido no Brasil. Situação semelhante é constatada na paróquia de Nossa Senhora das Mercês. Os cativos representavam 4,6% do conjunto dos casamentos realizados entre 1700 e 1725. Dos 30 noivos e noivas registrados, 17 diziam respeito a africanos, também se constatando a presença de quatro cativos provenientes da Bahia e de Pernambuco.[48] Com o passar do tempo, em algumas paróquias, esse último percentual aumentou. O levantamento de 737 processos matrimoniais da igreja de Nossa Senhora do Socorro, referentes aos anos 1754 a 1759, revelou que, dos dezenove cônjuges escravos registrados, onze provinham da África, oito do Brasil e dois da Índia.[49]

Qual o significado dessas diminutas amostragens? Sem dúvida os dados revelados são interessantes. Sua representatividade, porém, é questionável. Como é sabido, um fenômeno bastante comum entre os escravos era a raridade de casamentos. Um exemplo: na mencionada paróquia de Santa Catarina, embora as crianças cativas representassem apenas 6,7% do total de batizados, elas respondiam por "78,8% das mães dos indivíduos baptizados como filhos de 'pai incógnito'";[50] portanto, em razão do elevado número de filhos ilegítimos (definidos como "de pai incógnito"), pode-se suspeitar que os registros matrimoniais diziam respeito a um segmento muito seleto de escravos.

Por outro lado, nas atas paroquiais de casamento também há a sobreposição da proveniência sobre a naturalidade. Como classificar, em termos de "origem", um escravo que nasce na África, é batizado nas Américas e contrai matrimônio na Europa? Esses casos eram raros, mas ocorriam. Eis um exemplo referente à paróquia da Sé de Lisboa:

> Aos onze dias do mês de dezembro de mil setecentos e quarenta anos, *nesta Basílica Patriarcal de Santa Maria*, se casaram por palavras de presentes [...] Joseph, escravo de Joseph Luis Felipe, morador nesta freguesia. [O escravo é] *natural da Costa da Mina, batizado na freguesia de N. S. da Candelária da cidade do Rio de Janeiro*, com Luzia da Conceição, escrava de João dos Santos, morador na Freguesia de São Julião, batizada em N. S. dos Remédios, Cidade de Angola.[51]

Em termos de capilaridade social, os registros de batismo e óbito são mais abrangentes do que os de casamento. No entanto, o elevado número de paróquias e as irregularidades em termos de acervos preservados dificultam a identificação de tendências demográficas gerais. Os dados disponíveis sugerem apenas que – ao contrário das regiões analisadas anteriormente – Lisboa tendeu a manter ou até mesmo registrar aumento de sua população escrava. Na paróquia da Sé, por exemplo, nos anos de 1700 e 1750, os escravos responderam respectivamente por 3,6% e 4,6% dos batizados.[52] Na paróquia de Santiago, entre 1675-1700 e 1725-1750, eles passaram de 2,6% dos óbitos para 8%. Na paróquia de Santo Estevão, entre 1710-1719, registrou-se 2,6% de escravos e libertos em relação ao total de óbitos; na década de 1740-49, a cifra havia aumentado para 5,9%; na paróquia de Salvador, entre 1680-1689, cativos e libertos responderam por 2,9% dos óbitos; entre 1760-1780, esse percentual atingiu 5%.[53]

Os aumentos percentuais acima registrados eram eventualmente alimentados pela chegada de escravos provenientes de circuitos de abastecimento não tradicionalmente africanos. Um raro registro alfandegário de Lisboa revela que, entre 1756 e 1763, 998 escravos foram desembarcados na capital. Desse total, apenas 37,3% deles provinham diretamente da África; dado que deve ser visto com cautela, pois nele não constam os originários da Costa da Mina. Contudo, não deixa de ser interessante a comparação das informações disponíveis: no referido período, enquanto Angola enviou 41 escravos para Lisboa, o Brasil despachou 181, número também superior aos provenientes de Moçambique.[54]

Partiam do Brasil Colônia tanto homens quanto mulheres, embora esse último segmento tendesse a predominar. Na galera *Nossa Senhora da Conceição*, que zarpou do Rio de Janeiro em 27 de setembro de 1752, compunham a lista de passageiros os escravos Domingos, Lourenço e Cristovam, assim como Joana, Ana, Maria e uma última escrava de nome ilegível. Na mesma data, outra embarcação levava João, Engrácia, Marília, Maria e Rita. É muito difícil, porém, saber o número exato dessas movimentações, pois havia situações, como a do navio *Nossa Senhora do Bom Conselho e Santa Ana e Almas*, que, em 1752, registrou apenas o embarque de "alguns escravos e escravas", sem indicar o número exato deles.[55]

Não é difícil imaginar o impacto que causava entre a população livre de Lisboa a chegada de escravos da América. Tratava-se do mundo de ponta-cabeça, de uma brutal inversão: a Colônia povoando a metrópole com as "classes perigosas". Um levantamento especificamente para o ano de 1755 revela o volume dessa migração: dos 354 passageiros que saíram do porto do Rio de Janeiro com destino a Lisboa, 145 eram escravos, ou seja, quase 41%. Na época em que um terremoto assolou a capital do reino, em cada três viajantes que chegavam de uma das principais cidades da América, um era cativo; esse exemplo não era um caso isolado: em 1757, dos 181 desembarcados em Lisboa provenientes do porto carioca, 60 (33,1%) eram escravos coloniais transmutados em "do reino".[56]

Portanto, a América portuguesa contribuía para a sobrevivência da escravatura lisboeta. Uma estimativa sensata seria a de considerar que os escravos representavam, em meados do século 18, cerca de 5% dos 185 mil habitantes da capital, ou seja, eram 9 ou 10 mil homens e mulheres.[57] Tal cifra, obviamente, significa que a instituição não era a base do sistema econômico urbano, mas está longe de ser desprezível. Ele sugere a permanência de índices populacionais semelhantes aos registradas nos dois séculos anteriores; além disso, o número citado, em termos absolutos, é quase o dobro do registrado em cidades coloniais, como São Paulo, sendo próximo aos de Salvador e Rio de Janeiro, quando estas duas localidades dominavam o tráfico escravista da América portuguesa.[58]

O próprio rei contribuía para a presença desses cativos na capital do império. Desde o século 16, "para remediar a falta de remadores nas galeras reais", a Coroa portuguesa autorizou o envio de condenados pela justiça civil e eclesiástica, além de prisioneiros de guerra, para o trabalho nas galés.[59] Tanto no primeiro quanto no segundo grupo havia inúmeros escravos. Uma estimativa generosa sugere que na Espanha e Portugal, durante a Época Moderna, 150 mil galés viveram sob essa condição.[60] Com o passar do tempo, esses trabalhadores foram sendo destinados a outras funções – repetindo normas do *sevi publici* do direito romano –, como era o caso dos trabalhos nas construções públicas (fortalezas, aquedutos, etc.) e nos arsenais da marinha. Em Lisboa eles trabalham na construção de navios da Ribeira. Em 1676, Jouvin de Rochefort, viajante francês, anotou a existência de 10 mil deles, sendo também frequentemente embarcados nos navios que faziam rotas atlânticas.[61]

A aristocracia também era possuidora de escravos. Até bem pouco tempo, acreditava-se que, na Europa, somente esse segmento pudesse desfrutar desse bem.[62] De fato as pesquisas indicam que, em Portugal, "quem possuía escravo era, acima de tudo, a nobreza, sobretudo a mais opulenta, o clero, com destaque para o alto clero diocesano".[63] Nas residências abastadas de Lisboa, o número de criados "chegava a atingir índices anedóticos",[64] havendo vários escravos e escravas. Alguns viajantes, na maioria das vezes de forma caricatural, registraram esse ambiente. O marquês de Marialva, segundo o inglês William Beckford, vivia cercado por uma multidão de músicos, lacaios, toureiros, anões e crianças, "de ambos os sexos, fantasiosamente vestidas";[65] em 1787, este mesmo viajante relatou uma festa ocorrida nos domínios de importante membro da corte, mencionando a distribuição de "trezentas rações de arroz e outros comestíveis a outros ávidos devoradores".

Por outro lado, talvez a adesão aristocrática à escravidão também significasse uma reação frente às leis que estabeleceram a "soldada" (ou seja, "salário") para a criadagem. Essas leis começaram a ser implantadas no século 17, mas enfrentaram forte resistência. De certa forma, elas rompiam a tradição medieval de considerar os criados como ligados ao *dominus* – expressão da época para "família", no sentido do conjunto dos dependentes do domicílio e as reciprocidades domésticas aí implícitas.[66] Ao optarem por cativos e cativas como serviçais domésticos, parte da aristocracia portuguesa mantinha-os sob o regime de dependência não assalariada e conservava a prerrogativa da proibição do abandono da casa.

Contudo, este segmento social estava longe de ter o monopólio da escravaria, até mesmo porque o número de casas aristocráticas era bastante reduzido. Um exemplo: o levantamento de 31.521 domicílios existentes em Lisboa, em 1755, revelou que 90,2% deles continham entre 4 e 6 moradores. Em termos absolutos, apenas 56 casas, na capital lisboeta, possuíam mais de 10 moradores,[67] número que coincide com o estimado em relação às famílias aristocráticas locais.[68]

Portanto, em Lisboa, outros grupos sociais também tinham acesso a escravos. O preço era um fator que limitava a aquisição desses últimos. O valor de uma "peça" adulta equivalia a sete anos de salário de um trabalhador comum.[69] Os proprietários que desempenhavam atividades qualificadas necessitavam de bem menos economias. Havia, ainda, a possibilidade da compra de crianças a preços ínfimos, mas que podiam se tornar produtivas quando atingissem a idade adulta. No início do século 18, um menino ou menina com 10 ou 12 anos custava a metade do preço dos cativos adultos; um recém-nascido podia ser comprado pelo equivalente a alguns meses do salário de um escrivão de câmara.[70] Também era possível se tornar senhor sem necessariamente comprar escravos, bastando para isso a contratação de "negros de aluguel", como eram os casos de pedreiros, carpinteiros, caiadores etc. A presença desses trabalhados nas ruas gerava uma sensação de insegurança. Soma-se a isso seu frequente não enquadramento cultural. Desde o século 16, o tribunal inquisitorial de Lisboa registrou a presença de escravos e libertos feiticeiros.[71] No início do século 18, tais segmentos representavam apenas 1,4% dos processados pelo Santo Ofício; em meados desse mesmo século essa cifra havia aumentado para 6,1%.[72]

Quando somados os processos inquisitoriais de Évora e de Coimbra aos da capital, conclui-se que dessa última localidade "saíram 65,5% dos negros e mulatos denunciados e processados pelo crime de feitiçaria".[73] Como se vê, em Lisboa estava a maioria dos mandingueiros e feiticeiras afrodescendentes. Após o terremoto de 1755, lutou-se contra essa presença. A toponímia escrava da capital foi progressivamente banida. Até então, a cidade contava com "um arrabalde onde os escravos negros dedicados à faina marítima se acantonavam [...] A pouca distância do Mocambo, onde corre a Rua do Poço dos Negros, era o local de inumação dessa gente de cor" – espaços que não serão mais registrados no século 19.[74]

Bem mais impactante ainda foram as reformas implementadas pelo Marquês de Pombal.[75] Em 18 de setembro de 1761, um alvará proíbe o desembarque de escravos em território português. O texto da medida não deixa dúvidas quanto a esse alcance:

> Eu El Rei faço saber que este Alvará com força de Lei virem, que sendo informado dos muitos e grandes inconvenientes que resultam dos excessos e devassidão com que contra as Leis e costumes de outras Cortes polidas se têm transportado anualmente da África, América e Ásia para estes Reinos um tão extraordinário número de escravos pretos, que fazendo nos meus domínios ultramarinos uma sensível falta para a cultura das terras e das minas, só vem a este continente ocupar os lugares dos moços de servir, que ficando sem cômodo, se entregam a ociosidade, e se precipitam nos vícios, que dela são naturais consequências [...][76]

Uma indagação preliminar consiste em perguntar se, à época em que foi promulgado o alvará, estaria ocorrendo o aumento do número de ingresso de escravos em território português. Trata-se de um questionamento importante, pois esse argumento é mencionado de forma explícita no texto da lei: "[...] se têm transportado anualmente da África, América e Ásia para estes Reinos um tão extraordinário número de escravos pretos, que fazendo nos meus domínios ultramarinos uma sensível falta [...]".

Além disso, este entendimento conta com apoio de duas interpretações historiográficas complementares. A primeira delas consiste em associar o alvará de 1761 ao "reforço do aprovisionamento do Brasil em escravos", em razão da "criação das companhias do Grão Pará e Maranhão" – companhias surgidas em 1755 e que reuniam recursos metropolitanos para serem aplicados no Brasil, no sentido de promover uma retomada da agricultura colonial. A segunda linha interpretativa, complementar à primeira, considera que o alvará espelhava o esforço, em Portugal, para a criação de

> uma massa laboral livre, suficientemente motivada e eficiente, compatível com o desenvolvimento industrial que Pombal pretendia imprimir no país através da fundação de manufacturas que diminuíssem a sua dependência das importações estrangeiras.[77]

Conforme acreditamos, as duas argumentações expressam, de fato, inquietações de época. No entanto, devem ser vistas com cautela. Tratava-se de princípios a respeito dos caminhos a serem tomados frente à crise portuguesa e não de avaliações quantitativas a respeito do trabalho escravo no território metropolitano. Ademais, é necessário abordar a questão de forma diferenciada. Em Portugal, a população escrava era insignificante. Porém, na capital do reino a situação era diferenciada. Os dados demográficos disponíveis sugerem que, em termos de números absolutos de população, Lisboa era uma das maiores cidades escravistas do império português.

Para desestimular que traficantes e proprietários trouxessem mais africanos a Lisboa, o alvará de 1761 tornou livre os escravos desembarcados em solo metropolitano: "contando do dia da publicação desta, fiquem pelo benefício desta libertos e forras sem necessitarem de outra alguma carta de manumissão, ou alforria". Trava-se da aplicação local do "princípio da liberdade", dispositivo que tornava livre quem pisasse em solo europeu. Desde a Idade Média, esse princípio era praticado na França e Inglaterra.[78] No entanto, em razão da formação dos impérios coloniais, começaram a surgir problemas. Em 1716, a França permite que os proprietários coloniais e os oficiais militares pudessem trazer cativos para a Europa, com o intuito de instruí-los na religião, para o aprendizado de ofícios ou para serviços domésticos. Isso levou a um aumento da presença de negros em solo francês, principalmente em cidades vinculadas ao tráfico, como Nantes e Bordeaux, ou então na capital parisiense. Em 1738, a existência de aproximadamente 4 mil escravos nessas áreas foi suficiente para gerar um clima alarmista. Nesse ano, é limitada a estadia de cativos coloniais ao prazo de três anos. Também são proibidos os casamentos de escravos e restringidas as alforrias, possibilitando somente aquelas por execução testamentária.

O não cumprimento de qualquer dessas formalidades ou o não registro do desembarque do cativo levava a seu confisco e reenvio à Colônia.[79] Na Inglaterra é registrada uma evolução semelhante. Em 1706, no julgamento de York-Talbot, foi aberto um precedente para desembarque de escravos provenientes das colônias em território metropolitano. Ao pisar o solo inglês, eles não se tornariam livres, conforme rezava a tradição. A chegada de alguns poucos cativos foi o suficiente para gerar apreensões. Em 1731, no sentido de desestimular essas transferências, as autoridades de Londres proíbem a admissão de homens negros nas corporações de artífices.[80]

Ao longo da segunda metade do século 18, a legislação se torna ainda mais restritiva. Em 1762, a França restabelece o princípio da liberdade, equiparando o desembarque em solo francês à alforria, visando assim criar um poderoso desestímulo a que senhores coloniais retornassem acompanhados por africanos. Na Inglaterra, dez anos mais tarde, no julgamento do negro James Somersett, proveniente da Jamaica, o juiz Mansfield declarou que a escravidão não era permitida em solo inglês, e que o escravo deveria ser libertado, abrindo um precedente jurídico. Tais medidas foram acompanhada pela criação de estabelecimentos coloniais africanos em Serra Leoa, em 1786, destinados a receber criminosos, assim como negros livres que moravam em Londres e Liverpool, fenômeno também observado um ano depois, quando do início da colonização inglesa da Austrália.[81]

No caso francês, a proibição do desembarque de escravos foi acompanhada por medidas complementares, impedindo casamentos inter-raciais. Em 1777, registra-se a criação da *Police des Noirs*, com a finalidade de reprimir e expulsar negros do território francês. Apesar desse segmento étnico, à época, representar 0,02% da população, nota-se no texto da lei a mesma virulência da legislação portuguesa, a respeito dos "vícios" que acompanham o desembarque de afrodescendentes no reino.[82]

Há provas abundantes de que essas medidas não decorriam de sentimento abolicionista algum, mas sim consistiam num desdobramento das emergentes teorias racistas da época. Em meados do século 18, a tradicional ideia de raça, confundida com a religião professada pelo indivíduo, vai dando lugar a teorias naturalistas. A origem única da humanidade, como descendente do casal edênico, passa a concorrer com interpretações poligenistas, que atribuíam origens distintas às raças, perspectiva que teve defensores do porte intelectual de Voltaire.[83]

Portanto, é neste contexto que o alvará português é promulgado. As "cortes polidas" europeias – referidas no texto da lei – não aceitavam mais escravos em seus respectivos territórios por estarem racializando os processos migratórios, entendidos agora como uma perigosa ameaça.[84] Embora o atraso científico português de certa maneira dificultasse a absorção das novas ideias racistas, não há como negar certo eco delas no texto do alvará, quando da referência à proibição do desembarque não propriamente de "escravos", mas sim de "pretos" e "pretas":

> Estabeleço que do dia da publicação desta Lei nos Portos da América, África e Ásia; e depois de haverem passados seis meses a respeito dos primeiros, e segundos nos referidos portos e um ano a respeito dos terceiros, se não possam em algum deles carregar, nem descarregar nestes Reinos de Portugal, e de Algarves, Preto ou Preta alguma.[85]

De fato, há muito essa população era retratada com características físicas diferentes da população branca. No início do século 18, no dicionário *Vocabulário Portuguez e Latino*, Raphael Bluteau apresenta duas definições da palavra "raça". Uma delas emprega a palavra no sentido tradicional, associando-a à religião (por exemplo, "raça dos maometanos"). A segunda a vincula à biologia: "Raça - Diz-se das espécies de alguns animais, como cavalos, cães etc.". Noutra passagem, fugindo ao estilo elegante que lhe caracterizava, Bluteau define de forma rude o significado da palavra *Raposinhos*, mencionada no início deste capítulo: "Cheiro Mau, que exalam Negros e Mulatos. Se por esta palavra se entender o fedor dos sovacos".[86]

Essa caracterização – presente na literatura erudita e popular –, quando associada às leis de restrição ao desembarque de escravos, sugere que a presença desse último segmento em solo metropolitano incomodava e preocupava parte da elite portuguesa. Isso era particularmente intenso em Lisboa. Caso essa hipótese seja aceita, cabe levantar a seguinte dúvida: tendo em vista que os preconceitos há muito existiam, por que a legislação restritiva demorou a ser promulgada? Ora, conforme procuraremos mostrar no próximo capítulo, o quadro acima traçado não impediu a existência de formas de adesão à escravidão, inclusive entre reis e rainhas.

Notas:

1   TINHORÃO, José Ramos. *Os negros em Portugal: uma presença silenciosa.* Lisboa: Caminho, 1997, p. 182.

2   LAHON, Didier. "Violência do estado, violência privada. O verbo e o gesto no caso português". In: FLORENTINO, Manolo; MACHADO, Cacilda (orgs.). *Ensaios sobre a escravidão.* Belo Horizonte: Ed. UFMG, 2003, p. 97.

3   *Década da Ásia.* Vol. 11. Lisboa: Na Regia officina tyafica, 1778, p. 184 (Grifo nosso).

4   TAUNAY, Afonso de Escragnolle. *Zoologia fantástica do Brasil (séculos XVI e XVII).* São Paulo: Edusp, 1999, p. 100 (Grifo nosso)

5   SEMMEDO, João Curvo. *Polyanthea medicinal: noticias galenicas e chymicas repartidas en tres tratados.* Lisboa: Officina de Antonio Pedrozo Galram, 1680, p. 603.

6   *Arte de furtar: espelho de enganos, theatro de verdades, mostrador de horas min-guadas, gazua geral dos reynos de Portugal: offerecida a el Rey nosso Senhor D. Joaõ IV, para que a emende.* Lisboa: Martinho Schagen, 1744, p. 209.

7   TINHORÃO, José Ramos. *Os negros em Portugal: uma presença silenciosa.* Lisboa: Caminho, 1997, p. 211.

8   TINHORÃO, José Ramos. *Os negros em Portugal: uma presença silenciosa.* Lisboa: Caminho, 1997, p. 206. Os textos de cordéis, mencionados no início deste capítulo, são uma fonte importante. Tratava-se de uma literatura que conheceu uma expansão significativa no início do século 18: "É, pois, nessa literatura sem compromisso com a cultura oficial (ainda presa ao luxo das imagens barrocas e da exposição conceptualista das ideias) que a figura do negro vai aparecer com frequência [...]".

9   VERLINDEN, Charles. *L'esclavage dans le monde ibérique medieval.* Mardid: Tipografia de Archivos Olózaga, 1934.

10 VERLINDEN, Charles. *L'esclavage dans l'Europe médiévale.* Vol. I. Bruges: Werken, 1955. O segundo volume foi publicado em 1977, sem indicação de editora.

11 GODINHO, Vitorino Magalhães. "O Mercado de mão de obra e os escravos". In: *Os descobrimentos e a economia mundial.* Vol. IV. 2ª ed. Lisboa: Presença, 1981, p. 339.

12 CURTIN, Philip D. *The Atlantic Slave Trade: a census.* Londres: The University of Wisconsin Press, 1969, p. 88 e 268.

13 Esse é o caso de: SAUNDERS, A. C. de C. M. *História social dos escravos e libertos negros em Portugal (1441-1555).* Lisboa: Imprensa Nacional, 1994.

14 Há importantes sínteses a respeito deste tema, eis algumas: LAHON, Didier. *O Negro no Coração do Império: uma memória a resgatar. Séculos XV-XIX.* Lisboa, 1999; PHILLIPS JR, William D. *Historia de la esclavitud en España.* Madri: Playor, 1990; STELLA, Alessandro. *Histoires d'esclaves dans la Péninsule Ibérique.* Paris: EHESS, 2000; FONSECA, Jorge. *Escravos no Sul de Portugal, séculos XVI-XVII.* Lisboa: Vulgata, 2002; PEABODY, Sue. *"The are no slaves in France": the political culture of race and*

slavery in the Ancien Régime. New York: Oxford University Press, 1996; Boulle, Pierre H. *Race et esclavage dans la France de l´Ancien Régime.* Paris: Perrin, 2007; e Myers, Norma. *Reconstrucing the black past: blacks in Brintain, 1780-1830.* London: Frank Cass, 1996.

15   Thomas, Hugh. *The Slave Trade, the story of the atlantic slave trade: 1440-1870.* New York: Simon & Schuster, 1997, p. 805.

16   Esses estudos foram feitos principalmente em relação aos escravos da Espanha: Orsoni-Avila, Françoise. *Les esclaves de Lucena (1539-1700).* Paris: Presses de la Sorbonne Nouvelle, 1997; Garcia, Maria Carmem Gómez e Vergara, Juan Maria Martin. *La esclavitud en Málaga entre los siglos XVII y XVIII.* Málaga: Servicio de Publicaciones Diputación Provincial, 1993; Díaz, Antonio Manuel González. *La esclavitud en Ayamonte durante el Antigo Régime (siglos XVI, XVII y XVIII).* Huelva: Diputación Provincial, 1996; Rubio, Joaquim Álvaro. *La esclavitud en Barcarrota y Salvaleón en el período moderno (siglos XVI-XVIII).* Badajoz: Diputación Provincial, 2005.

17   Um estudo realizado nos arquivos paroquiais, em Nantes, principal porto escravista da França, mostra que, nos anos compreendidos entre 1698 e 1702, 7% dos noivos nanteses haviam nascido em Guadalupe, Martinica e São Domingos, principais colônias francesas do Novo Mundo; décadas mais tarde, no período que vai de 1783 a 1787, o referido percentual aumentou para 21,8%. A maior parte desse segmento era formada por comerciantes e proprietários rurais que, uma vez retornando ao mundo metropolitano, traziam consigo alguns cativos. Pétré-Grenouilleau, Olivier. *L'argent de la traite. Milieu négrier, capitalisme et développement: un modèle.* Paris: Aubier, 2009, p. 25.

18   A última avaliação é tão surpreendente, que merece ser reproduzida: "Ao todo, entre 1450-1750, centenas de milhares de Africanos com grilhões nos pés foram importados pela península Ibérica (e de lá também enviados ao Sul da Itália e ao golfo de Gênova). Na impossibilidade de calcular precisamente este volume, proponho uma estimativa da ordem de 700.000 a 800.000 pessoas" (tradução nossa). Stella,

Alessandro. *Histoires d'esclaves dans la Péninsule Ibérique*. Paris: EHESS, 2000, p. 64-65. Cabe lembrar que a variação brusca de estimativas não é algo recente. Dominguez Ortiz, entre as décadas de 1950 e 1970, indicou avaliações de importação de escravos, para a Espanha Moderna, que variavam entre 50 mil e 300 mil. Ver: Phillips Jr, William D. *Historia de la esclavitud en España*. Madri: Playor, 1990, p. 235-236. Lahon, Didier. *Esclavage et confréries noires au Portugal durant l'Ancien Régime (1441-1830)*. Vol. I. Thèse doct. Paris: EHESS, 2001, p. 211, nota 109. O autor reconhece a magnitude da cifra avançada: "Cabe lembrar que os Estados Unidos importaram entre 400 e 600, de fato 650.000 escravos, ao passo que nos estimamos que não menos de 350.000 entraram em Portugal entre 1441 e 1761" (tradução nossa). Sou grato a Anderson de Oliveira pela indicação deste trabalho.

19   "Durante três séculos (de 1450 a 1750), o tráfico atlântico de Africanos transferiu cerca de 700 a 800.000 escravos para o solo ibérico. Durante o mesmo período, o tráfico mediterrânico de Barbarescos, Turcos e outros envolveu 300.000 a 400.000 cativos... Mais o total de escravos nascidos no solo ibérico. Ao total, cerca de 2 milhões de escravos viveram na península Ibérica [...]" (tradução nossa). Stella, Alessandro. *Histoires d'esclaves dans la Péninsule Ibérique*. Paris: EHESS, 2000, p. 79. Em contraposição a esses dados, cabe citar o site Trans-Atlantic Slave Trade/ Emory University. Disponível em: <http://www.slavevoyages. org/tast/database/search.faces>. Acesso: 23 de janeiro de 2011, no qual o número de desembarques na Europa (Espanha, Portugal, Inglaterra, França e Holanda) é calculado em apenas 9.327 escravos, para o período compreendido entre 1514 e 1800.

20   Curtin, Philip D. *The Atlantic Slave Trade: a census*. London: The University of Wisconsin Press, 1969, p. 88; Thomas, Hugh. *The Slave Trade, the story of the atlantic slave trade: 1440-1870*. New York: Simon & Schuster, 1997, p. 805 e 862. Esse último autor inclui dados das ilhas atlânticas sob o domínio português, inclusive aquelas localizadas no litoral da África Ocidental. Curtin, por sua vez, não indica as ilhas atlânticas que considera como pertencentes ao espaço europeu.

21 Esse debate, fundamentalmente, diz respeito ao tráfico nos séculos 15 e 16, quando então a Europa chegou a ser o principal destino dos negreiros, havendo cifras estimando o desembarque em até um 1 milhão de africanos. Ver: Rawley, James A.; Behrendt, Stephen D. *The Transatlantic Slave Trade: A History*. 2ª ed. Nebraska Paperback, 2009, p. 27- 28.

22 Thomas, Hugh. *The Slave Trade, the story of the atlantic slave trade: 1440-1870*. New York: Simon & Schuster, 1997, p. 805.

23 Durães, Margarida. "Estratégias de sobrevivência económica nas famílias camponesas minhotas: os padrões hereditários (sécs. XVIII-XIX)". *Boletim de História Demográfica*. Vol. XII (35), 2005, p. 1-24.

24 Amorim, Maria Norberta Simas Bettencourt. *Guimarães: 1580-1819 – estudo demográfico*. Lisboa: Instituto Nacional de Investigação Científica, 1987, p. 377.

25 Faria, Inês Martins. *Santo André de Barcelinhos: o difícil equilíbrio de uma população: 1606-1910*. Guimarães: NEPS, 1998, p. 54 e 115.

26 Solé, Maria Glória Parra Santos. "Contextos socioeconômicos da ilegitimidade na freguesia da Meadela (1593-1850)". *Estudos Regionais*. II Série. Disponível em: <http://hdl.handle.net/1822/9922>. Acesso: 19 de janeiro de 2011.

27 Esse valor é uma projeção, pois, como o autor afirma: "Dado o enorme volume de informação existente no conjunto da região, servi-me de amostras de um ano por cada década, em princípio o primeiro ano de cada uma. Nos casos em que não existem dados para esse ano utilizei o seguinte ou o mais próximo". Ver: Fonseca, Jorge. *Escravos no Sul de Portugal, séculos XVI-XVII*. Lisboa: Vulgata, 2002, p. 20-25.

28 Fonseca, Jorge. "Escravatura moderna no sul de Portugal: uma investigação em curso". *Boletim da Sociedade de Geografia de Lisboa*, n. 119 (1-12), 2001, p. 259.

29 Informações da paróquia de Antonio Dias: 1.835 batismos de escravos em relação a 2.896 batismos do conjunto da população. Ver:

Costa, Iraci del Nero. *Vila Rica: população (1719-1826)*. São Paulo: IPE-USP, 1979, p. 226.

30 Entre 1790 e 1799, a paróquia da Sé da cidade de São Paulo batizou 1.640 escravos, ao passo que o número total de batismos foi de 5.229. Ver: Marcilio, Maria Luíza. *A cidade de São Paulo: povoamento e população, 1750-1850*. São Paulo: Pioneira, 1974, p. 143. Outro indicador da pouca importância da escravatura no reino foi sua ausência nas preocupações censitárias. Ver: Souza, Fernando de; Alves, Jorge Fernandes. *Alto Minho: população e economia nos finais de setecentos*. Lisboa: Presença, 1997.

31 Em 1798, a população total de Ubatuba era de 2.164 habitantes, sendo que 466 deles eram escravos e escravas. Ver: Marcilio, Maria Luíza. *Caiçara, terra e população: estudo de demografia histórica e da história social de Ubatuba*. 2ª ed. São Paulo: Edusp, 2006, p. 180.

32 Lahon, Didier. *O Negro no Coração do Império: uma memória a resgatar. Séculos XV-XIX*. Lisboa, 1999, p. 90-91; Stella, Alessandro. *Histoires d'esclaves dans la Péninsule Ibérique*. Paris: EHESS, 2000, p. 64.

33 Segundo esse cálculo, a partir da estimativa de Pina Manique, Portugal teria recebido, entre 1700 e 1761, 240.000 escravos. Os pesquisadores atuais, por sua vez, indicam que no mesmo período a América espanhola recebeu 271.200 escravos. Alencastro, Luiz Felipe. *O trato dos viventes: formação do Brasil no Atlântico Sul, Séculos XVI e XVII*. São Paulo: Companhia das Letras, 2000, p. 60.

34 Entre o século 16 e 18, Lisboa passou de aproximadamente 100 mil habitantes para 195 mil. Bairoch, Paul *et al. La population des villes européennes: banque de donnés et analyse sommaire des résultats: 800-1850*. Géneve: Droz, 1988, p. 57. Em 1750, ocupava "a quinta posição entre as mais populosas cidades da Europa, tendo à frente Londres, Paris, Nápoles e Amesterdão". Seu crescimento, no entanto, foi abalado pelo terremoto de 1755. Ver: Ferro, João Pedro. *A população portuguesa no final do Antigo Regime (1750-1815)*. Lisboa: Presença, 1995, p. 53.

35 SAUNDERS, A. C. de C. M. *História social dos escravos e libertos negros em Portugal, 1441-1555*. Lisboa: Casa da Moeda, 1994, p. 11.

36 VERLINDEN, Charles. *L' esclavage dans l'Europe médiévale*. Vol. I. Bruges: Werken, 1955, p. 837. A cifra portuguesa diz respeito ao ano de 1573.

37 MAGALHÃES, Joaquim Romero. "A sociedade". In: *História de Portugal: no alvorecer da modernidade*. Vol. 3. Lisboa: Estampa, 1993, p. 469.

38 VERLINDEN, Charles. *L' esclavage dans l'Europe médiévale*. Vol. II. Gand: s/ed., 1977, p. 838.

39 LAHON, Didier. *Esclavage et confréries noires au Portugal durant l'Ancien Régime (1441-1830)*. Vol. 1. Thèse doct. Paris: EHESS, 2001, p. 56.

40 LARA, Silvia Hunold. *Legislação sobre escravos africanos na América portuguesa* (CD-ROM). Madri: Fundación Histórica Tavera, 2000, p. 68 e 111 (Grifo nosso). Um importante trabalho desta pesquisadoa indica que a legislação estritamente tratando da questão escravista colonial surge somente no contexto de combate ao quilombo de Palmares, dizendo respeito aos "capitães do mato" contratados pelas câmaras coloniais. Ver: LARA, Sílvia Hunold. "Do Singular Ao Plural: Palmares, Capitães-Do-Mato e O Governo dos Escravos". In: REIS, João José; GOMES, Flávio dos Santos (orgs.). *Liberdade por um Fio. História dos quilombos no Brasil*. São Paulo: Companhia das Letras, 1996, p. 81-110.

41 LARA, Silvia Hunold. *Legislação sobre escravos africanos na América portuguesa* (CD-ROM). Madri: Fundación Histórica Tavera, 2000, p. 139 (Grifo nosso).

42 LARA, Silvia Hunold. *Legislação sobre escravos africanos na América portuguesa* (CD-ROM). Madri: Fundación Histórica Tavera, 2000, p. 115 (Grifo nosso).

43 LAHON, Didier. *O Negro no Coração do Império: uma memória a resgatar. Séculos XV-XIX*. Lisboa, 1999, p. 32.

44 Em fins do século 17, esse tráfico tende a desaparecer. Eis um dos últimos registros dele: "Em 1679, o tráfico de escravos vindo por mar

estava ainda florescente no Porto, com uma sensível subida em relação aos anos precedentes [...] O número de escravos registrados no Livro da Redízima da Alfândega da Ribeira do Douro atingiu o total de 257." VALENÇA, Manuel. *Escravatura na região do Porto (1591-1795)*. Braga: Franciscana, 2003, p. 45.

45 Cifra referente ao ano de 1755 e não leva em conta oito paróquias (freguesias) semirrurais. Ver: RODRIGUES, Teresa. *Crises de mortalidade em Lisboa, séculos XVI-XVII*. Lisboa: Livros Horizonte, 1990, p. 55-56.

46 Registro paroquial de casamento da Sé, Lisboa. *Arquivo da Torre do Tombo*, Cx. 08-L. 10.

47 SILVA NETO, Maria de Lourdes A. C. Meira do Carmo. *A freguesia de Santa Catarina de Lisboa no 1º quartel do século XVIII (ensaio de demografia histórica)*. Lisboa: Centro de Estudos Demográficos, 1959, p. 114.

48 SILVA NETO, Maria de Lourdes A. C. Meira do Carmo. *A freguesia de Nossa Senhora das Mercês de Lisboa no 1º quartel do século XVIII*. Lisboa: Centro de Estudos Demográficos, 1958, p. 83.

49 PEREIRA, Maria Conceição Meireles. *Casamento e sociedade na 2º metade do século XVIII: o exemplo da paróquia do Socorro*. Dissertação de Mestrado, Faculdade de Letras da Universidade do Porto, 1987, p. 251.

50 SILVA NETO, Maria de Lourdes A. C. Meira do Carmo. *A freguesia de Santa Catarina de Lisboa no 1º quartel do século XVIII (ensaio de demografia histórica)*. Lisboa: Centro de Estudos Demográficos, 1959, p. 88.

51 Registro paroquial de casamento da Sé, Lisboa. *Arquivo da Torre do Tombo*, Cx. 11-L. 13. Grifo nosso. O levantamento de 290 registros de casamento, entre 1755 e 1777, referentes à Sé de Lisboa revelou mais dois casos semelhantes a este. Ver: VENANCIO, Renato Pinto. "Escravos 'brasileiros' em Lisboa do século XVIII". *Anais da XXII Reunião Anual da Sociedade Brasileira de Pesquisa Histórica*. Vol. 1. Curitiba: SBPH, 2002, p. 123-130.

52 Registro paroquial de batismo da Sé, Lisboa. *Arquivo da Torre do Tombo*, Cx. 12-L.13.

53 LAHON, Didier. *O Negro no Coração do Império: uma memória a resgatar. Séculos XV-XIX*. Lisboa, 1999, p. 49.

54 LAHON, Didier. "O escravo africano na vida econômica e social portuguesa no Antigo Regime". *Africana Studia*, vol. 7, 2004, p. 76-77.

55 Relações dos tripulantes e passageiros embarcados nos navios que compunham a frota que partiu do Rio de Janeiro para o Reino, no ano de 1752. *Arquivo Histórico Ultramarino*, Cx. 15, doc. 663. Disponível em: <http://www.resgate.unb.br>. Acesso: 16 de julho de 2009.

56 SANTOS, Corcino Medeiros dos. *Relações comerciais do Rio de Janeiro com Lisboa (1763-1808)*. Rio de Janeiro: Tempo Brasileiro, 1980, p. 144.

57 FERRO, João Pedro. *A população portuguesa no final do Antigo Regime (1750-1815)*. Lisboa: Presença, 1995, p. 53.

58 Em 1765, a população escrava da cidade de São Paulo era de 5.988 homens e mulheres. MARCILIO, Maria Luíza. *A cidade de São Paulo: povoamento e população, 1750-1850*. São Paulo: Pioneira, 1974, p. 129. Em 1785, a população escrava de Salvador foi calculada em 14.696 homens e mulheres. Ver: RUSSELL-WOOD, A. J. R. *Escravos e libertos no Brasil colonial*. Rio de Janeiro: Civilização Brasileira, 2005, p. 80. Em 1799, a população escrava carioca foi calculada em 14.986 homens e mulheres. Ver: "Resumo total da população que existia no ano de 1799, compreendidas as quatro freguesias desta cidade do Rio de Janeiro". *Revista do Instituto Histórico e Geográfico Brasileiro*, T. XXI, 1858, p. 216-217.

59 LAHON, Didier. "Violência do Estado, violência privada: o verbo e o gesto no caso português". In: FLORENTINO, Manolo; MACHADO, Cacilda (orgs.). *Ensaios sobre a escravidão*. Belo Horizonte: Ed. UFMG, 2003, p. 88. Não se tratava de um caso isolado, no início da Época Moderna, as galés do mediterrâneo tenderem a crescer de tamanho e potência. As embarcações passaram a reunir em média 250 homens, divididos em grupos de cinco, atrelados a cada remo de 12 metros pesando 130 kg. Acredita-se que após a Peste Negra (1348), a falta de trabalhadores livres levou progressivamente à adoção do trabalho escravo, recrutado entre os condenados pela justiça civil e eclesiástica. A guerra contra

muçulmanos também gerava muitos escravos para o rei. A batalha de Lepanto, em 1571, contra os turcos otomanos, rendeu 3.651 escravos, dos quais 1.870 passaram a ser propriedade do rei da Espanha. Ver: FOURNIE-MARTINEZ, Christine. *Contribution à l'étude de l'esclavage em siecle d'or: lês esclaves devant l'inquisition*. Tese de Doutorado, Ecole Nationale des Chartes, 1988, p. 78. As galés francesas registraram, junto a homens livres assalariados ou condenados pela justiça, a presença de cativos ucranianos, moscovitas, tártaros, lituanos, croatas, húngaros, poloneses, albaneses e bosnianos. FONTENAY, Michel. "L'esclave galérien dans la Méditerranée des Temps Modernes". In: BRESC, Henri (org.). *Figures de l'esclave au Moyen-Age et dans le Monde Moderne*. Paris: Harmattan, 1996, p. 132-133.

60 STELLA, Alessandro. *Histoires d'esclaves dans la Péninsule Ibérique*. Paris: EHESS, 2000, p. 79.

61 STELLA, Alessandro. *Histoires d'esclaves dans la Péninsule Ibérique*. Paris: EHESS, 2000, p. 86-87.

62 Com certeza, nas sociedades pré-industriais, a noção de escravidão "não-econômica" é questionável. Nos grandes domínios senhoriais, vários objetos do dia a dia, como sapatos e roupas, eram confeccionados por serviçais, que contribuíam assim para a reprodução do sistema econômico local. STELLA, Alessandro. *Histoires d'esclaves dans la Péninsule Ibérique*. Paris: EHESS, 2000, p. 47.

63 FONSECA, Jorge. *Escravos no sul de Portugal, séculos XVI-XVII*. Lisboa: Vulgata, 2002, p. 48. É necessário sublinhar que outras pesquisas estão chegando a conclusões diferentes desta: FOURNIE-MARTINEZ, Christine. *Contribution à l'étude de l'esclavage em siecle d'or: lês esclaves devant l'inquisition*. Tese de Doutorado, Ecole Nationale des Chartes, 1988. Na pesquisa em fontes inquisitoriais, foram identificados, nos séculos XVI e XVII, 677 senhores espanhóis; desse total, apenas a terça parte pertencia a nobres. É possível afirmar, dessa forma, que menos da metade dos cativos pertenciam aos grupos sociais a que, costumeiramente, se atribui a presença de serviçais negros. Por outro lado, os dados da referida

pesquisa também mostraram que os escravos espanhóis quase não estavam vinculados aos trabalhos agrícolas: somente cerca de 5% deles pertenciam a famílias camponesas.

64 PRIORE, Mary del. *O mal sobre a terra: o terremoto de Lisboa de 1755*. Rio de Janeiro: Topbooks, 2003, p. 58.

65 BECKFORD, William. *A côrte de rainha D. Maria*. Lisboa: Tavares Cardoso, 1901, p. 13.

66 "Os 'criados' (famuli, 'família') eram tradicionalmente, aqueles que viviam com o senhor 'a bem fazer', ou seja, pelo comer e dormir". O trabalho assalariado dos criados foi uma inovação introduzida pelo Código Filipino e mantida nos séculos seguintes. Ver: HESPANHA, António Manuel. "A família". In: _____ (coord.). *História de Portugal. O Antigo Regime (1620-1808)*. Vol. 4. Lisboa: Estampa, 1998, p. 279.

67 RODRIGUES, Teresa. *Crises de mortalidade em Lisboa, séculos XVI-XVII*. Lisboa: Livros Horizonte, 1990, p. 52.

68 Em Lisboa, quando da ascensão da dinastia de Bragança, as vias de ingresso na aristocracia foram se tornando cada vez mais estreitas. O número de casas de Grandes – como se dizia na época – atingido em 1640 manteve-se praticamente estável até a última década do século XVIII. Essa aristocracia também passou a depender cada vez mais das mercês e rendas concedidas pela Coroa, levando inclusive à sua aproximação espacial com o centro de poder monárquico: "O processo de constituição da elite da dinastia de Bragança coincidiu com a transferência das respectivas residências para a corte [...] todos os titulares, bem como a maioria dos senhores de terras e comendadores, residiam em Lisboa". Ver: MONTEIRO, Nuno Gonçalo. *Elites e poder: entre o Antigo Regime e o Liberalismo*. 2ª ed. Lisboa: ICS, 2007, p. 86, 91 e 111.

69 FONSECA, Jorge. *Escravos no sul de Portugal, séculos XVI-XVII*. Lisboa: Vulgata, 2002, p. 76.

70 Dado referente ao ano de 1657, referente a um recém-nascido cuja alforria custou 4.000 réis. FONSECA, Jorge. *Escravos no sul de Portugal,*

Séculos XVI-XVII. Lisboa: Vulgata, 2002, p. 71. Em relação ao salário de escrivão da câmara, de 400 mil réis anuais, ver SUBTIL, José. "Os Poderes do Centro". In: HESPANHA, António Manuel (coord.). *História de Portugal. O Antigo Regime (1620-1808)*. Vol. 4. Lisboa: Estampa, 1998, p. 190.

71 BETHENCOURT, Francisco. *O imaginário da magia: feiticeiras, adivinhos e curandeiros em Portugal no século XVI*. São Paulo: Companhia das Letras, 2004, p. 209.

72 SANTANA, Francisco. "Processos de escravos e forros na Inquisição de Lisboa". *Ler História*, 13, 1988, p. 15-30.

73 CALAINHO, Daniela Buono. "Negros hereges, agentes do diabo: religiosidade negra e Inquisição em Portugal – séculos XVI-XVIII". In: FLORENTINO, Manolo; MACHADO, Cacilda (orgs.). *Ensaios sobre a escravidão*. Belo Horizonte: Ed. UFMG, 2003, p. 70.

74 SANTANA, Francisco e SUCENA, Eduardo. *Dicionário da história de Lisboa*. Lisboa: Carlos Quintos e Associados, 1994, p. 584.

75 Como é sabido, durante a segunda metade do século 18, Portugal registrou inúmeras mudanças. Em parte, esse período foi dominado pelo projeto reformista do Marquês de Pombal, que resultava da amarga descoberta do atraso português frente a outros reinos europeus e da tentativa de superá-lo. No rol das propostas postas em prática registram-se a extinção de barreiras fiscais, início da unificação de mercado interno e estímulo à formação de manufaturas; também cabe lembrar as não menos importantes reformas no ensino, na legislação, na Inquisição e na política colonial. FALCON, Francisco C. e NOVAIS, Fernando A. "A extinção da escravatura africana em Portugal no quadro da política econômica pombalina". *Anais do VI Simpósio Nacional dos Professores Universitários de História*. São Paulo, 1973, p. 421-425.

76 *Apud* LAHON, Didier. *O Negro no Coração do Império: uma memória a resgatar. Séculos XV-XIX*. Lisboa, 1999, p. 78.

77   FONSECA, Jorge. "As leis pombalinas sobre a escravidão e as suas repercussões em Portugal". *Africana Studia*, n. 14, 2010, p. 29 e 31.

78   Não se tratava, portanto, de uma tendência abolicionista *avant-la-letre*. Ver: PEABODY, Sue. *"The are no slaves in France": the political culture of race and slavery in the Ancien Régime*. New York: Oxford University Press, 1996, p. 21; MYERS, Norma. *Reconstrucing the black past: blacks in Brintain: 1780-1830*. London: Frank Cass, 1996, p. 7.

79   PEABODY, Sue. *"The are no slaves in France": the political culture of race and slavery in the Ancien Régime*. New York: Oxford University Press, 1996, p. 4-6 e 38.

80   MYERS, Norma. *Reconstrucing the black past: blacks in Brintain: 1780-1830*. London: Frank Cass, 1996, p. 41 e 56.

81   MYERS, Norma. *Reconstrucing the black past: blacks in Brintain: 1780-1830*. London: Frank Cass, 1996, p. 41 e 56.

82   BOULLE, Pierre H. *Race et esclavage dans la France de l`Ancien Régime*. Paris: Perrin, 2007, p. 78-79.

83   BOULLE, Pierre H. *Race et esclavage dans la France de l`Ancien Régime*. Paris: Perrin, 2007, p. 69.

84   "Como se vê, o alvará de Pombal, em 1761, não era tão atípico como parece à primeira vista. Ao contrário, era a reiteração portuguesa do princípio de liberdade, semelhante ao francês e com uma pronunciada preocupação em relação à imigração de jovens e homens não-brancos para a metrópole, assim como de seu controle social por parte do Estado; um discurso de racialização da exclusão" (tradução nossa). Ver: PEABODY, Sue. "The French free soil principle in the Atlantic world". *Africa Studia*, n. 14, 2010, p. 24.

85   O item racial da legislação foi percebido pelos proprietários coloniais com destino a Lisboa. Conforme um pesquisador observou: "Tentando burlar o alvará – que usara a expressão 'pretos escravos' –, alguns negociantes ou proprietários passaram a levar escravos mulatos ou pardos. Seis anos se passaram para que as autoridades agissem no sentido

de corrigir essa falha, estabelecendo-se no aviso de 2 de janeiro de 1767 que a mesma proibição também concernia aos mulatos ou pardos". CAVALCANTI, Nireu Oliveira. *O Rio de Janeiro setecentista: a vida e a construção da cidade da invasão francesa até a chegada da Corte*. Rio de Janeiro: Zahar, 2004, p. 122.

86 BLUTEAU, Raphael. *Vocabulário Portuguez e Latino*. Vol. 7. Lisboa: Colégio das Artes da Companhia de Jesus, 1712-1728, p. 109.

Capítulo IV
O tráfico de pigmeus

EM MUITAS SOCIEDADES, a presença de escravos não estava necessariamente vinculada a atividades produtivas. Nesses contextos, a escravatura podia decorrer do prestígio a ela associado, como símbolo de distinção social, conforme observou um especialista: "o que era universal na relação senhor-escravo era o forte sentimento de honra que a experiência do poder senhorial gerava".[1]

Isso parece ter sido presente na corte portuguesa. Nela havia escravos sem atividades produtivas, como foi o caso de "Panasco, bobo da corte" de D. João III. A respeito dele, Pedro José Suppico – no livro *Colleção Política de Apothegmas ou ditos agudos*, publicado em 1761 – fez a seguinte observação: "Gostava muyto El-Rei Dom João III de um preto crioulo chamado João de Sá Panasco [...] Assistia sempre à meza a El-Rey divertindo-o com as suas galanterias [...]".[2] Existia ainda outra versão desse personagem, na forma do *truão* das festas populares. A presença deles acontecia quando "das entradas das touradas que, de algum modo, pretendiam reproduzir o aparato e as pompas das entradas régias"; nelas ocorria "dança dos pretos", quando se parodiavam os combates, em encenações com touros feitos de pano – o que, aliás, parece ser a origem do folclore brasileiro do "boi-pintadinho" e do "bumba-meu-boi".[3]

Tradicionalmente no mundo europeu, o *bobo da corte* – também definido como "chocarreiro" ou "bufão" – era recrutado entre loucos, anões e negros, podendo eventualmente reunir esse conjunto de características em uma só pessoa. As mulheres, por sua vez, não estavam ausentes dessa função e quase sempre pertenciam "ao círculo das rainhas e das princesas". Catarina de Médici, rainha da França coroada em 1549, manteve duas bobas, com os respectivos nomes de *Jardinière* e *Jacquette*; também havendo casos de recrutamento de artistas e escritores para a função.

O perfil dos bufões variou geograficamente. Enquanto na península Ibérica africanos foram frequentes, nas demais cortes europeias observa-se a presença de brancos entre eles. A França os registrou até 1660, como no caso de Angély, *bobo da corte* nos anos iniciais do reinado de Luis XIV. O bufão ficava atrás da poltrona do rei e parodiava os cortesãos presentes.[4] Havia até mesmo aquisições internacionais de bobos famosos. No século 18, um anão, intitulado *Bébé*, embora fosse francês, serviu ao rei da Polônia. Nem mesmo os "príncipes da Igreja" ficaram imunes à moda. No início do século 16, o papa Leão X cercava-se de *bobos da corte*. O rei de Portugal, D. Manuel, lhe enviou um de "presente";[5] somente após o Concílio de Trento (1545-1563), os sumos pontífices foram proibidos de ter "anões a seu serviço".[6]

Para compreendermos o papel desempenhado por este personagem, é necessário lembrar que, ao longo da formação dos governos monárquicos europeus, a centralização das cortes facultou ao rei um importante instrumento de subordinação da nobreza territorial.

Em contrapartida, esse mesmo processo, ao aproximar fisicamente os poderosos, gerou um perigoso campo de forças políticas que, em última instância, poderia até mesmo ameaçar a realeza.[7]

No sentido de conter eventuais excessos da aristocracia cortesã, foram desenvolvidos "rituais de etiqueta", que permitiam o aprendizado e a interiorização das hierarquias. Tal ritualização se fazia presente em outros momentos da vida da corte. Durante as caçadas, por exemplo, os vínculos de dependência se tornavam visíveis e conhecidos por todos, através do papel atribuído a cada participante e sua posição de proximidade ou distanciamento em relação ao monarca.[8]

Noutras cerimônias, que também congregavam a corte, bufões ou chocarreiros se faziam presente como emissários informais do rei. Por serem socialmente identificados a deficientes mentais, negros ou anões, os *bobos da corte* – embora em alguns casos fossem letrados – representavam o inverso do ideal cortesão; eram, por assim dizer, "antiaristocratas" cuja crítica e paródias corporais, embora sentidas, não ameaçavam a honra do alvejado.[9]

Dessa forma, "o bobo, sob a aparência de zombar do rei, transformou-se em seu instrumento, seu conselheiro, seu porta-voz". Em outras palavras, transformou-se em um "intermediário entre o soberano e os súditos, encarregado de explicar os verdadeiros motivos da política real, atrás da fachada engraçada".[10] O papel desempenhado pelos bufões adquiriu, como se vê, uma dimensão política: "Colocar a verdade na boca do bobo" – afirma Derek Brewer – "é um meio de manter a ficção da respeitabilidade do poder; explicar a realidade evitando o cinismo". Através dele era possível ao monarca criticar e ridicularizar os excessos cometidos por nobres, sem criar problemas políticos profundos. Chegou-se mesmo a afirmar que "um verdadeiro bobo precisa de um rei, assim como um verdadeiro rei precisa de um verdadeiro bobo".[11]

Quando conseguia essa aproximação, o bufão passava a ocupar uma posição invejável. Não por acaso, ele se tornou um personagem frequente nos textos das peças de teatro. O que, por sinal, potencializava sua função crítica. Na Inglaterra de Shakespeare (1564-1616), o personagem se transforma em uma fonte de inspiração:

> A situação do bufão é ambígua e interiormente contraditória. É uma contradição entre a profissão e a filosofia. A profissão do bobo, como a do intelectual, consiste em distrair, enquanto sua filosofia consiste em dizer a verdade, em desmistificar. Em Rei Lear, o bufão não tem sequer prenome, é somente bufão, o louco em estado puro. Mas ele é também o primeiro louco a ter consciência da situação do louco.[12]

Mais ainda:

> O bufão deve permanecer fora da boa sociedade, observá-la de viés a fim de descobrir a não-evidência de suas evidências e o não-definitivo de seus julgamentos definitivos [...] A filosofia dos bufões é aquela que, em cada época, desmascara como duvidoso o que parece ser o mais intangível, faz irromper as contradições do que parece óbvio e incontestável.[13]

Com efeito, nem mesmo a historiografia anedótica, avessa a teorizações, deixou de observar a função política dos *bobos da corte*:

> Eram instrumentos de debique [zombaria], de censura, e até de azorragues [açoites] políticos. Quando o monarca estava desgostoso com alguém de sua casa [ou seja, corte] e não achava que fosse necessária uma intervenção sua, ou admoestação de sua boca, o que daria excessiva importância ao episódio, o truão encarregava-se de, em ar de desfrute, corrigir o desastrado.[14]

Conforme mencionamos, em Portugal há registros a respeito da atuação dos *bobos da corte*. No século 16, Damião de Góis definiu algumas de suas funções, afirmando em relação a D. Manuel I:

> Trazia continuamente na sua Corte chocarreiros Castelhanos com os motes, e ditos dos quais folgava, não porque gostasse tanto do que diziam, como o fazia das dissimuladas repreensões que com jeitos e palavras trocadas davam aos moradores de sua casa fazendo-lhes conhecer as manhas, vícios, e modos que tinham [...].[15]

Dois século mais tarde, o autor anônimo de um tratado moral reconheceu esse costume em outros reinos: "Assim sucedeu a Isabel Rainha de Inglaterra, que tendo um destes bobos para se divertir, e talvez para falar por ela [...]".[16]

A produção intelectual portuguesa também é marcada pela presença deste crítico à vida cortesã. Gil Vicente, por exemplo, fez do *bobo da corte* seu porta-voz. No *Auto da barca do inferno*: "O Bobo mete-se a erudito e também se expressa em língua de advogado. A principal acusação, aqui, consiste na corrupção pelas vias legais".[17] Através desse personagem, o autor goza de uma posição privilegiada, condenando as injustiças praticadas pelos poderosos da época. Um pesquisador chegou mesmo a sugerir a seguinte questão: "Até que ponto Gil Vicente terá sido um 'bobo'? [...] Quer-nos parecer que a Gil Vicente se atribuíram muitas das funções de um bobo da corte".[18]

Apesar dessa importância, o prestígio dos *bobos da corte* tendeu a diminuir. O reconhecimento régio do bufão atraiu inimigos. A Igreja – numa perspectiva ampla de *culto ao decoro* – foi a primeira instituição a combatê-los. Os católicos pós-tridentinos condenavam o riso e, consequentemente, todas as situações sociais propícias a ele. O gesto foi banido dos templos religiosos. Não se podia rir durante as orações ou procissões. Nos manuais de civilidade cristã, o tema aparece em capítulos dedicados à castidade. Manuel Bernardes, por exemplo, em 1699, alerta e condena mulheres por "excitação na voz, nos passos, *no riso*, no comer, beber, e vestir".[19]

Havia ainda outras razões para a Igreja desconfiar dos excessos de humor. À medida que o mundo europeu se familiariza com os costumes dos povos recém-descobertos na África, Ásia e América, riso e paganismo começam a ser associados. Cronistas e viajantes, como Jean de Léry, afirmam em seus escritos que os índios brasileiros "riam sem cessar" – principalmente nos rituais antropofágicos.[20] Por outro lado, no início da Época Moderna, o emergente discurso médico sofre uma inflexão. Abandona-se progressivamente a tradição medieval, que considerava a risada como um hábito saudável. O gesto, quando não controlado, passa a ser progressivamente associado à loucura – é o riso dos loucos.[21] Não só os tratados médicos divulgaram essa nova perspectiva, a literatura também estabeleceu aproximações entre o riso incontrolado e a loucura.

Esses elementos revelam um quadro político cultural pouco favorável aos *bobos da corte*. Soma-se a isso a evolução política do ambiente cortesão. As formas cada vez mais centralizadas de poder monárquico são contrárias aos bufões: "O absolutismo de direito divino" – afirma Georges Minois – "pretende representar a autoridade de Deus sobre a terra e não poderia tolerar nenhum contrapoder". A partir de então, "o rei, cercado de conselheiros-cortesãos, tende a perder o contato com a realidade e, sobretudo, com os aspectos desagradáveis do real". Nesse novo contexto, "não haverá lugar para um bobo na corte"; na França, em 1660, o referido *Angély* é afastado do convívio régio e nunca mais substituído.[22]

No século 17, por toda Europa, o tradicional bufão tende a desaparecer. Na Inglaterra, o último deles foi Archie Armstrong. Seu cargo oficial era de *camareiro dos aposentos* de Charles II (1630-1685). Não por acaso, esse foi considerado "o último rei a levar a sério seu bobo da corte [...]".[23] O antigo personagem das cortes medievais foi progressivamente banido do ambiente cortesão. Em meados do século 18, um aristocrata afirmou: "Vi, na corte da França, bobos com títulos, embora a moda, digamos, já esteja ultrapassada e seus nomes não constassem mais da casa do rei".

A filosofia da época também condena o personagem. Para Voltaire, a instituição do bobo do rei era "um vestígio dos tempos bárbaros". Eles deviam ser substituídos por filósofos. Afirma o pensador: "Cada príncipe tinha seu bobo oficial. Reis ignorantes, criados por ignorantes, não podiam conhecer os nobres prazeres do espírito". Por esta época, os *bobos da corte* tendem a ser substituídos por serviçais domésticos, que eventualmente desempenhavam função cômica. Porém, não mais durante os rituais da corte, mas sim no âmbito privado da vivência aristocrática. Quanto a isso, há alguns exemplos, como os indicados por um especialista:

> Pierre-Jean Grosley viu, em 1738, o [bobo] do cardeal Fleury, no castelo de Muette, travestido de cardeal. A duquesa de Bourbon-Condé herdou, em 1711, Maranzac, ex-escudeiro do Grande Delfim. Ela se diverte registrando uma coleção de suas idiotices, difundidas em cinquenta exemplares: as Maranzakianas.[24]

Em Portugal, a tradição dos *bobos da corte* foi desorganizada em razão da União Ibérica, que, entre 1580 e 1640, transferiu a corte para Madri e, com ela, também os bufões. Na nova capital, o personagem, conhecido como *hombres de placer*, era bastante frequente. Felipe IV (1605-1665) "os adorava e seu número atingiu um recorde nunca dantes visto nas cortes europeias": estimou-se a existência de 73 deles no período entre 1525 e 1648.[25] Após a Restauração, coube aos meios aristocráticos portugueses a manutenção da tradição, que, aliás, contava com a oposição das autoridades eclesiásticas: no caso dos anões, por exemplo, a Inquisição considerava-os como potenciais feiticeiros.[26]

No século 18, os bufões voltam a ser registrados na corte portuguesa. Não mais, porém, como emissários do rei, mas sim como serviçais domésticos de aristocratas. O marquês de Pombal, por exemplo, desfrutou da companhia de "Dom Tissão";[27] negros e negras chocarreiros também foram identificados em outros domínios, como no caso de "um mulato chamado Roldão" que era – segundo testemunho de época – "anão do Conde de Ribeira".[28] Esses escravos e escravas eram mantidos para divertimento doméstico. De certa maneira, representavam uma etapa avançada do declínio dos *bobos da corte*, numa época anterior ao surgimento dos artistas cômicos contemporâneos. É o que sugere o relato de William Beckford, por ocasião de sua visita à residência do conde de Pombeiro, em 1787:

> Deverei eu confessar que este disparate me divertiu quase tanto como aos meus companheiros, cujo extasis só era excedido pelos das *pretinhas* de m.me de Pombeiro? Aquelas alegres e fuscas inocentes estiveram sempre a falar na sua algaravia [gritos], apontando para o homem do compasso preto com uns modos tão completamente africanos e cômicos, que para mim as suas contorções foram a melhor parte do divertimento.[29]

A moda era seguida por muitos e propagandeada pela família real. Organizou-se até mesmo um circuito de microtráfico para atender essa demanda. Em 1786, o governador de Moçambique enviou à Bahia um casal de "anões", para que os encaminhasse "com toda a segurança na primeira ocasião que houver de navio para Lisboa".[30] Tratava-se de Sebastião e

Rosa, que foram remetidos como "presentes" à família real. Em pintura intitulada *Mascarada Nupcial*, produzida por ocasião do casamento da rainha com D. Pedro III, o casal africano é retratado respectivamente como fidalgo e princesa. Junto a eles, o pintor português José Conrado acrescentou mais cinco anões ou pigmeus negros, em relação aos quais quatro já foram identificados. Além dos acima mencionados, havia:

> Ana, originária de Rio de Sena, de onde foi enviada para Portugal pelo governador general de Moçambique [...] José, originário de Moruide (*sic*), de idade de 30 anos, que foi levado ao Rio de Janeiro, de onde partiu para esta corte [de Lisboa] a 24 de dezembro de 1787, enviado pelo vice-rei dos Estados do Brasil [...] Siríaco, originário de Cotinguiba [Sergipe?], enviado à Bahia para ser presenteado a nosso senhor capitão general Dom Rodrigo de Menezes e Noronha, com idade de 12 anos [...] Sebastião, originário de rio de Sena [...] enviado a Portugal pelo governador e capital general de Moçambique, Antonio de Mello e Castro, e chegou em junho de 1787, de idade de 31anos [...][31]

Esses cativos frequentavam a corte e tinham acesso à família real. No entanto, eles estavam longe de encarnar a figura crítica dos *bobos da corte* de dois séculos antes. Uma vez mais, recorremos ao depoimento de William Beckford. O viajante inglês assim descreve o ambiente da família real:

> A jovem infanta D. Carlota, empoleirada em um sophá, conversava com a marquesa e com D. Henriqueta, as quais estavam sentadas no chão, de pernas cruzadas, à moda oriental. A comitiva das damas de honor, comandadas pela condessa de Lumiares, via-se, em idêntica postura, a pouca distancia, e *D. Rosa, a anã preta favorita*, trajando um flammante amazona escarlate, e menos travessa que na última vez que eu tivera o gosto de a encontrar naquela encantadora mansão, estava mais sentimental, encostada à porta, olhando de travez e namoriscando um belo moiro, criado do marquês.

A favorita da rainha também a acompanhava em ocasiões públicas:

> No camarote do proscenio vi a affectada condessa de Pombeiro, que com seus cabellos loiros e a alvura de sua cútis fazia um primoroso contraste com a cor de ébano das duas criadinhas pretas, que a ladeavam. O grande tom agora, na corte, é andar rodeado de favoritas africanas, tanto mais estimadas, quanto mais hediondas, e enfeitá-las o mais ricamente possível. Foi a Rainha que deu o exemplo, e na Família Real andam à competência

em presentear e festejar *Dona Rosa, a negra, beiçuda, e desnarigada válida de sua majestade*.[32]

Mascarada Nupcial, 1787
Fonte: LARA, Sílvia Hunold. *Fragmentos setecentistas: escravidão, cultura e poder na América portuguesa.* São Paulo: Companhia das Letras, 2007.

Portanto, a mesma aristocracia que via de forma preconceituosa o africano, e estabeleceu leis que proibiam seu desembarque em solo português, abrigava em suas residências serviçais negros e parecia não querer abandonar esse costume. Para entender como isso foi possível, é necessário salientar dois aspectos acima mencionados: o envio de africanos ou negros sul-americanos como "presentes" e seu aspecto físico peculiar, caracterizado pela baixíssima estatura.

Essas duas informações são fundamentais para solucionarmos a aparente contradição acima mencionada. Há fortes indícios sugerindo que ela se relacionava ao surgimento de um novo interesse cultural pelos povos coloniais. Tal interesse, por sua vez, era fruto de mudanças culturais e institucionais que estavam ocorrendo em Portugal. Na década de 1760, foi criado em Lisboa o Museu de História Natural e Jardim Botânico.[33] Na década seguinte, é implementada a reforma da Universidade de Coimbra, estabelecendo o ensino das ciências, com destaque para matemática, geologia e história natural; em 1779, coroando esse conjunto de inovações, é fundada a Academia de Ciências de Lisboa.

Essas iniciativas visavam enfrentar o desafio do declínio econômico do reino, situação agravada pelo declínio da produção de ouro na capitania de Minas Gerais. Os funcionários régios deveriam ser treinados pelas novas instituições. Cabia aos agentes metropolitanos esquadrinhar as possessões ultramarinas em busca de novas riquezas, que resgatariam Portugal do marasmo econômico em que se encontrava. Para habilitá-los tecnicamente, foram convidados renomados especialistas europeus, como o italiano Domenico Vandelli. O próprio marquês de Pombal assumiu a responsabilidade de implementar essas novas diretrizes; atitude que foi confirmada por Martinho de Melo e Castro, secretário de Estado do reinado subsequente.

Governadores e vice-reis coloniais do império ficaram responsáveis pelo envio de animais, plantas, minerais e artefatos ao Museu de História Natural de Lisboa. No reinado de D. Maria I, o gesto tornou-se uma manifestação de apreço e subordinação ao poder régio. Eis o que afirma um especialista no tema:

> As remessas de espécies à instituição atuavam como dom, como presentes e objetos que permitiam a aproximação entre os governantes ultramarinos e o secretário de Estado. Da mesma forma, ao incentivar as remessas de produtos exóticos para enriquecer o Museu, o secretário prestava vassalagem à soberana. Esses negócios promoveram um aumento considerável da coleção e criou uma verdadeira febre de remessas provenientes do ultramar.[34]

A ciência, dessa maneira, se transforma em um elemento importante da política colonial portuguesa. Começam a ser organizadas "viagens filosóficas", como a comandada pelo naturalista Alexandre Rodrigues Ferreira, que, entre 1783 e 1792, percorreu vastos territórios do Mato Grosso e da Amazônia. As câmaras das vilas coloniais, por sua vez, também deveriam promover o registro detalhados da história natural das áreas sob sua jurisdição; para a capital do império eram remetidos "animais, plantas medicinais [...] madeiras para a construção naval e, particularmente, vagens e sementes".[35]

Os animais podiam ser enviados taxidermizados ou vivos. Alguns deles eram de grande porte, como tigres ou elefantes. Tais remessas visavam não só objetivos econômicos, como também se tornaram uma manifestação do poder imperial frente às sociedades coloniais. De acordo com os cânones da nascente história natural, os "povos primitivos" dessas áreas eram estudados como parte do mundo da natureza, em contraposição ao mundo da civilização, ou seja, a Europa e o Mediterrâneo. A Academia de Ciência de Lisboa fornecia, inclusive, um modelo de inventário dessas sociedades, cujo roteiro era dividido em seis temas: "anatomia exterior, religião, política, economia, artes e tradições".

Eventualmente, coleções da cultura material, remetidas para o reino, eram acompanhadas por "exemplares étnicos". Isso estava longe de ser algo específico de Portugal. Na França, por exemplo, Louis Antoine de Bougainville, militar e navegador, levou, em 1769, taitianos para serem exibidos em Paris. Um pouco mais tarde, a africana Saartjie, que ficou conhecida como a *Venus Hotentote*, não só foi exibida publicamente, como um molde de seu corpo foi produzido para compor o acervo do *Musée de l'Homme*. Em 1800, também fez sucesso uma mostra parisiense organizada pela *Société des Observateurs de l'Homme*, em que um jovem chinês era o principal destaque da exposição.[36] Nos Estados Unidos essas apresentações demoraram a ser realizadas, mas obtiveram tal sucesso que jardins zoológicos constituíram espaços para exposições de africanos com arco e flecha.[37]

Nesse universo, o interesse por "pigmeus" consistia em um item importante dentre as preocupações da história natural europeia. A expressão é atualmente condenada: "o termo 'pigmeu' é muitas vezes considerado preconceituoso. Cada povo prefere ser chamado pelo seu respectivo nome".[38] O mesmo, porém, não ocorria há três ou dois séculos. A definição abrangia povos considerados de baixa estatura, independentemente do lugar de origem. Dessa forma, defendia-se a existência de "pigmeus" na

Groelândia e Patagônia, assim como em várias regiões africanas: Congo, Camarões, Guiné Equatorial, Gabão, Angola e Zâmbia.

Pode-se mesmo afirmar que houve uma intensa moda cultural em relação ao tema. Nos gráficos 1 e 2 são apresentadas as respectivas incidências da palavra em livros franceses e ingleses. Tal pesquisa foi feita com base *Ngrams* do GoogleLabs, aplicativo gratuito e disponível na internet. Os resultados da amostragem são impressionantes. No início do século 18, tanto na Inglaterra quanto na França, quase não havia interesse no estudo de povos caracterizados pela baixíssima estatura. Por volta de 1725, os livros ingleses começam a demonstrar preocupação frente ao tema. Na França, esse fenômeno foi um pouco mais tardio, sendo registrado em fins da década de 1750. Como é possível observar, nas duas sociedades a intensidade da preocupação intelectual também variou: o número de citações francesas é três vezes maior do que o registrado em língua inglesa.

Qual seria a razão deste súbito interesse? Ora, em parte, ele se relacionava ao surgimento de novas explicações a respeito da origem do homem, que competiam com as interpretações bíblicas. De acordo com os novos cânones da história natural, a humanidade não descenderia do casal edênico, mas de diferentes espécies. A desigualdade entre os povos estaria inscrita na própria natureza. Daí o interesse intelectual por grupos humanos com características físicas surpreendentes aos olhos europeus. Exemplo disso ficou registrado na *Histoire Naturelle*, obra composta por vários volumes e publicada a partir de 1749. Nela, Georges Louis Leclerc Buffon apresenta os pigmeus como uma espécie de transição entre o macaco e o homem, utilizando a expressão para caracterizar os orangotangos.[39]

Gráfico 1 – Incidência da palavra "pygmy" em livros ingleses, 1700 e 1800

N. de registros: 467
Média móvel: 20

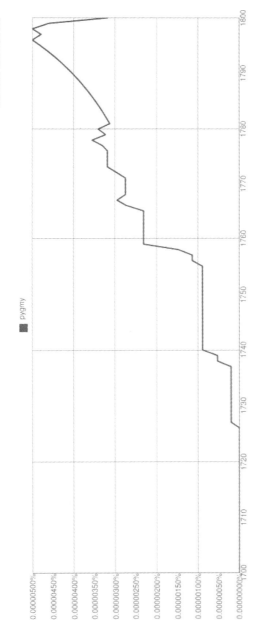

Fonte: <http://www.ngrams.googlelabs.com>. Acesso: 9 de abril de 2011.

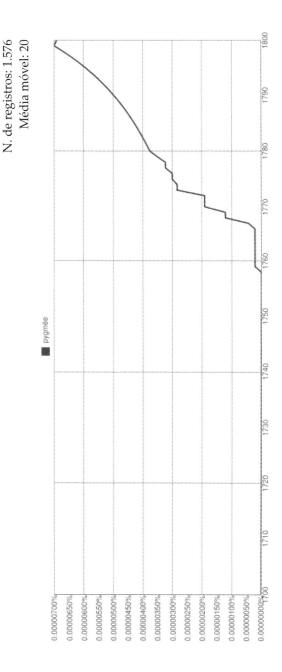

Gráfico 2 – Incidência da palavra "pygmée" em livros franceses, 1700 e 1800

Fonte: <http://www.ngrams.googlelabs.com>. Acesso: 9 de abril de 2011.

Os pigmeus, para alguns naturalistas da época, consistiam na prova física da inferioridade dos povos conquistados pela expansão colonial africana. Aliás, a baixa estatura, como sinal de debilidade, também era utilizada para caracterizar grupos étnicos do Novo Mundo. Cornelius De Pauw, em livro intitulado *Recherches philosophiques sur les Américains: mémoires intéressants pour servir à l'histoire de l'espèce humaine* (1768-1769), defendeu a ideia de que os verdadeiros pigmeus seriam os esquimós; os equivalentes africanos, por sua vez, teriam uma origem mítica, decorrente de erros de interpretação herdados das tradições filosófica e historiográfica da Grécia Antiga.[40]

Identificar a localização do grupo étnico correspondente aos pigmeus equivalia a definir qual área do globo reunia o povo mais próximo ao mundo natural. O tema suscitava muito interesse, a ponto de os organizadores da *Encyclopédie* francesa, publicada a partir de 1751, reservarem um verbete para tratar da questão.[41] Em Portugal, o tema é tratado em dicionários. No de autoria de Raphael Bluteau, lemos:

> Pigmêo. Deriva-se do Grego Pigaios, que vale o mesmo que cousa de um côvado [52,4 centímetros] de cumprimento. Deu-se o nome de Pigmêos a uma nação, a qual, pelo que dizem, tinha só um côvado de alto. Segundo opinião de alguns, os Pigmêos se achavam na Ethiopia, outros os fazem moradores da Índia.[42]

No dicionário de autoria de Joachim José Costa e Sá, publicado em 1788, a expressão adquire um conteúdo meramente físico:

"Pygmeo [...] anão, homem pequeno".[43] Bem antes dele, João Feijó utilizou essa mesma definição – física e não étnica – em relação aos pigmeus: "homem muito pequeno na estatura do corpo".[44] Como se vê, as palavras "anão" e "pigmeu" se tornaram sinônimos. Seu significado era, contudo, geograficamente distinto. Enquanto nas sociedades europeias/civilizadas o fenômeno do nanismo era visto como algo excepcional – por assim dizer, um "desvio" ou "degeneração individual" –, nas sociedades coloniais/primitivas esta condição podia ser coletiva, se referindo à "degeneração" de povos inteiros. Daí a presença de pigmeus e anões na corte portuguesa não ser algo gratuito. Esse fenômeno associava-se a duas tradições. Uma delas, bastante antiga, dizia respeito aos antigos bufões, eventualmente recrutados entre homens e mulheres com baixa estatura; a segunda, surgida somente no século 18, decorria do interesse da história natural europeia em relação ao tema.

Em razão do contexto institucional da época, e das preocupações de política colonial, ocorreram volumosos e sistemáticos envios de "novas espécies" a Lisboa. Seres humanos também integraram esses circuitos. A nova forma de circulação de cativos produziu documentação semelhante à registrada por ocasião do envio de plantas e animais. Em 1786, na correspondência trocada entre governadores de Moçambique e da Bahia, observa-se que um casal de anões africanos seguiu viagem junto a caixas com espécies vegetais. A primeira autoridade solicitou à segunda que remetesse os cativos

> para a corte e queria que o colega baiano cuidasse bem deles. Junto iam umas caixas, que também deviam ser mandadas "com toda

> a segurança na primeira ocasião que houver de navio para Lisboa". Embora preocupado, ele confiava que o presente enviado à corte iria agradar "visto que pelos seus extravagantes feitios não hão de deixar de ter grande estimação".[45]

O Museu de História Natural concentrava – conforme registram documentos de época – "as coisas mais notáveis e curiosas". Nele se reuniam "espécies e artefatos destinados às pesquisas e avanços da ciência, mas viabilizava igualmente o anfiteatro da natureza próprio de um soberano".[46] Esse novo contexto despertou o gosto da família real pelo "exotismo", levando à aquisição de afrodescendentes com características especiais. Mas isso não explica tudo. Havia outros motivos para o desrespeito ao alvará de 1761, que proibiu o desembarque de cativos no reino. A baixa estatura dos "exemplares" de povos coloniais servia como um clamoroso exemplo da superioridade dos colonizadores frente aos colonizados. A pequenez desses últimos se contrapunha à imensidão do império. O gesto de D. Maria I, que se fazia acompanhar por anões e pigmeus, também servia de advertência à elite portuguesa. A pintura *Mascarada Nupcial* revela que a rainha mandava vestir anões e pigmeus como aristocratas, projetando simbolicamente neles a condição subalterna da nobreza portuguesa, frente ao nascente absolutismo monárquico.[47] De certa maneira, não se tratava mais de os bobos imitarem os aristocratas, mas sim desses últimos imitarem os primeiros.

Notas:

1 Patterson, Orlando. *Escravidão e morte social: um estudo comparativo.* São Paulo: Edusp, 2008, p. 32.

2 *Apud* Sabugosa, Antonio Maria José de Mello S. C. e M. *Bôbos na Côrte.* Lisboa: Portugalia, 1923, p. 73-74.

3 Lopes, Clara Rodríguez Dias Baltasar. *Preto em Cordel, século XVIII: jogo, subversão, preconceito.* Dissertação de Mestrado, Universidade Nova de Lisboa, 1996, p. 67. Tinhorão, José Ramos. *Os negros em Portugal: uma presença silenciosa.* Lisboa: Caminho, 1997.

4 Minois, Georges. *História do riso e do escárnio.* São Paulo: Ed. Unesp, 2003, p. 292 e 361.

5 Sabugosa, Antonio Maria José de Mello S. C. e M. *Bôbos na Côrte.* Lisboa: Portugalia, 1923, p. 123.

6 Priore, Mary Lucy Murray del. "Auberon na Lusitânia". *Tempo: revista de história,* vol. 4, 1997, p. 131.

7 Elias, Norbert. *La société de cour.* Paris: Flammarion, 1974, p. 115-118.

8 Schama, Simon. *Landscape and memory.* Londres: A. A. Knopf, 1995, p. 57.

9 Em peças de teatro espanholas – principalmente nas farsas ou entremez –, esse personagem picaresco, o bufão escravo, aparece como um crítico aos excessos e erros praticados pela nobreza cortesã. Ver: Larquié, Claude. "Les esclaves de Madrid á l'époque de la decadence (1650-1700)". *Revue historique,* n. 244, 1970, p. 45-46.

10 Minois, Georges. *História do riso e do escárnio.* São Paulo: Ed. Unesp, 2003, p. 289.

11 Brewer, Derek. "Livros de piada em prosa predominantes na Inglaterra entre os séculos XVI e XVIII". In: Bremmer, Jan; Roodenburg, Herman (orgs.). *Uma história cultural do humor.* Rio de Janeiro: Record, 2000, p. 157.

12 KOTT, Jan. *Shakespeare, nosso contemporâneo*. São Paulo: Cosac Naify, 2003, p. 153.

13 Citação de Leszek Kolakowski. In: KOTT, Jan. *Shakespeare, nosso contemporâneo*. São Paulo: Cosac Naify, 2003, p. 155.

14 SABUGOSA, Antonio Maria José de Mello S. C. e M. *Bôbos na Côrte*. Lisboa: Portugalia, 1923, p. 60.

15 GÓIS, Damião de. *Chronica d'el-rei D. Manuel* (1567). T. 12. Lisboa: Escriptorio, 1911, p. 91.

16 *Coleção, e escolha de bons ditos, e pensamentos moraes, politicos, e graciozos, por ****. Lisboa: Off. Francisco Borges, 1779, p. 243.

17 TEIXEIRA, Ivan. "Introdução". VICENTE, Gil. *Auto da barca do inferno*. São Paulo: Ateliê Editorial, 1996, p. 30.

18 KEATES, Laurence. *O teatro de Gil Vicente na corte*. São Paulo: Teorema, 1988, p. 11 e 24.

19 BERNARDES, Manuel. *Armas da castidade: tratado espiritual, em que por modo pratico se ensina o meyos, diligencias convenientes para adquirir, conservar, defender esta angelica virtude*. Lisboa: Na Officina de Miguel Deslandes, 1699, p. 230 (Grifo nosso).

20 MINOIS, Georges. *História do riso e do escárnio*. São Paulo: Ed. Unesp, 2003, p. 294.

21 FOUCAULT, Michel. *Histoire de la folie à l'âge classique: folie et déraison*. Paris: Plon, 1961, p. 19.

22 MINOIS, Georges. *História do riso e do escárnio*. São Paulo: Ed. Unesp, 2003, p. 290 e 359.

23 BREMMER, Jan; ROODENBURG, Herman (orgs.). "Introdução". In: *Uma história cultural do humor*. Rio de Janeiro: Record, 2000, p. 157.

24 MINOIS, Georges. *História do riso e do escárnio*. São Paulo: Ed. Unesp, 2003, p. 361-362.

25 PRIORE, Mary Lucy Murray del. "Auberon na Lusitânia". *Tempo: revista de história*, vol. 4, 1997, p. 132.

26 Processo inquisitorial de Catarina Maria, 1733. Ver LAHON, Didier. "Les Archives de l'Inquisition Portugaise: sources pour une approche anthropologique et historique de la condition des esclaves d'origines africaines et de leurs descendants dans la métropole (XVI-XIXe)". *Revista Portuguesa de Ciência das Religiões*, n. 5/6, ano III, 2004, p. 39, nota 27.

27 DANTAS, Júlio. "Bobos". In: *Figuras d'ontem e de d'hoje*. Porto: Chadron, 1914, p. 208.

28 VASCONCELLOS, J. Leite de. "Um bobo do século XIV". *Boletim de Etnografia*, n. 1, 1920, p. 20-21. O autor menciona, ainda, a existência de anões (sem identificar a cor) nos domínios do Duque de Cadaval e do Marquês de Castelo-Melhor. Aliás, os bobos brancos continuaram a ser registrado na corte portuguesa setecentista: "Um destes bobos, alcunhado D. João de Falperra, andava de uniforme repleto de medalhas, respondendo grosseiramente a toda gente". Ver: SOARES, Alvaro Teixeira. *O Marquês de Pombal*. Brasília: Ed. UnB, 1983, p. 235. Esse bufão também se travestia: "Dom João da Falperra de barretina, de vestido à trágica, decotado, de braços nus, de brincos nas orelhas, de leque na mão, ensaiando-se cada passo no mimo, e garbos de mais airosa Senhora; dando mil satisfações, que provocavam a riso, das quais nascia a maior algazarra [...]". COSTA, José Daniel Rodrigues. *Comboy de mentiras: vindo do reino petista com a fragata verdade encuberta por capitania*. Lisboa: Officina de J. F. M. de Campos, 1820, p. 7.

29 BECKFORD, William. *A côrte de rainha D. Maria*. Lisboa: Tavares Cardoso, 1901, p. 167 (Grifo nosso).

30 Eis, portanto, mais uma origem dos cativos coloniais destinados à metrópole. LARA, Sílvia Hunold. *Fragmentos setecentistas: escravidão, cultura e poder na América portuguesa*. São Paulo: Companhia das Letras, 2007, p. 219.

31   Priore, Mary Lucy Murray del. "Auberon na Lusitânia". *Tempo: revista de história*, vol. 4, 1997, p. 138-140-141.

32   Beckford, William. *A côrte de rainha D. Maria*. Lisboa: Tavares Cardoso, 1901, p. 167, p. 165 e 230 (Grifo nosso). O autor menciona que várias famílias aristocráticas tinham "pretinhos" e "pretinhas".

33   Raminelli, Ronald. *Viagens ultramarinas: monarcas, vassalos e governo a distância*. São Paulo: Alameda, 2008, p. 84.

34   Raminelli, Ronald. *Viagens ultramarinas: monarcas, vassalos e governo a distância*. São Paulo: Alameda, 2008, p. 86.

35   Raminelli, Ronald. *Viagens ultramarinas: monarcas, vassalos e governo a distância*. São Paulo: Alameda, 2008, p. 92.

36   Boëstch, Gilles; Ardagna, Yann. "Zoo humains: le 'sauvage' et l'anthopologue". In: Bancel, Nicolas *et al* (dir.). *Zoos humains: au temps des exhibitions humaines*. Paris: La Découverte, 2004, p. 55.

37   Isso ocorreu em pleno século XX! Em 1916, Ota Benga, pigmeu que era exposto no zoológico do Bronx, se suicidou. Ver: Delgado, Lola; Lozano, Daniel; Chiarelli, Cosimo. "Les zôos humains em Espagne et em Italie: entre spectacle et entreprise missionnaire". In: Bancel, Nicolas *et al* (dir.). *Zoos humains: au temps des exhibitions humaines*. Paris: La Découverte, 2004, p. 239.

38   "Pigmeus". *Wikipédia*. Disponível em: <http://pt.wikipedia.org/wiki/Pigmeus>. Acesso: 9 de abril de 2011.

39   "Edward Tyson, célebre anatomista inglês, que fez uma muito boa descrição tanto das partes exteriores quanto interiores do orangotango, diz que existem duas espécies e a que ele descreveu não é tão grande quanto a outra chamada Barris ou Baris ou Drill, que de fato é o grande orangotango da Índia oriental, ou Pongo da Guiné; *e o pigmeu descrito por Tyson é o Jocko, que o conhecemos vivo*". *Œuvres choisies de Buffon: contenant un choix très-complet de l'histoire naturelle des animaux*. Paris: Librairie de Firmin Didot Frères, 1843, p. 377 (Tradução e grifo nossos). Na terminologia da época, o orangotango

era classificado como "Simia pygmoeus" ou "Homo sylvestris". Ver: Bahuchet, Serge. "L'invention des Pygmées". *Cahiers d'études africaines*, vol. 33 (129), 1993, p. 169.

40 "Os esquimós são os verdadeiros menores homens" (tradução nossa). De Pauw, Cornelius. *Recherches philosophiques sur les Américains: mémoires intéressants pour servir à l'histoire de l'espèce humaine*. Vol. I. Paris: George Jacques Decker, 1768, p. 259. O autor vê esses povos em estado de decadência e decrepitude. Os "primitivos", dessa forma, seriam povos velhíssimos, em estágio avançado de declínio. Uma excelente contextualização deste autor é feita por Gerbi, Antonello. *O Novo Mundo: história de uma polêmica (1750-1900)*. São Paulo: Companhia das Letras, 1996.

41 O verbete procurava distinguir a veracidade dos relatos dos viajantes em relação às fábulas herdadas da Antiguidade. Ver "PIGMEUS (Geo. ant.): povo lendário, a quem os antigos atribuíam um côvado de altura, moradores na Índia, na Etiópia, e nos limites da Cítia. Viajantes modernos também identificaram Pigmeus nas partes mais ao norte do planeta. É verdade que alguns povos que habitam as terras do Ártico, como os Lapões e Samoiedos, têm pequena estatura; mas apesar de sua pequena estatura, eles têm ao menos mais de dois côvados; Pigmeus de um côvado só existem apenas em fábulas de poetas, em relação aos quais escritores antigos se divertiam em escrever mas sem acreditar numa palavra. Plínio, liv. VI. Cap. X. diz apenas que alguns deles habitam os pântanos próximos às nascentes do Nilo. Estrabão, liv. XVII, considera os Pigmeus como um povo lendário, porque – acrescenta – nenhuma pessoa confiável supostamente os teria vistos; entretanto, abade Danet, em seu dicionário, acredita em Estrabão e Plínio, assim como em todas as demais lendas infantis de outros autores (D. J.)" (tradução nossa). Disponível em: <http://encyclopedie.uchicago.edu/>. Acesso: 10 de abril de 2011.

42 Bluteau, Raphael. *Vocabulário Portuguez e Latino*. Vol. 6. Lisboa: Colégio das Artes da Companhia de Jesus, 1712-1728, p. 505.

43   Sá, Joachim José Costa e. *Diccionario das linguas portuguesa e francesa.* Lisboa: Officina Régia, 1788, p. 305.

44   Feijó, João de Moraes Madureira. *Orthographia: ou, Arte de escrever e pronunciar com acerto a lingua Portugueza para uso do excelentissimo duque de Lafoens.* Coimbra: Officina Luis Seco Ferreyra, 1739, p. 439.

45   Lara, Sílvia Hunold. *Fragmentos setecentistas: escravidão, cultura e poder na América portuguesa.* São Paulo: Companhia das Letras, 2007, p. 219.

46   Raminelli, Ronald. *Viagens ultramarinas: monarcas, vassalos e governo a distância.* São Paulo: Alameda, 2008, p. 85 e 95.

47   No que diz respeito à implantação tardia do absolutismo em Portugal. Ver: Hespanha, António M. "A constituição do Império português: revisão de alguns enviesamentos correntes". In: Fragoso, João; Bicalho, Maria Fernanda; Gouvêa, Maria de Fátima (orgs.). *O Antigo Regime nos trópicos: dinâmica imperial portuguesa (séculos XVI-XVIII).* Rio de Janeiro: Civilização Brasileira, 2001, p. 165-188.

Capítulo V
Os cativos contra o reino

A HISTÓRIA DO DECLÍNIO da escravidão em Portugal não foi linear. Em 1761, um alvará proibiu o desembarque de cativos no reino. Porém, essa determinação nem sempre foi respeitada. Além disso, foram autorizados desembarques excepcionais. Outras medidas, conforme veremos neste capítulo, avançaram no sentido de diminuir, gradualmente, a presença de escravos em solo português, mas em momento algum foi decretada a abolição definitiva.

Não há como negar que a longo prazo tais reformas atingiram seus objetivos: "a escravatura [em Portugal] extinguir-se-á, portanto, por ela mesma, sem que seja promulgada uma lei específica que dê fim à sua existência legal no continente".[1] Nesse contexto, a ação dos escravos desempenhou um papel fundamental. Através de irmandades religiosas ou de alianças com libertos, eles recorreram a "ações de liberdades" na justiça portuguesa.[2] Isso foi possível graças à legislação, que regulava os limites da escravidão legítima na metrópole. O alvará de 1773 é um exemplo disso. Ele determinou que todos os escravos

> [...] cujas mães e avós são ou houverem sido escravas, fiquem no cativeiro em que se acham, durante a sua vida somente; que porém aqueles, cuja escravidão vier das bisavós, fiquem livres e desembargados, posto que as mães e avós tenham vivido em cativeiro; que quanto ao futuro, *todos os que nascerem do dia da publicação desta lei em diante, nasçam por benefício dela inteiramente livres*, posto que as mães e avós hajam sido escravas.[3]

O novo alvará estabelece a libertação dos cativos que estivessem no reino há três gerações. Contudo, as provas genealógicas exigidas eram de difícil comprovação, fazendo com que a maioria se mantivesse na mesma condição social. Bem mais importante foi a libertação dos que nascessem após a promulgação do alvará. Em 1776, outra determinação régia procura regularizar os casos de escravos apenas de passagem pelo reino. Esses eram os casos de cativos marinheiros. Eles não se tornavam livres quando desembarcados em Portugal:

> Sendo presente a el-rei meu senhor que com o motivo da execução do alvará de 19 de setembro de 1761 se tem embaraçado nos portos da América poderem vir a este Reino escravos pretos ou pardos com a obrigação de marinheiros, duvidando também os donos dos mesmos escravos mandarem-nos pelo receio de lhes ficarem libertos na conformidade do referido alvará,

> manda sua majestade declarar a vossa senhoria que *todos os escravos marinheiros de qualquer qualidade que sejam que vierem ao porto da cidade de Lisboa e mais portos destes Reinos em serviço de navios de comércio, ou sejam escravos dos mesmos donos dos navios ou dos oficiais que neles andam embarcados ou de outras quaisquer pessoas moradoras na América que os queiram trazer ao ganho das soldadas dos navios do comércio, de nenhuma forma se devem entender compreendidos no sobredito alvará* [...].[4]

Como se vê, as leis promulgadas em 1761, 1773 e 1776 eram moderadas e previam exceções. Porém, no que diz respeito às crianças nascidas em solo português, a inovação foi significativa, equivalendo a uma "lei do ventre livre".[5] De certa maneira, o novo dispositivo jurídico consolidava a estratégia gradualista de extinção da escravidão metropolitana. Quando não respeitada pela classe senhorial, ele possibilitava que os escravos, através de intermediários, solicitassem a liberdade. Em 1779, por exemplo, cinco escravos do negociante carioca Manuel Gomes Cardoso foram incorporados à tripulação do navio "Senhora do Rosário e Santo Antonio e Almas, para se ocuparem no serviço e manobra da mesma embarcação". Uma vez na capital do reino, receberam "conselhos e sugestões de alguns pretos libertos desta cidade [para] descativar-se". O pedido de liberdade foi negado; registrou-se, porém, a mobilização popular pela aplicação da legislação: "estando aqueles tão iludidos pelos pretos de Lisboa, é certo que sem coação se não reduzirão ao que deve ser [...]".[6]

Em 1786, outra demanda semelhante foi registrada. Joaquim José Vasques, que havia partido de Macau "no seu Navio Santa Clara, foi obrigado, por falta de marinheiros, a comprar na dita cidade 12 escravos, que trouxe matriculados na tripulação do mesmo navio". Uma vez na Corte, "fez manifesto deles na Casa da Índia, obrigando-se aí por termo a continuar com os mesmos Escravos na mariação". Porém, "achando-se o dito Navio ancorado no Porto da cidade, e, em véspera de seguir viajem para o Estado da Ásia, alguns dos ditos Escravos fugiram da mesma Nau, e refugiaram-se com o Procurador da Irmandade dos Pretos, sita no Convento do Carmo". Os cativos, por meio do procurador, conseguiram convencer o intendente da polícia, Pina Manique, da justeza da demanda. Eles alegaram não haver sido matriculados na Alfândega nem na Casa da Índia. O intendente se deu por convencido e mandou buscar os outros escravos "que ainda se achavam a bordo, e pô-los todos em depósitos em poder da mesma Irmandade". O parecer do provedor da Casa da Índia, dirigido ao rei, foi favorável ao proprietário do navio, mas libertou um cativo por considerar que ele se enquadrava nas normas da legislação acima mencionada.[7]

Como se vê, o alvará de 1761 inaugura uma discussão em torno do cativeiro justo e injusto. Não por acaso, o escravo considerado livre era proveniente de Malabar, área cuja escravidão havia sido abolida há várias décadas.[8] Dois anos após emitir o referido parecer, o provedor deu voto favorável à libertação de quatro escravos, sublinhando que o "aviso de 22 de fevereiro de 1776 compreende tão somente os escravos marinheiros de profissão e não denominados tais, dos habitantes do Brasil ou de outras colônias". O novo documento acrescenta ainda que a legislação referente aos escravos marinheiros não deveria servir de desculpa para retomada do tráfico metropolitano:

> [...] não seria de perniciosas consequências se a escravatura viesse privar os marinheiros brancos do último serviço da Marinha, obrigando-os a sair do Reino para ganharem a vida em outra parte por não terem ocupação no seu próprio país; e seria igualmente dar ocasiões a fraudes tão nocivas, como a de poder o proprietário de qualquer navio reter os negros que bem lhe parecesse em rigorosa escravidão, vendê-los e fazê-los transportar para onde os tiver ajustado, debaixo do pretexto de pertencerem à equipagem do seu navio, como já tem acontecido neste Reino, tudo procedente da incoerente inteligência e abusiva extensão que se tem querido dar às cláusulas do mencionado aviso, em matéria tão privilegiada como é a da liberdade. Nestes termos ordena sua majestade que vossa senhoria *mande dar aos quatro pretos de que se trata as suas certidões de liberdade, na forma declarada na mencionada lei; e que o mesmo fique sempre praticando em casos semelhantes.* Deus guarde a Vossa Senhoria Paço em 7 de janeiro de 1788. Martinho de Melo e Castro. Dom José Joaquim Lobo da Silveira.[9]

A nova situação permitiu que escravos coloniais, que houvessem permanecido algum tempo no reino, também solicitassem a liberdade. Um desses casos foi registrado em 1786, envolvendo um cativo desembarcado em Portugal, que foi declarado "forro e livre de toda escravidão". De volta ao Brasil, "dirigindo-se a Pernambuco, a sumaca em que viajava passa pelo Maranhão, onde o antigo senhor – Feliciano dos Santos – o põe de novo a ferro";[10] após demandar apoio do Conselho Ultramarino, o forro não só teve a condição de liberto reconhecida, como também chegou a requerer a prisão do antigo senhor.

Conforme foi mencionado, essas ações de liberdade eventualmente contavam com apoio da *Irmandade dos Pretos*. Em Lisboa do século 18 existiam seis confrarias de grupos étnicos africanos, orientadas por quatro Ordens religiosas. A confraria Nossa Senhora do Rosário era uma delas e, há muito, lutava contra a reescravização de libertos.[11] Além disso, a instituição ocupava-se "dos mais desprovidos", protegendo "os irmãos maltratados por seus senhores", assim como procurava impedir que os mesmos fossem "vendidos para o Brasil, o que era considerado por uns e outros o pior dos castigos".[12]

Na maioria das vezes os textos das ações de liberdade são pobres em informações, se limitando a comentários do tipo: "Severino de Sousa, homem pardo escravo do Coronel Alexandre Luís de Sousa e Meneses, pretende que Vossa Majestade lhe mande passar carta de liberdade por esta Alfândega como fundamento do alvará de lei de 19 de setembro de 1761".[13] Além disso, rastrear as demandas movidas pelas irmandades é algo complexo, pois a documentação se encontra espalhada em livros notariais, assentos alfandegários e nos próprios registros das confrarias. Sabe-se, porém, que somente em 1789, 16 escravos foram libertados, em Lisboa, graças às determinações do alvará de 1761.[14]

Outra dimensão importante assumida pelos referidos alvarás diz respeito a seu impacto nas áreas coloniais. Os cativos do reino se incumbiram de espalhar a novidade pelos territórios do império. Desde o início da expansão ultramarina, esses escravos compunham parcela significativa da tripulação das embarcações que cruzavam o Atlântico. Nos primeiros tempos, eles eram engajados como intérpretes:

> Já no século XV, os portugueses na África Ocidental tinham esbarrado com problemas de comunicação com os povos indígenas. Não só havia aí uma enorme diversidade de línguas, como as suas estruturas e a sua fonética nada tinham em comum com o português. A engenhosa solução adotada pelos portugueses consistiu em transportar escravos masculinos e femininos para Portugal para aprenderem o português. Assim, não só conseguiram informações sobre o lugar de origem dos africanos como lançaram as fundações de um corpo de intérpretes [...].[15]

Com o passar do tempo, foram surgindo outras formas de destinar os cativos do reino à vida marítima. Tornou-se comum "a compra, venda e aluguel" dessa força de trabalho, sendo os mesmos empregados como marinheiros, grumetes ou pajens dos oficiais embarcados.[16] Outra fonte desse recrutamento originava-se dos cárceres civis e eclesiásticos. A Coroa

148 Renato Pinto Venancio

portuguesa esvaziava as prisões portuguesas dessa forma. Os escravos fujões, não devolvidos aos respectivos senhores, ou que haviam cometido graves crimes, eram utilizados não só para "remar nas galés e galeotas, mas também para dar à bomba quando entrava água a bordo e outras fainas do mar".[17]

Aliás, durante a Época Moderna, a escravatura marítima não foi exclusividade de Portugal. Na Inglaterra, por exemplo, ela se fez presente desde o século 17.[18] Em parte, o sucesso desse recrutamento se devia às tradições africanas da navegação fluvial e costeira. Na África atlântica, os europeus descobriram "uma cultura marítima muito bem desenvolvida e especializada"; apesar de as embarcações locais não serem projetadas para "navegar em alto-mar, elas eram capazes de repelir ataques nas costas".[19] Também havia uma tradição técnica que tornava atraente a compra de cativos para o emprego na construção naval. Do litoral de Senegal ao de Angola, embarcações "tendiam a ser construídas de modo similar" e suas técnicas de navegação eram compartilhadas por muitos. Na Europa, tais conhecimentos eram complementados pela tradição local, transmitida através de canções ou provérbios, como aqueles de origem portuguesa que diziam: "Alto mar, e não de vento, não promete seguro tempo" ou "Se não faz vento, não faz mau tempo".[20]

Os escravos marinheiros difundiam esses saberes, assim como as novidades políticas do reino. Tal suspeita se baseia em dados expressivos. Entre 1795 a 1811, nos navios negreiros luso-brasileiros, constatou-se a existência 2.058 marinheiros cativos, em um universo de 12.250 homens da equipagem.[21] Aliás, Portugal, em fins do século 18, respondia apenas por 25% do tráfico escravista,[22] mas fornecia 68,3% dos marinheiros embarcados, sendo Lisboa responsável por mais membros das tripulações do que a soma proveniente dos portos do Rio de Janeiro, Salvador e Recife.[23] O levantamento dos dados referentes às demais frotas também revela a forte presença de afrodescendentes nos mares. Em relação ao período compreendido entre 1755 e 1800, a identificação de 539 tripulantes, em 15 navios luso-brasileiros de transporte de passageiros e mercadorias, indicou que 52,9% deles eram "pretos", "morenos" e "trigueiros" (ou seja, "pardo, que declina a negro"[24]), ao passo que apenas 12,2% foram registrados como "brancos".[25]

Caso fossem cativos, os marinheiros e grumetes destas embarcações frequentemente eram vendidos a negociantes envolvidos na navegação costeira das áreas coloniais. Uma pesquisa estimou que, ao final do século 18, as embarcações de cabotagem brasileiras empregavam "cerca de 10 mil marinheiros escravos".[26] A presença de numerosos negros, pardos e trigueiros na vida marítima gerava ameaças ao sistema escravista colonial e à sobrevivência das práticas escravistas no reino. Os cativos de terra firme ficavam tentados a fugir, se oferecendo para o trabalho no mar na condição de forro ou negro livre. Na península Ibérica, tal prática nunca deixou de ocorrer. Quanto a isso, um levantamento na documentação inquisitorial espanhola revelou 450 escravos espanhóis que, nos séculos 16 e 17, ao menos uma vez, haviam fugido da residência senhorial, sendo o mar o roteiro de fuga mais frequente.[27]

Os alvarás reformistas devem ter causado forte impacto entre marinheiros escravos. Nos meios marítimos havia uma "cultura da liberdade". Os textos de antigas leis portuguesas, por sua vez, sugerem outros indícios interessantes. Neles, os que apoiavam as fugas eram denominados de "azadores, encobridores e ajudadores". A malha de sustentação dos fujões era complexa, incluindo os que preparavam a saída do cativo da casa senhorial, os que concediam abrigo e os que forneciam alimentos ou dinheiro a eles; a lei também determinava que os cristãos que colaborassem em fugas seriam degredados. Isso, contudo, não impediu casos verdadeiramente espetaculares de evasões. Em 1646, por exemplo, Inácio, escravo de Évora, escapou para o Brasil, sendo localizado na cidade de Salvador, Bahia.[28] Em 1792, José, alegando ser homem livre, embarcou em Lisboa no navio *Pérola do Mar* com destino a Pernambuco. Por ter certas habilidades, esse escravo conseguiu ser contratado como cozinheiro, "ganhando na viagem 40$000 réis, que é" – afirma o autor do documento – "o preço regular, que costuma ganhar qualquer que vai neste exercício"; o proprietário do referido José, chamado Manuel da Fonseca e Silva, tentou reavê-lo assim como suas respectivas *soldadas*, ou seja, os ganhos auferidos no trabalho da cozinha do navio.[29]

Em outras palavras: os navios "funcionaram como rotas de fuga para escravos que se fizessem passar por marinheiros livres e se engajaram no trabalho marítimo". Esse tipo de comportamento foi registrado não só em processos de recaptura, como também em romances e canções populares. Aliás, tratava-se de um expediente que encontrava um aliado tácito entre a tripulação branca: os "capitães dos navios" – afirma um pesquisador – "normalmente não estavam dispostos a inquirir cuidadosamente cada marinheiro engajado".[30] As autoridades coloniais, por sua vez, procuravam combater essa situação. Os testemunhos dessa repressão sugerem a existência de fugas que articulavam navegação de cabotagem à marítima. Em 1716, o governador da Bahia determinou que "o Capitão-mor do terço de Henrique Dias nomeie logo dez Soldados e um Oficial para irem com Benedito, escravo de D. Leocádia Adorno, a prender um negro e uma negra que diz estão no Rio de Janeiro, em comboio que se acha pronto para partir" em direção à Lisboa.[31]

Às vésperas da Independência, outra ocorrência espetacular foi registrada. Domingos, "escravo de nação Congo" – registrado como um "rapaz que terá 25 anos pouco mais ou menos, alto, com picado de bexigas, com defeito em um olho" – conseguiu fugir. Um detalhe, porém, diferencia essa ocorrência. O cativo retornou à África. Seu proprietário, residente no Rio de Janeiro, lavrou procuração em cartório, autorizando seu reenvio de Luanda, Angola, onde havia sido capturado. O senhor afirma no referido documento: "daqui me fugiu e me dizem foi na [nau] Mariana de marinheiro [...]".[32]

Tendo em vista essa tradição, é fácil compreender por que os escravos marinheiros, além de divulgarem os alvarás de 1761 e 1773, se tornaram um grupo de pressão no sentido de sua aplicação. Na verdade, há muito esse segmento constituía uma ameaça ao comércio marítimo. O sucesso dos escravos marinheiros era de tal ordem que eles se tornaram eventualmente um grupo autônomo. Especialistas citam testemunho de 1724, produzido por um oficial inglês, afirmando que os "negros e mulatos estavam presentes em quase todos os barcos piratas", mas raramente eram chamados de "escravos"; o mesmo relato indica ainda que dos 100 piratas liderados pelo famoso *Barba Negra* (nascido Edward Teach, 1680-1718), 60 eram negros.[33]

O levantamento sistemático desses dados sugere que, nos séculos 17 e 18, em cada quatro membros da tripulação dos navios piratas, um tinha origem africana.[34] Esse recrutamento alimentava-se de diversas fontes; a mais comum delas consistia em incorporar, como marinheiros livres, escravos capturados nas abordagens aos navios negreiros. Outra forma de recrutamento consistiu na assimilação de quilombolas, que ocupavam regiões de difícil acesso, mas litorâneas e que também serviam de abrigo aos navios piratas.[35] Por outro lado, ocorriam casos de incorporação diretamente na África, como em Madagascar, entre membros de etnias perseguidas pelos colonizadores europeus.[36] Somam-se a esses casos os registrados no Caribe, onde a existência de numerosas áreas coloniais – de diferentes reinos, como Jamaica-Inglaterra, Cuba-Espanha, Guadalupe-França etc. – estimulou o "roubo de cativos". Os governadores de algumas ilhas, como ocorreu em São Domingos, recorriam aos serviços de corsários para complementar a força de trabalho das *plantations* locais ou da tripulação dos navios.[37]

Portugal registrou uma longa tradição de escravos marinheiros envolvidos em pirataria. Os cativos do reino pescadores eram raptados por corsários muçulmanos, que agiam principalmente a partir da Argélia e do Marrocos.[38] Os corsários barbarescos atacavam não só grandes embarcações marítimas como também povoados costeiros. Em 1617, somente para citar um exemplo, 1.200 portugueses e cativos das ilhas atlânticas caíram nas malhas de piratas argelinos.[39] No litoral continental essa presença foi ainda mais constante, como nas comunidades de pescadores de Lagos, Setubal, Peniche, Caminha e em muitas outras localidades lusas. Em Ericeira foi registrado o caso de "Joseph de Barros, morador nesta vila, captivo", que, em 1713, "indo ele suplicante embarcado em um barco de pescar que da dita vila saía a fazer pescaria, de que era senhorio João Ferreira, o cativaram os mouros de Argel".[40]

Esses prisioneiros eram escravizados, até serem regatados através de pagamentos feitos pela *Ordem da Santíssima Trindade de Redenção dos Cativos* ou por irmandades e confrarias. Muitos, porém, se tornavam renegados – ou seja, se convertiam ao islamismo – e engrossavam as tripulações dos navios piratas do Mediterrâneo. Em várias outras partes do império português também foi constatada a aproximação entre escravos e piratas. O Brasil Colônia foi uma dessas áreas. No intuito de romper o exclusivismo comercial, potências europeias financiavam e armavam os navios de corso, muitas vezes comandados por aristocratas da corte.[41]

Normalmente, a ação dos corsários se restringia à abordagem de navios e ao contrabando, mas em algumas ocasiões eles saqueavam povoações litorâneas. Entre 1710 e 1711 ocorreram duas incursões contra a cidade do Rio de Janeiro, comandadas por corsários franceses. Na primeira, liderada por Duclerc, os invasores foram "guiados no caminho que ligava Guaratiba ao Rio de Janeiro por quatro escravos fugidos do engenho de Bento Amaral Coutinho, localizado na Ilha Grande".[42] Não se tratava de um caso isolado, conforme foi observado por um pesquisador da região: "no ciclo do ouro, uma imigração clandestina de franceses aqui se instalou, de leigos e do clero, que serviu às transações dos corsários no Sul".[43]

Por esta época, a presença de piratas franceses também foi constatada em outras partes da Colônia, como nas capitanias da Bahia,[44] Pernambuco[45] e Maranhão.[46] Em 1758, o Rio de Janeiro continuava a ser ameaçado por corsários, que atuavam principalmente na Ilha Grande,[47] e, na época, circulou a ideia de uma invasão ao porto carioca.[48] A fuga ou rapto de escravos, por parte desses corsários, ocorria paralela ao contrabando. Eventualmente, a documentação do Conselho Ultramarino registrou algumas dessas ocorrências. Uma delas envolveu Domingos Joaquim, Manuel Dias, José Dias e Ventura José da Cunha, "homens pretos da Vila de Parnaíba", enviados como marinheiros para Portugal, mas cujo navio que os levava foi apresado "por corsários franceses" e levado "para Caiena".[49]

A partir de 1761, as inovações legislativas da Coroa portuguesa forneceram novos ingredientes à tradição marítima antiescravista. Além da fuga para navios piratas, surgiram outras possibilidades. Mesmo apenas de passagem pelo reino, os escravos podiam requisitar o direito da liberdade, conforme ficou promulgado no alvará do referido ano:

> ordenando que todos os que chegarem aos sobreditos Reinos, depois de haverem passados os referidos termos, contando do dia da publicação desta, fiquem pelo benefício desta libertos e forras sem necessitarem de outra alguma carta de manumissão, ou alforria, nem de outro algum despacho, além das certidões dos Administradores, e oficiais das Alfândegas dos lugares onde portarem.

Os cativos coloniais, que não eram marinheiros, também não ficaram inertes frente às mudanças das leis. Uma vez sancionada a nova legislação de 1773 – que estabelecia a lei do "livre ventre" no reino, libertando as crianças que nascessem após sua promulgação –, há indícios de conspirações visando ampliar seu alcance e sentido. Um esboço de revolta chegou a ocorrer na Capitania da Paraíba.[50] A iniciativa não se concretizou, mas chamou a atenção das autoridades, levando à abertura de um processo. Nele foram denunciados os "conventículos", ou seja, reuniões secretas, envolvendo libertos e escravos da capital paraibana. Os documentos resultantes da repressão revelam a leitura que os conspiradores faziam da legislação portuguesa. O governador da capitania escreveu ao Conselho Ultramarino, relatando o ocorrido:

> participo Vossa Excelência que havendo-se espalhado na cidade da Paraíba, *a Lei porque Sua Majestade foi servido libertar os mulatos e pretos de Portugal, tem sido tão mal entendida pelos mulatos, e negros daquela Cidade, que tem chegado a fazer entre eles conciliábulos e conventículos, de sorte que a interpretam e publicam a seu favor* [...].[51]

A devassa então instaurada mostrou que era "público e notório o sussuro que havia entre os negros, e mulatos desta Cidade, sobre a inteligência da Lei que em Portugal libertou todos os escravos". Mais ainda, outro depoimento chegou a detalhar a questão da aplicação da nova legislação no território colonial. Nesse testemunho, consta: "dissera que dos pardos do Brasil todos eram forros em virtude de uma lei de tantos de Janeiro do presente ano porquanto nela se declarou a dita Liberdade para os escravos de Portugal, e seus domínios".

Há indícios de que medida também gerou mobilizações na Bahia e no Maranhão.[52] Seus efeitos foram se desdobrando de lugar a lugar, alcançando mais lentamente as regiões interioranas.

Em Minas Gerais, por exemplo, no ano de 1802, Francisco de Borja Garção Stockler escreveu carta ao Conselho Ultramarino, informando da "representação dos homens e pessoas de Nação. Brancos do Estado do Brasil, principalmente da Capitania de Minas Gerais, [querendo saber se os escravos podem] gozar da liberdade".[53] O texto do documento, infelizmente, está ilegível em sua quase integralidade; porém, em dois pequenos trechos é possível ler referências aos alvarás de 1761 e 1773, assim como aos "pretextos de dizerem" ou defenderem sua aplicação no "Algarve e Brasil".

Aos poucos, portanto, os administradores coloniais foram "conscientizando-se das implicações e 'calamitosas consequências'" – conforme afirmou uma autoridade da Paraíba – da difusão da novidade.[54] Ela era ainda mais grave por ocorrer em um contexto intelectual onde começavam a surgir propostas reformistas frente à escravidão. Em 1758, o Padre Manuel Ribeiro da Rocha, numa obra de título quilométrico – *Etíope Resgatado, Empenhado, Sustentado, Corrigido, Instruído e Libertado* –, argumentou contra o tráfico, acusando-o de ilegítimo, e chegando mesmo a considerar que os escravos deviam ser libertados mediante resgate, por pagamento em dinheiro ou através da prestação de vinte anos de serviço.[55] Em 1794, em razão de ideias semelhantes "às dúvidas oferecidas por Ribeiro da Rocha", frei José de Bolonha, missionário capuchinho italiano, foi expulso da Bahia. Na correspondência do governador da capitania com as autoridades metropolitanas, o missionário é acusado de tentar persuadir os moradores locais de que "a escravidão era ilegítima e contrária à religião, ou ao menos, que sendo esta umas vezes legítima, outras ilegítima, se devia fazer a distinção e diferença de escravos tomados em guerra justa ou injusta".[56]

É de se notar que nos dois textos a escravatura não é colocada em xeque, mas sim algumas formas dela, como no caso da "guerra injusta", ou seja, contra os africanos cristianizados e aliados dos portugueses. Em Minas Gerais, a emancipação dos cativos chegou a ser discutida pelos inconfidentes em 1789, embora não se tratasse de um tema central das conspirações, até mesmo porque os envolvidos no movimento pertenciam à classe senhorial e a ideia foi tratada diante da eventual "necessidade de expandir o apoio ao levante".[57] Os escritos de intelectuais franceses causaram impacto ainda maior. Essa literatura chegava à América portuguesa via textos de divulgadores do Iluminismo, como foi o caso do Abade Raynal (1713-1796).[58] Da mesma forma que os alvarás de 1761 e 1773, esses projetos reformistas não constituíam uma crítica frontal ao sistema escravista, mas sim a necessidade de reformá-lo e racionalizá-lo, pois:

> Efectivamente, o homem das Luzes poderia reconhecer a iniquidade do sistema escravista, mas percebia e aceitava a sua razão de ser nas condições do mundo. A literatura de ficção ou de viagens trouxera-lhe um sentimento de choque e de indignação face à injustiça e crueldade de tudo que envolvia a escravidão negra, mas daí não se seguia que defendesse alterações bruscas que pusessem em causa o delicado equilíbrio das forças históricas. Por norma, a resposta usual do humanitarismo iluminista ao problema escravista consistia em arquitectar planos ou instituir reformas que

> pudessem melhorar o sistema, não pôr-lhe um fim.[59]

Porém, tais propostas podiam – como de fato observamos – gerar leituras diferenciadas entre senhores e escravos. Outro aspecto importante é saber como circularam as informações a respeito dessas medidas. Além da atuação dos escravos marinheiros, havia outras formas de divulgação. Elas podiam ser transmitidas pelos cativos do reino vendidos ao Novo Mundo. Um especialista, com certo exagero, observou que "um dos efeitos da lei de 1761 foi a aceleração da venda de escravos para o Brasil [...] A hemorragia de escravos, sobretudo do sexo masculino, que as nossas estatísticas deixam transparecer quanto mais nos aproximamos do século XIX".[60]

O rastreamento dessa transferência é, no entanto, difícil de ser feito, pois era assistemática a menção à condição social dos criados trazidos para a América portuguesa. Como classificar, por exemplo, os serviçais que, em 1775, acompanharam Alvarenga Peixoto, futuro inconfidente?

> Manda El-Rei Nosso Senhor se não ponha impedimento alguma a passar para o Rio de Janeiro e Minas o Dr. Inácio José de Alvarenga, por constar ir provido no lugar de ouvidor do Rio das Mortes; e leva na sua companhia dois criados portugueses, chamados Antonio José e Jerônimo Xavier.[61]

Prática que continuou a ser registrada nas décadas seguintes, como sugere um requerimento de 1796, em que Garcia Rodrigues Paes Leme solicita à rainha "licença para regressar ao Rio de Janeiro com dois criados".[62] Argumentação também registrada em requerimento de 1804, no qual Ana Casemira solicita ao príncipe regente "passaporte para seguir viagem para o Rio de Janeiro com seus filhos, um tio e dois criados, para a companhia do seu marido, Antônio Pinto de Oliveira Sampaio, comerciante daquela cidade".[63]

Como se vê, é difícil saber se os criados eram escravos ou libertos. Além disso, estes registros são raríssimos, pois a emigração portuguesa, conforme mencionamos em outro capítulo, não era subordinada à emissão de passaporte. Na verdade, bem mais importante do que identificar caso a caso essas ocorrências, é reconhecer a importância das iniciativas dos escravos na aplicação e ampliação do sentido dos alvarás de 1761 e 1773. Graças a isso, essas leis não caíram no esquecimento, sedimentando uma jurisprudência que será resgatada quando se começou a discutir a questão da emancipação dos escravos no Brasil.[64]

Notas:

1   LAHON, Didier. *O Negro no Coração do Império: uma memória a resgatar. Séculos XV-XIX*. Lisboa, 1999, p. 14.

2   As ações de liberdade eram iniciativas dos escravos, através de aliados livres, que possibilitavam o uso da justiça para o cumprimento de promessas de liberdade, assim como na luta contra a reescravização ou o cativeiro injusto de livres. Ver: GRINBERG, Keila. *Liberata, a lei da ambiguidade: as ações de liberdade da Corte de Apelação do Rio de Janeiro*

no século XIX. Rio de Janeiro: Relume Dumará, 1994. A jurisprudência em relação à noção de cativeiro injusto era, por sinal, bastante antiga, originando-se do direito romano. Miguel Thomaz Pessoa (*Manual do elemento servil*. Rio de Janeiro: Laemmert, 1875) identifica a utilização desse recurso desde o século 17, ressaltando – no surgimento das ações de liberdade – a importância do Alvará de 30 de julho de 1609, que declarou "ser contra o Direito Natural o captiveiro dos indigenas, e prohibe-o absolutamente". Portanto, sua aplicação, inicialmente, incidiu sobre a população indígena, depois se tornando comum entre escravos africanos ou seus descendentes. Em relação às ações de liberdade mais antigas, ver: MONTEIRO, John M. "Alforria, litígios e a desagregação da escravidão indígena em São Paulo". *Revista de História*, vol. 120, 1989, p. 45-57.

3   LARA, Silvia Hunold. *Legislação sobre escravos africanos na América portuguesa* (CD-ROM). Madri: Fundación Histórica Tavera, 2000, p. 359-360 (Grifo nosso).

4   LARA, Silvia Hunold. *Legislação sobre escravos africanos na América portuguesa* (CD-ROM). Madri: Fundación Histórica Tavera, 2000, p. 361 (Grifo nosso).

5   FALCON, Francisco C. e NOVAIS, Fernando A. "A extinção da escravatura africana em Portugal no quadro da política econômica pombalina". *Anais do VI Simpósio Nacional dos Professores Universitários de História*. São Paulo, 1973, p. 421.

6   RODRIGUES, Jaime. "Cruzar oceanos em busca da liberdade: escravos e marinheiros-escravos no Atlântico". In: CHAVES, Claudia Maria das Graças; SILVEIRA, Marco Antonio (orgs.). *Território, conflito e identidade*. Belo Horizonte: Argumentum, 2007, p. 52-53.

7   Pedido de devolução de 12 escravos pertencentes à tripulação do seu navio, refugiados na Irmandade dos Pretos, sita no Convento do Carmo. 23 de Janeiro de 1786. *Arquivo Histórico Ultramarino*, Cód. ACL_CU_062, Cx. 17, D.771. Disponível em: <http://siarq.iict.pt/pagman/pman001.asp>. Acesso: 16 de julho de 2009.

Cativos do Reino

8   Pimentel, Maria do Rosário. *Viagem ao fundo das consciências: a escravatura na Época Moderna*. Lisboa: Colibri, 1995, p. 317 *et passim*.

9   Lara, Silvia Hunold. *Legislação sobre escravos africanos na América portuguesa* (CD-ROM). Madri: Fundación Histórica Tavera, 2000, p. 362 (Grifo nosso).

10   Falcon, Francisco C. e Novais, Fernando A. "A extinção da escravatura africana em Portugal no quadro da política econômica pombalina". *Anais do VI Simpósio Nacional dos Professores Universitários de História*. São Paulo, 1973, p. 424.

11   Brasio, Antonio. *Os pretos em Portugal*. Lisboa: Agência Geral das Colônias, 1944, p. 88.

12   Lahon, Didier. *O Negro no Coração do Império: uma memória a resgatar. Séculos XV-XIX*. Lisboa, 1999, p. 67.

13   Lara, Silvia Hunold. *Legislação sobre escravos africanos na América portuguesa* (CD-ROM). Madri: Fundación Histórica Tavera, 2000, p. 351.

14   Lahon, Didier. *Esclavage et confréries noires au Portugal durant l'Ancien Régime (1441-1830)*. Vol. I. Thèse doct. Paris: EHESS, 2001, p. 105.

15   Russell-Wood, A. J. R. *Um mundo em movimento: os portugueses na África, Ásia e América (1415-1808)*. Lisboa: Difel, 1998, p. 291-292.

16   Silva, Luiz Geraldo. *A faina, a festa e o rito. Uma etnografia histórica sobre as gentes do mar (Sécs. XVII ao XIX)*. Campinas: Papirus, 2001, p. 184.

17   Silva, Luiz Geraldo. *A faina, a festa e o rito. Uma etnografia histórica sobre as gentes do mar (Sécs. XVII ao XIX)*. Campinas: Papirus, 2001, p. 65.

18   Linebaugh, Peter; Rediker, Marcus. *La hidra de la revolución: marineros, esclavos y campesinos em la historia del Atlantico*. Barcelona: Critica, 2004, p. 74-75.

19   Aliás, essa situação gerou um equilíbrio de forças. Os africanos eram incapazes de tomar de assalto um navio europeu, e esses últimos, por sua vez, tinham pouco sucesso em seus ataques por mar no continente; daí os colonizadores europeus tenderem a substituir a conquista

pelo comércio regular no trato com os povos locais. Ver: THORNTON, John. *A África e os africanos na formação do mundo atlântico, 1400-1800*. Rio de Janeiro: Campus, 2004, p. 81-82.

20 *Adagios, proverbios, rifãos e anexins da lingua portugueza, tirados dos melhores autores nacionaes, e recopilados por ordem alfabética*. Lisboa: Typ. Rollandiana, 1780, p. 263 e 283.

21 RODRIGUES, Jaime. "Cultura marítima: marinheiros e escravos no tráfico negreiro para o Brasil (sécs. XVIII e XIX)". *Revista Brasileira de História*. São Paulo, vol. 19 (38), 1999, p. 36.

22 "De acordo com as estimativas correntes no final do século XVIII, os Portugueses assegurariam, à época, cerca de 25% do tráfico transatlântico da escravatura". MARQUES, João Pedro. *Os sons do silêncio: o Portugal de Oitocentos e a abolição do tráfico de escravos*. Lisboa: Imprensa de Ciências Sociais, 1999, p. 55. Malono Florentino e João Fragoso demostraram que, em fins do século 18, o tráfico de escravos era controlado principalmente por comerciantes sediados no Rio de Janeiro. FLORENTINO, Manolo; FRAGOSO, João. *O arcaísmo como projeto: mercado atlântico, sociedade agrária e elite mercantil em uma economia colonial tardia. Rio de Janeiro (1790-1840)*. Rio de Janeiro: Civilização Brasileira, 2001. Em relação à expressão, "trato de viventes", ver ALENCASTRO, Luiz Felipe. *O trato dos viventes: formação do Brasil no Atlântico Sul, Séculos XVI e XVII*. São Paulo: Companhia das Letras, 2000.

23 RODRIGUES, Jaime. *De Costa a Costa: escravos, marinheiros e intermediários do tráfico negreiro de Angola ao Rio de Janeiro (1780-1860)*. São Paulo: Companhia das Letras, 2005, p. 205.

24 BLUTEAU, Raphael. *Vocabulário Portuguez e Latino*. Vol. 8. Lisboa: Colégio das Artes da Companhia de Jesus, 1712-1728, p. 286.

25 Em 34,9% dos casos, a cor não foi identificada na documentação. Ver: SANTOS, Corcino Medeiros dos. *Relações comerciais do Rio de Janeiro com Lisboa (1763-1808)*. Rio de Janeiro: Tempo Brasiseliro, 1980, p. 131.

26 RODRIGUES, Jaime. *De Costa a Costa: escravos, marinheiros e intermediários do tráfico negreiro de Angola ao Rio de Janeiro (1780-1860)*. São Paulo: Companhia das Letras, 2005, p. 205.

27 FOURNIE-MARTINEZ, Christine. *Contribution à l'étude de l'esclavage em siècle d'or: les esclaves devant l'inquisition*. Tese de Doutorado. Ecole Nationale des Chartes, 1988, p. 200.

28 FONSECA, Jorge. *Escravos no sul de Portugal, Séculos XVI-XVII*. Lisboa: Vulgata, 2002, p. 142.

29 Ação cível de soldadas em que é autor Manuel da Fonseca e Silva, possuidor de um escravo de nome José, cozinheiro do navio Pérola do Mar e réu Antonio Pereira Coelho Freitas, 1792. *Arquivo Nacional da Torre do Tombo*. Livro da Índia e Mina, PT-TT-JIM/A/85/9.

30 RODRIGUES, Jaime. *De Costa a Costa: escravos, marinheiros e intermediários do tráfico negreiro de Angola ao Rio de Janeiro (1780-1860)*. São Paulo: Companhia das Letras, 2005, p. 191. No que se refere ao Brasil, cabe lembrar o romance "O Bom Crioulo", de Adolfo Caminha, publicado no século 19, retratando escravo que, ao fugir de fazenda cafeeira, no Rio de Janeiro, se apresenta como marinheiro livre.

31 Portaria para o Capitão-mor do terço de Henrique Dias mandar dez Soldados, e um Oficial, a prender um negro e uma negra. Bahia, 23 de março de 1716. *Documentos Históricos*, vol. 54, 1939, p. 103.

32 FLORENTINO, Manolo Garcia. *Em Costas Negras: uma história do tráfico atlântico de escravos entre a África e o Rio de Janeiro (séculos XVIII e XIX)*. Rio de Janeiro: Arquivo Nacional, 1995, p. 140.

33 LINEBAUGH, Peter; REDIKER, Marcus. *La hidra de la revolución: marineros, esclavos y campesinos em la historia del Atlantico*. Barcelona: Critica, 2004, p. 194.

34 KINKOR, Kenneth J. "Flibustiers noirs". In: LE BRIS, Michel (org.). *L'aventure de la flibuste*. Paris: Hoëbeke, 2002, p. 105.

35   MOREAU, Jean-Pierre. *Une histoire des pirates: des mers du Sud à Hollywood*. Paris: Éditions Tallandier, 2006, p. 71.

36   KINKOR, Kenneth J. "Flibustiers noirs". In: LE BRIS, Michel (org.). *L'aventure de la flibuste*. Paris: Hoëbeke, 2002, p. 109-110.

37   MOREAU, Jean-Pierre. *Une histoire des pirates: des mers du Sud à Hollywood*. Paris: Éditions Tallandier, 2006, p. 317 e 364.

38   Em relação à Extremadura e ao Algarve, foi calculado que 0,2% dos escravos do reino eram pescadores. FONSECA, Jorge. *Escravos no Sul de Portugal, séculos XVI-XVII*. Lisboa: Vulgata, 2002, p. 36.

39   DAVIS, Robert C. *Esclaves chrétiens, maîtres musulmans: esclavage blanc en Méditerranée (1500-1800)*. Paris: Babel, 2006, p. 27.

40   REIS, Maria da Conceição. *A pirataria argelina na Ericeira do século XVIII*. Ericeira: Mar de Letras, 1988, p. 24 e 63-64.

41   NOVAIS, Fernando A. *Portugal e Brasil na crise do Antigo Sistema Colonial (1777-1808)*. 7ª ed. São Paulo: Hucitec, 2001, p. 83-87.

42   BICALHO, Maria Fernanda. *A cidade e o império: o Rio de Janeiro no século XVIII*. Rio de Janeiro: Civilização Brasileira, 2003, p. 148, 273.

43   MELLO, Carl Egbert H. V. *Apontamentos para servir à história fluminense (Ilha Grande)*. Angra dos Reis: Conselho Municipal de Cultura, 1987, p. 49.

44   Carta do governador D. João de Lencastre para S. Magde., sôbre a forma em que se houve com dois navios franceses que ali foram. 30 de junho de 1698, Bahia. *Arquivo Histórico Ultramarino*. AHU_ACL_CU_005, Cx. 10, D.821. Disponível em: <http://siarq.iict.pt>. Acesso: 7 de fevereiro de 2011.

45   Carta (2ª via) do [governador da capitania de Pernambuco], Félix José Machado [de Mendonça Eça Castro e Vasconcelos], ao rei [D. João V], sobre se remeter ao secretário do Conselho Ultramarino, [André Lopes de Lavre], três corsários franceses presos na vila de Sirinhaé. 20 de setembro de 1713, Pernambuco. *Arquivo Histórico Ultramarino*.

AHU_ACL_CU_005, Cx. 25, D. 2333.1. Disponível em: <http://www. cmd.unb.br/biblioteca.html>. Acesso: 7 de fevereiro de 2011.

46 Diligências para impedir comércio com franceses. 2 de agosto de 1715, Maranhão. *Arquivo Histórico Ultramarino*. AHU_ACL_CU_005, Cx. 10, D.821. Disponível em: <http://siarq.iict.pt>. Acesso: 7 de fevereiro de 2011.

47 Consulta do Conselho Ultramarino ao rei [D. José], sobre a carta do governador interino do Rio de Janeiro e Minas Gerais, [José Antônio Freire de Andrade], informando dos procedimentos dos franceses aportados na Fortaleza da Ilha Grande; recomendando que se tomem providências para evitar e castigar os abusos praticados pelas tripulações das embarcações estrangeiras, neste caso, francesas, pondo em perigo a segurança e ordem das populações daquela capitania. 4 de março de 1758, Rio de Janeiro. *Arquivo Histórico Ultramarino*. AHU_ACL_CU_005, Cx. 53, D.5292. Disponível em: <http://siarq.iict.pt>. Acesso: 7 de fevereiro de 2011.

48 BICALHO, Maria Fernanda. *A cidade e o império: o Rio de Janeiro no século XVIII*. Rio de Janeiro: Civilização Brasileira, 2003, p. 148.

49 FALCON, Francisco C. e NOVAIS, Fernando A. "A extinção da escravatura africana em Portugal no quadro da política econômica pombalina". *Anais do VI Simpósio Nacional dos Professores Universitários de História*. São Paulo, 1973, p. 424.

50 SILVA, Luiz Geraldo. "'Esperança de liberdade'. Interpretações populares da abolição ilustrada". *Revista de História*, vol. 144, 2001, p. 107-149.

51 SILVA, Luiz Geraldo. "'Esperança de liberdade'. Interpretações populares da abolição ilustrada". *Revista de História*, vol. 144, 2001, p. 128 (Grifo nosso).

52 Lembrete da Secretaria de Estado da Marinha e Ultramar, sobre a liberdade dos negros. Maranhão, 16 de janeiro de 1796 – *Arquivo Histórico Ultramarino*, cód. AHU_ACL_CU_009, Cx. 89, D.7393. Disponível em: <http://siarq.iict.pt>. Acesso: 7 de fevereiro de 2011.

53 Carta de Francisco de Borja Garção Stockler, ao Príncipe Regente, levando a sua presença o requerimento dos "homens e pessoas de nação branca, outros pardos e muitos inferiores nas cores e graus" principalmente da Capitania das Minas Gerais, no qual pedem as providências dos alvarás de 19.09.1761 e 16.11.1773, relacionados com a libertação dos escravos. *Arquivo Histórico Ultramarino*, 4 de novembro de 1802 – MG – Cx. 165, Doc. 51. Disponível em: <http://siarq.iict.pt>. Acesso: 7 de fevereiro de 2011.

54 Schwartz, Stuart B. *Segredos internos: engenhos e escravos na sociedade colonial 1550-1835*. São Paulo: Companhia das Letras, 1988, p. 384.

55 Costa, Emília Vioti da. *Da senzala à colônia*. 2ª ed. São Paulo: Livraria Editora Ciências Humanas Ltda., 1982, p. 325.

56 Lara, Sílivia Hunold. *Fragmentos setecentistas: escravidão, cultura e poder na América portuguesa*. São Paulo: Companhia das Letras, 2007, p. 154-155.

57 Furtado, João Pinto. *O manto de Penélope: história, mito e memória da Inconfidência Mineira de 1788-9*. São Paulo: Companhia das Letras, 2002, p. 287, nota 153.

58 Raynal, Guillaume-Thomas François. *A revolução da América*. Rio de Janeiro: Arquivo Nacional, 1993. Para contextualização desse autor, ver: Duchet, Michèle. *Anthropologie et histoire au siècle dês Lumières*. 2ª ed. Paris, 1995, p. 137-193.

59 Marques, João Pedro. *Os sons do silêncio: o Portugal de Oitocentos e a abolição do tráfico de escravos*. Lisboa: Imprensa de Ciências Sociais, 1999, p. 34. Ver também: Marquese, Rafael de Bivar. *Feitores do corpo, missionários da mente: senhores, letrados e o controle dos escravos nas Américas, 1660-1860*. São Paulo: Companhia das Letras, 2004.

60 Lahon, Didier. *O Negro no Coração do Império: uma memória a resgatar. Séculos XV-XIX*. Lisboa, 1999, p. 90.

61 Lapa, Manuel Rodrigues. *Vida e obra de Alvarenga Peixoto*. Rio de Janeiro: Instituto Nacional do Livro, 1960, p. XXVIII.

62 *Arquivo Histórico Ultramarino*, Rio de Janeiro – Cx. 157, D.11.840. Disponível em: <http://www.cmd.unb.br/biblioteca.html>. Acesso: 10 de fevereiro de 2011.

63 *Arquivo Histórico Ultramarino*, Rio de Janeiro – Cx. 221, D.15.228. Disponível em: <http://www.cmd.unb.br/biblioteca.html>. Acesso: 10 de fevereiro de 2011.

64 Nos debates da Assembleia Constituinte brasileira de 1823, o texto do alvará português de 1761 foi mencionado duas vezes, mas de forma negativa, no sentido de não aplicá-lo, tendo em vista os "benefícios" que o sistema escravista trazia à sociedade brasileira. Ver: *Annaes do Parlamento Brazileiro, Assembleia Constituinte, 1823*. Vol. 5-6. Rio de Janeiro: H. J. Pinto, 1880, p. 261. Lentamente, porém, surgem outras opiniões. Em 1845, no livreto *A substituição do trabalho escravos pelo trabalho livre no Brasil, por um meio suave e sem dificuldade*, Henrique Velloso de Oliveira recorre à legislação pombalina, como modelos de ilustração. O autor afirma que, caso aplicada ao Brasil, ela propiciaria a extinção da escravidão sem conflitos. Essa ideia também é explicitada no mais importante tratado jurídico escrito sobre o tema. Em 1866, assim se manifestou Perdigão Malheiros: "Já vimos que, em Portugal, a Lei de 49 de Setembro de 1761, declarando livres os negros que pisassem no Reino, ao mesmo tempo que dava um grande passo na civilização – porque (como refere o mesmo Alvará) era 'uma indecencia que as outras Côrtes reprovavão' – e preparava a emancipação para o Reino, províncias Europeias, Madeira e Açores, conforme a L. de 1773 e disposições posteriores fechava ao commercio de escravos os portos do mesmo Reino na Europa". Ver: MALHEIRO, Agostinho Marques Perdigão. *A escravidão no Brasil: ensaio historico-juridico-social*. Vol. 3. Rio de Janeiro: Typ. Nacional, 1866, p. 32. O autor chega mesmo a forçar a interpretação – comportamento seguido por muitos historiadores posteriores –, afirmando que os alvarás representaram a abolição da escravidão em Portugal. De fato, nas terras do reino a instituição se arrastou, ainda residualmente, até o século 19, com tentativas, inclusive, de seu reestabelecimento. Mas o aspecto que mais chama

a atenção é a reapropriação das leis pombalinas por abolicionistas brasileiros. Em 1846, por exemplo, André Rebouças defende que o Brasil "parasse de importar africanos como escravos. Mas a vinda de africanos livres deveria continuar a ser incentivada." No sentido de evitar sua escravização, o autor afirma que a eles deveriam ser "conferidas cartas de alforria imediatamente quando fossem embarcados, inspirado nas disposições dos alvarás de 19 de setembro de 1761 e de 16 de janeiro de 1773, que buscavam limitar a vinda de escravos para Portugal". Ver: GRINBERG, Keila. *O fiador dos brasileiros: cidadania, escravidão e direito civil no tempo de Antonio Pereira Rebouças*. Rio de Janeiro: Civilização Brasileira, 2002, p. 171-172. Em *O Abolicionismo*, de 1884, Joaquim Nabuco dá um passo à frente e considera os alvarás portugueses como modelo de civilização. Em relação à determinação de 1761, afirma: "Esse documento é um libelo formidável e que se justifica por si só." No entanto, lamenta não terem sido essas medidas estendidas aos domínios da América e da África, acrescentando: "Que se esse alvará fosse extensivo ao Brasil a escravidão teria acabado no começo do século antes da Independência". Quanto à medida de 1773, afirma que ela era superior à Lei do Ventre Livre, de 1871, "porque aquela liberta inteiramente desde a sua data os nascituros, e esta depois de vinte e uma anos de idade". Ver: NABUCO, Joaquim. *O Abolicionismo*. Brasília: Senado Federal, 2003, p. 59-60.

Capítulo VI
Os escravos sabiam ler?

As determinações legais que restringiram a escravidão em Portugal circularam pelo império. Em 1773, durante a repressão à conspiração ocorrida na Paraíba, foram confiscados *pasquins,* que reproduziam os textos do alvará referente à liberdade dos filhos de escravas de Portugal.[1] Em 1802, uma carta enviada ao Conselho Ultramarino, referente à capitania de Minas Gerais, registrou a circulação de textos escritos por "homens e pessoas de nação branca, outros pardos e muitos inferiores nas cores e graus", através dos quais se mencionava rumores a propósito da libertação dos cativos do reino.[2]

Portanto, saber até que ponto os escravos e libertos tinham acesso a textos escritos é, de certa maneira, avaliar um dos meios de divulgação da legislação portuguesa emancipacionista. Quanto ao letramento das populações da senzala, as pesquisas têm, geralmente, explorado o conteúdo dos anúncios registrados em jornais;[3] outras vertentes analisam os dados de censos e a documentação dos estabelecimentos educacionais.[4] Obviamente, também há o uso simultâneo dessas várias fontes documentais. Uma investigação referente a Minas Gerais revelou, por exemplo, anúncios de vendas – publicados no jornal *O Astro de Minas*, de São João del-Rei, em 1828 –, nos quais as habilidades linguísticas dos cativos eram registradas. Nesses textos, mencionam-se casos como o do "escravo pardo de nome Vicente [...], official de alfaiate, *sabe ler, e escrever*". Observa-se, ainda, a ocorrência de fugas, em que a capacidade de leitura é utilizada como um sinal de identificação. É isso que afirma um anúncio a respeito de um "pardo escuro de idade de 15 annos, boa estatura, feição miuda, os dedos dos pes abertos, tem falta de unha em hum dos dedos dos pes, bem feito, bons dentes, *sabe ler*".[5]

Essa mesma pesquisa também identificou a presença de escravos – que sabiam ler e/ou escrever – nos processos crimes dos séculos 18 e 19. Os libertos, por sua vez, além de estarem presentes nessa última documentação, eventualmente também registravam testamentos, reconhecendo a habilidade ou inabilidade em relação à escrita. Esse foi o caso de Maria de Almeida, preta forra, que, no ano de 1760, declarou: "e por não saber ler nem escrever roguei a Miguel Carneiro de Miranda que por mim o escrevesse e como testemunha assinaçe e eu me asignei com hua cruz sinal de que uzo ao depois de me ser lido".

Os textos de viajantes, assim como sermões ou crônicas jornalísticas, também têm revelado outra dimensão importante da história do letramento no Brasil: os preconceitos linguísticos frente aos africanos. Em 1820, por exemplo, o naturalista francês Saint-Hilaire, em suas viagens à província do Espírito Santo, fez a seguinte observação a respeito do dialeto da população local "a supressão, quase inteira, do R final talvez adquirida dos negros e que deixa a pronúncia destes últimos tão infantil e estúpida".

O preconceito era compartilhado por muitos. Duas décadas após este depoimento, frei Miguel do Sacramento, no jornal *O Carapuceiro*, de Recife, lamentou os "vícios de linguagem" da população branca, decorrentes do "trato familiar com os pretos africanos, que são por via de regra os nossos primeiros mestres".

A literatura tratava de popularizar a suposta inabilidade linguística das populações da senzala, em relação ao idioma senhorial. O levantamento sistemático nos romances do século XIX permite a identificação de vários estigmas gramaticais e fonéticos. Em relação a esse último traço, eis algumas ocorrências:

> [r] em lugar de [d]: rizendo (dizendo), riabo (diabo) [...] [r] em lugar de [l]: farando (falando) [...] [r] fraco em lugar de [r] forte: carigadô (carregador) [...] [z] em lugar de [j]: hozi (hoje) [...] Zúlio (Júlio) [...] nasalizações "inesperadas": chenga (chega), fanzê (fazer), tambaia (trabalha) [...].[6]

A história serial do letramento desenvolveu metodologias alternativas à análise da representação. A fonte clássica desses estudos tem sido constituída pelos registros paroquiais de casamentos.[7] Desde o século 16, quando a Igreja tornou tal registro obrigatório, os noivos passam a ser solicitados a assinar ao final da ata de casamento. Graças ao levantamento sistemático dessa informação é possível, em alguns países, traçar sistematicamente a evolução do número de homens e mulheres que, durante a Época Moderna, ao menos sabiam escrever ou desenhar o próprio nome.

Tal indicador, contudo, está longe de ser sinônimo de pleno domínio da escrita e da leitura. Na verdade, os "percentuais de assinatura" revelam uma atitude de valorização do letramento em si mesmo, não servindo para identificar precisamente as habilidades educacionais. De certa maneira, esse índice pode ser comparado às pesquisas atuais sobre hábitos de leitura. Quando alguém declara, em um questionário, a leitura de 10 ou 12 livros por ano, não há como auferir se essa leitura, de fato, ocorreu. No entanto, a declaração não deixa de ter importância, pois é reveladora da valorização do hábito da leitura, embora essa última nem sempre se efetive.

É justamente essa postura frente à cultura letrada que os estudos sobre assinatura tentam captar. Infelizmente, porém, a península Ibérica não foi alvo do rigor tridentino na elaboração dos registros eclesiásticos. Nessas áreas, os párocos não intimavam os noivos a assinarem as respectivas atas de casamento, inviabilizando o levantamento seriado dessa informação; o mesmo problema ocorre em relação às fontes eclesiásticas da América portuguesa.

Na ausência desse testemunho, há poucas alternativas quando se estuda o período colonial. Nessa época, cabe lembrar, não havia imprensa, registrando sistematicamente as fugas e vendas de escravos.[8] O presente texto explora uma fonte documental alternativa, ainda pouco conhecida: os *Livros de Ingresso em Irmandades*, documentação rica em informações a respeito do domínio da escrita.

Tais irmandades, ou confrarias, eram instituições de origem medieval. Na Europa, elas se organizavam a partir de devoções religiosas em comum e de acordo com os grupos socioprofissionais específicos. Para muitos pesquisadores, essas instituições constituíam uma das bases da vida urbana no Antigo Regime.[9] Não é exagero afirmar que as irmandades eram um elemento fundamental nas cidades do mundo pré-industrial; elas propiciavam a estruturação dos grupos sociais e, dentre outras atividades, edificavam e mantinham cemitérios, enterravam os indigentes, cuidavam das crianças órfãs e enjeitadas, socorriam os doentes pobres e não deixavam que os presos sem recursos morressem de fome.

Em todo o Brasil Colonial, as irmandades conheceram um enorme sucesso. Ao contrário da metrópole, na Colônia essas instituições não se organizaram a partir de núcleos socioprofissionais, mas sim de acordo com identidades étnicas, ou supostamente étnicas, distinguindo os homens brancos em relação aos pardos e negros.

Nos primeiros tempos, tais associações não foram fiscalizadas pela Coroa, cabendo apenas à Igreja evitar que elas acobertassem práticas religiosas não-católicas, como podia acontecer no caso das confrarias instituídas por cristãos-novos ou africanos. No século 18, com a progressiva adoção da política absolutista por parte da monarquia portuguesa, a liberdade das organizações religiosos leigas sofreu sérias restrições.[10] Os burocratas portugueses passam, então, a exigir que os regulamentos ("os compromissos") das irmandades fossem redigidos e devidamente aprovados pelo poder régio; além disso, tornam obrigatória a abertura de um livro de matrícula em que constassem o nome, lugar de residência e a assinatura do Irmão. É justamente essa última informação que torna possível uma primeira avaliação do número de indivíduos que sabiam desenhar, assinar ou simplesmente marcavam uma cruz entre o nome e o sobrenome.

A localidade escolhida para nossa análise é a cidade de Mariana. No século 18, Mariana foi sede do primeiro bispado mineiro, além de também ter abrigado o primeiro seminário da capitania, fundado em 1750. Trata-se, portanto, da região que deu início à institucionalização da educação em Minas Gerais, em substituição aos professores domésticos do ensino volante.[11]

No gráfico 1 apresentamos as informações relativas à assinatura (sem incluir os nomes que foram grafados precariamente ou desenhados) dos membros de duas confrarias rurais, formadas por homens brancos que, muito provavelmente, pertenciam à elite de suas respectivas regiões. Como pode ser observado, tanto em Catas Altas quanto em Barão de Cocais, o percentual dos que sabiam assinar o próprio nome era bastante elevado. Os dados da tabela 1, referentes à cidade de Mariana, confirmam tal perspectiva: na *Irmandade do Santíssimo Sacramento*, com sede na paróquia da Sé, o percentual dos que não dominavam os rudimentos da escrita era de apenas 19,4 %.

Ora, tal resultado revela uma elite com um aparente domínio sobre a escrita ou, ao menos, que se esforçava para parecer ter esse domínio. No período compreendido até 1750, o ensino das letras dependeu, conforme mencionamos, dos professores volantes.[12] A partir da última data, surge a alternativa do ensino promovido pelo seminário diocesano. A essas formas de escolaridade devem ser somadas outras, decorrentes do fato de muitos dos assinantes serem provenientes de Portugal.

Para estimarmos a presença desse segmento, é necessário retornarmos aos já mencionados registros paroquiais de casamento. Conforme sublinhamos, os párocos mineiros não solicitavam aos noivos que assinassem as atas de casamento, em compensação apresentavam informações detalhadas a respeito da origem dos nubentes. Os dados da tabela 2 sugerem uma pista nova no sentido de solucionarmos a dúvida que levantamos acima.

Gráfico 1. Percentual de assinaturas no *Livro de Entrada da Irmandade do Santíssimo Sacramento de Mariana*: 1731-1772
média móvel: cinco anos

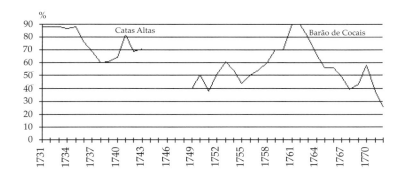

Fonte: Termo de Entrada dos Irmãos que querem servir na Irmandade do Santíssimo Sacramento nesta freguesia de São João Batista do Morro Grande (Barão de Cocais); Termo de Entrada dos Irmãos que querem servir na Irmandade do Santíssimo Sacramento nesta freguesia de Catas Altas, *Arquivo Eclesiástico da Arquidiocese de Mariana*, códs. B1, B3.

Tabela 1. Assinaturas no *Livro de Entrada da Irmandade do Santíssimo Sacramento da Sé de Mariana*: 1724-1753

Assinatura	N. Absoluto	%
Assinou	76	51,0
Desenhou	44	29,5
Não assinou	29	19,4

Fonte: Assento de Entradas da Irmandade do Santíssimo Sacramento de Mariana (1724-1836), *Arquivo Eclesiástico da Arquidiocese de Mariana*, cód. P-19.

Tabela 2. Origem dos noivos da Sé de Marina – 1733-1738		
Origem	N. Absoluto	% em relação ao n. total de noivos
Portugal	26	59,0
Minas Gerais	7	15,9
Outras capitanias	11	25,0

Fonte: Livro Paroquial de Casamento da Sé, *Arquivo Eclesiástico da Arquidiocese de Mariana*, cód. 0-24

Para entendermos o significado dos números da tabela 1, devemos ter em mente que o casamento era uma instituição restrita a setores seletos da sociedade colonial. Os escravos, por exemplo, quase sempre viviam amancebados. Muito provavelmente, os quarenta e quatro noivos indicados na tabela 2 representavam uma parcela da elite. Caso essa hipótese seja aceita, os dados a respeito da origem desse segmento são expressivos. Conforme é possível ser observado, praticamente 60% da elite de Mariana era formada por *portugueses*. De acordo com nosso ponto de vista, é justamente por isso que encontramos índices de alfabetização tão elevados; pesquisas realizadas em Portugal revelam que, em meados do século 18, o reino contava com várias escolas de primeiras letras;[13] além disso, até 1850, os emigrantes alfabetizados predominaram entre os portugueses que vieram para o Novo Mundo.[14]

Tendo em vista tais argumentos, é possível sustentar que a alfabetização, entre os setores privilegiados da população de Mariana, foi uma variável relacionada à emigração de metropolitanos. Não por acaso, podemos perceber no gráfico 1 que, na década de 1770, quando a crise do ouro deu sinais de ser definitiva, foram registrados os menores índices de indivíduos que sabiam escrever o próprio nome. A diminuição do número de emigrantes acarretou, assim, no declínio do número de alfabetizados na elite local.

Da mesma maneira que os homens brancos e livres, é possível avaliar os níveis de prática da assinatura entre os escravos e ex-escravos. Em relação a esses dois últimos grupos, encontramos informações nos *Livros de Matrícula da Irmandade de Nossa Senhora do Rosário do Homens Pretos*.[15] Na tabela 3 e 4, observamos que nenhum escravo matriculado na referida confraria sabia escrever o próprio nome. Essa característica era comum a homens e mulheres. Da mesma forma que no caso anterior, poder-se-ia aventar a possibilidade de ter existido uma relação entre emigração e alfabetização; tal relação decorreria da maior ou menor presença de africanos entre os escravos.

Tabela 3. Escravos e forros que assinaram ou desenharam o nome, 1752-1755			
Condição Social	N. Abs. dos que assinaram ou desenharam	N. Total	% dos que assinaram ou desenharam
Escravos	0	111	0
Escravas	0	34	0
Forros	3	41	7,3
Forras	1	80	1,2
Total	4	266	1,5

Fonte: Livro Primeiro de Entradas da Irmandade de Nossa Senhora do Rosário da Cidade de Mariana (1747-1932), *Arquivo Eclesiástico da Arquidiocese de Mariana*, cód. P-28.

Tabela 4. Escravos e forros que assinaram ou desenharam o nome, 1784-1794

Condição Social	N. dos que assinaram ou desenharam	N. total	% dos que assinaram ou desenharam
Escravos	0	100	0
Escravas	0	36	0
Forros	1	7	14,2
Forras	0	5	0
Total	1	148	0,6

Fonte: Livro Primeiro de Entradas da Irmandade de Nossa Senhora do Rosário da Cidade de Mariana (1747-1832), *Arquivo Eclesiástico da Arquidiocese de Mariana*, cód. P-28.

Pesquisas minuciosas em inventários *post-mortem* revelaram que, no século 18, da mesma maneira que no mundo livre, as senzalas marianenses progressivamente deixaram de abrigar estrangeiros. Entre 1750-1754, por exemplo, 66,9% dos cativos de Mariana eram africanos, ao passo que, entre 1800-1804, esse mesmo percentual foi de apenas 36,8%.[16] Não é necessária muita perspicácia para imaginar que os cativos nascidos localmente, os então denominados "crioulos", teriam maior chance de aprender a escrever do que homens e mulheres provenientes de sociedades africanas, que desconheciam o português escrito.

Embora coerente, essa hipótese não é confirmada pela análise dos dados. Na tabela 4 observamos que em fins do século 18, independentemente da origem, os cativos permaneceram excluídos do mundo da escrita, prenunciando assim o trágico legado do cativeiro em relação às populações afrodescendentes do futuro.[17]

Ao que parece, a alfabetização da população escrava não estava relacionada à mobilidade geográfica, mas sim à social. Nas tabelas 3 e 4, é possível perceber que entre 7% e 14% dos forros sabiam ao menos desenhar o próprio nome. Conforme foi mencionado anteriormente, não há como confirmar se esse dado é um indicador seguro de letramento. Bem mais prudente seria considerá-lo como uma atitude de respeito frente à cultura letrada senhorial. Aliás, não por acaso, na referida região, percentuais de libertos – semelhantes aos dos que sabiam assinar o próprio nome –, conseguiram se tornar proprietários de escravos.[18]

Estudos relativos a outras áreas e períodos mostram a existência de cativos com algum domínio de leitura e escrita. No entanto, essas ocorrências foram excepcionais. Na verdade, antes mesmo de migrar para o Novo Mundo, os portugueses sabiam que letramento e escravidão eram incompatíveis. A experiência com cativos mouros – e depois com africanos das regiões subsaarianas – lhes havia mostrado que tal habilidade aumentava a eficácia das revoltas e dava origem, como seria de esperar, a falsificações de cartas de alforria.[19]

As formas tradicionais da cultura oral, por isso mesmo, tiveram grande importância na circulação da legislação que estava sendo promulgada em Portugal, na segunda metade do século 18. Em que consistiam, porém, essas tradições e qual era seu conteúdo? É o que esboçaremos no próximo capítulo.

Notas:

1 Silva, Luiz Geraldo. "'Esperança de liberdade'. Interpretações populares da abolição ilustrada". *Revista de História* (USP), vol. 144, 2001, p. 107-149.

2 Carta de Francisco de Borja Garção Stockler, ao Principe Regente, levando a sua presença o requerimento dos "homens e pessoa de nação branca, outros pardos e muitos inferiores nas cores e graus" principalmente da Capitania das Minas Gerais, no qual pedem as providências dos alvarás de 19.09.1761 e 16.11.1773, relacionados com a libertação dos escravos. *Arquivo Histórico Ultramarino*, 4 de novembro de 1802 – MG – Cx. 165, Doc. 51. Disponível em: <http://siarq.iict.pt>. Acesso: 7 de fevereiro 2011.

3 Ver o estudo pioneiro de: Freyre, Gilberto. *O escravo nos anúncios de jornais brasileiros do século XIX*. São Paulo: Companhia Editora Nacional, 1979. Ver também: Amantino, Márcia. "As condições físicas e de saúde dos escravos fugitivos anunciados no Jornal do Commercio (RJ) em 1850". *História, Ciência, Saúde-Manguinhos*, vol. 14 (4), 2007, p. 1377-1399; Pessoa, Marlus Barros. "Os modos de falar do escravo em jornais brasileiros do século XIX". *Confluência – Revista do Instituto de Língua Portuguesa*, vol. 20, 2000, p. 85-93; Alkmim, Tânia M. "A fala como marca: escravos nos anúncios de Gilberto Freire". *Scripta*, vol. 9, 2006, p. 221-229; Alkmim, Tânia M. "Português de negros e escravos: atitudes e preconceitos históricos". *Estudos Portugueses e Africanos*, vol. 31, 1998, p. 39-47; Alkmim, Tânia M. "Falas e cores: um estudo sobre o português de negros e escravos no Brasil do século XIX". In: Carmo, Laura do; Lima, Ivana Stolze (orgs.). *História social da língua nacional*. Rio de Janeiro: Casa de Rui Barbosa, 2008, p. 247-264.

4 Marcilio, Maria Luiza. *História da Escola em São Paulo e no Brasil*. São Paulo: Imprensa Oficial do Estado, 2005.

Cativos do Reino

5   MORAIS, Christianni Cardoso. "Ler e escrever: habilidades de escravos e forros? Comarca do Rio das Mortes, Minas Gerais, 1731-1850". *Revista Brasileira de Educação*, vol. 12 (36), 2007, p. 499-500 (Grifo nosso).

6   ALKMIM, Tânia M. "Itinerários linguísticos de africanos e seus descendentes no Brasil do século XIX". In: CARVALHO, Ana M. (org.). *Português em contato*. Vol. 2. Madri: Iberoamericana, 2009, p. 177-197. Os exemplos do parágrafo anterior também foram identificados neste excelente texto.

7   FURET, François e OZOUF, Jacques. *Lire et écrire: l'alphabétisation des français de Calvin à Jules Ferry*. Vol. 1. Paris: Les Editions de Minuit, 1977, principalmente o Capítulo 1, "L'alphabétisation sans retour", p. 13-68.

8   Contudo, a preocupação com a assinatura, como índice de atitude frente ao letramento, não esteve ausente desses estudos brasileiros, mas quase sempre se vinculou às investigações a respeito das bibliotecas coloniais, registradas em inventários *post-mortem*. Ver os trabalhos pioneiros de Maria Beatriz Nizza da Silva. *Cultura e Sociedade no Rio de Janeiro(1808-1821)*. São Paulo: Companhia Editora Nacional, 1977; *Cultura no Brasil Colônia*. Petrópolis: Vozes, 1981 e (org.). *Cultura Portuguesa na Terra de Santa Cruz*. Lisboa: Estampa, 1995; VILLALTA, Luis Carlos. "O que se fala e o que se lê: língua, instrução e leitura". In: SOUZA, Laura de Mello e (org.). *História da Vida Privada no Brasil*. Vol. 1. São Paulo: Companhia das Letras, 1997, p. 331-385; ANTUNES, Álvaro de Araujo. "Considerações sobre o domínio das letras nas Minas Gerais Setecentistas". *LPH: Revista de História*, vol. 10, 2000, p. 13-31; ALVARENGA, Thabata Araujo de. "Tradição ou inovação nas leituras: Vila Rica: 1750-1800". *Oficina do Inconfidência: revista de trabalho*, vol. 3 (2), 2003 p. 25-64.

9   BOXER, Charles R. *O Império Colonial Português (1415-1825)*. Lisboa: Edições 70, 1981, p. 263-282.

10   BOSCHI, Caio César. *Os Leigos e o Poder: irmandades leigas e política colonizadora em Minas Gerais*. São Paulo: Ática, 1986, p. 36-70 e AGUIAR, Marcos Magalhães de. *Vila Rica dos Confrades: a sociabilidade confrarial*

entre negros e mulatos no século XVIII. Dissertação de Mestrado, FFLCH/ USP, 1993, p. 153-194.

11   CARRATO, José Ferreira. *Igreja, iluminismo e escolas mineiras coloniais: (notas sôbre a cultura da decadência setecentista)*. São Paulo: Co. Ed. Nacional, 1968, p. 215.

12   Esse tipo de ensino era doméstico, daí a raridade de informações a respeito de como ele se estruturava, um dos raros documentos que fornece informações e respeito dele é um processo inquisitorial contra um pedófilo. MOTT, Luiz. "Pedofilia e pederastia no Brasil antigo". In: DEL PRIORE, Mary (org.). *História da Criança no Brasil*. São Paulo: Contexto, 1991, p. 44-60.

13   CARRATO, José Ferreira. *Igreja, iluminismo e escolas mineiras coloniais: (notas sôbre a cultura da decadência setecentista)*. São Paulo: Co. Ed. Nacional, 1968, p. 123-155.

14   No século XIX, a emigração portuguesa de "analfabetos foi reduzidíssima até 1850, sendo nula em 1836 e 1847 [...]". RODRIGUES, Henrique. *Emigração e Alfabetização: o Alto-Minho e a Miragem do Brasil*. Viana do Castelo, 1995, p. 185.

15   A organização interna dessas irmandades foi estudada por Julita Scarano. *Devoção e Escravidão: a Irmandade de Nossa Senhora do Rosário dos Pretos no Distrito Diamantino no século XVIII*. 2ª ed. São Paulo: Nacional, 1978.

16   BERGAD, Laird W. "Depois do Boom: aspectos demográficos e econômicos da escravidão em Mariana, 1750-1808". *Estudos Econômicos*, 24, n. 3, 1994, p. 501.

17   Em 1872, quando foi realizado o primeiro censo populacional brasileiro, constatou-se que o percentual de escravos alfabetizados era de apenas 0,09%. Ver: REIS, João José; SILVA, Eduardo. *Negociação e Conflito: a resistência negra no Brasil escravista*. São Paulo: Companhia das Letras, 1989, p. 16.

18　Luna, Francisco Vidal e Costa, Iraci Del Nero da. "A presença do elemento forro no conjunto dos proprietários de escravos". *Revista Ciência e Cultura*, 32 (7), 1980, p. 836-841. Texto reproduzido em: Luna, Francisco Vidal; Costa, Iraci del Nero da; Klein, Herbert S. *Escravismo em São Paulo e Minas Gerais*. São Paulo: Edusp, 2009, p. 449-459. Nessa pesquisa, foram analisados os registros de óbitos da paróquia de Antonio Dias, Ouro Preto, constatando-se, para os anos de 1743-1811, em relação ao total de proprietários, percentuais de 3% a 14,6% de senhores forros. Ademais, o maior ou menor domínio da língua portuguesa selava o destino dos forros não-proprietários. Essa habilidade, associada à migração, possibilitava o reinício de uma vida social como homem livre: "O 'sotaque perfeitamente reconhecível' dos africanos libertos os imobilizava no espaço da escravidão. Quanto aos crioulos libertos, o domínio efetivo do português lhes permitia imaginar a possibilidade de apagar o passado escravo". Ver: Alkmim, Tânia M. "Itinerários linguísticos de africanos e seus descendentes no Brasil do século XIX". In: Carvalho, Ana M. (org.). *Português em contato*. Vol. 2. Madri: Iberoamericana, 2009, p. 192.

19　Em relação à proibição do aprendizado do árabe, por parte dos escravos, e a ocorrência de falsificação de cartas de alforria, ver: Fournie-Martinez, Christine. *Contribution à l'étude de l'esclavage em siècle d'or: les esclaves devant l'inquisition*. Tese de Doutorado, Ecole Nationale des Chartes, 1988, p. 78. No Brasil, há o excelente estudo do uso da escrita árabe na revolta dos malês da Bahia, 1835. Ver: Reis, João José. *Rebelião escrava no Brasil: a história do levante dos malês em 1835*. 2ª ed. São Paulo: Companhia das Letras, 2003.

Capítulo VII
Todos somos filhos de Adão e Eva

Os escravos que vieram de portugal, embora pouco numerosos, não representavam apenas força de trabalho. Eles também contribuíram para difundir informações e experiências nas senzalas. Porém, como seria possível estudar tais questões? Ora, algumas pistas a esse respeito são fornecidas pelos provérbios e máximas que circulavam no mundo luso-brasileiro dos séculos 17 e 18.[1]

Esse material, como toda fonte histórica, deve ser utilizado com os devidos cuidados, uma vez que os adágios eram recolhidos pela elite letrada, que os registrava em livros. Ao assim procederem, era comum ocorrer alteração de sentido ou mesmo a associação de um provérbio popular a um erudito.[2] Exemplo disso foi registrado em 1780, pelo autor anônimo do livro *Adágios, provérbios, rifães e anexins da língua portuguesa*, quando sublinhou que os provérbios eram "de grande utilidade para os Homens [...] Elles são o depósito de toda Antiguidade".[3] Essa afirmação decorria do fato de se atribuir aos ditados populares uma origem nobre. Eles se originariam de textos de Aristóteles, Quintiliano e Cícero. Os historiadores antigos também teriam sido pródigos em registrar ou criar adágios, como no caso de Plutarco. A Bíblia, tanto no Antigo quanto no Novo Testamento, completava a genealogia erudita dos provérbios, atribuindo a origem de muitos deles aos livros de Salomão ou às epístolas de São Paulo.

Não há como negar a procedência erudita a muitas máximas, mas isso não impedia que as mesmas fossem assimiladas pela cultura popular. Um razão facilitadora decorria de tais sentenças terem um caráter prático e, de forma sucinta, expressarem uma ideia ou pensamento. Nesse sentido, tais fórmulas podem ser consideradas um documento "compacto e fácil se ser memorizado sendo um veículo não só do conhecimento moral, mas também prático, como as regras profissionais e informações sobre o clima".[4]

Por outro lado, os provérbios também podiam ser criados pela cultura oral, depois fixados nos textos escritos. Porém, tal testemunho deve ser utilizado de maneira crítica. Os ditos populares não são um reflexo da realidade, mas sim um posicionamento crítico frente a ela, seja pela reafirmação da tradição, seja pela produção de novas expectativas de vida. Dessa forma, os adágios podiam reafirmar a ordem social de maneira conservadora, mas também podiam invertê-la ou ironizá-la, iluminando as injustiças sociais. Trata-se de um documento revelador de importantes aspectos culturais, mas não isento de ambiguidades, por ser expressão fronteiriça entre o erudito e o popular, "cujo significado varia de acordo com o contexto".[5]

Além dessa diversidade de significados, outra dificuldade é que, em uma sociedade multicultural, formada por povos indígenas, africanos e portugueses, vamos nos restringir a provérbios provenientes do último segmento. Dessa forma, ao explorar a referida

Cativos do Reino

187

fonte, enfrentamos enormes desafios. Talvez o maior deles seja o fato de os provérbios apresentarem versões diferentes, e às vezes contraditórias entre si, a respeito de um mesmo aspecto da vida social. O recurso utilizado neste capítulo consiste em transformar o que aparentemente é um problema em uma solução. Em outras palavras, acreditamos que as contradições dos conteúdos dos provérbios ora espelham tradições da elite, que privilegiavam a hierarquia social, ora reproduzem visões de reciprocidade social comuns às camadas populares[6] – onde, aliás, se situavam os cativos do reino. Tendo em vista essa perspectiva, os ditados servem de fio condutor para compreendermos algumas das expectativas de vida no passado, expectativas que não se restringiam ao mundo erudito nem eram exclusivamente populares. Tratavam-se, na verdade, do resultado do intercruzamento dessas duas tradições, em forma de circulação de saberes que utilizam tanto o texto escrito quanto a oralidade como meio de transmissão de conhecimentos.

Embora não provenientes das senzalas coloniais, os provérbios podiam se vincular a elas. Aliás, entre povos africanos essa tradição não era estranha. Em Angola, por exemplo, os adágios ensinavam os efeitos climáticos na sociedade: "Quando chove há mantimentos, mas não há quem os coma" – registra um médico do século 18, ao reconhecer que a população local associava os períodos de chuvas intensas ao aumento das enfermidades.[7] Relatos etnográficos do século 20 confirmam a existências dessa tradição, ampliando seu conteúdo para o campo moral, valorizando a solidariedade social: "Caminho andado por dois, desagradável não é".[8]

É provável que tenham ocorrido trocas culturais, entre livres e escravos, por meio de provérbios. No campo da religiosidade, por exemplo, trocas foram frequentes, dado o registro de portugueses frequentando rituais africanas e afrodescendentes recorrendo a sortilégios da feitiçaria europeia.[9] Em outras palavras, a cultura popular tendia a estabelecer áreas de comunicação e de circulação de tradições culturais.

A venda do cativo de um lugar para outro implicava em transformá-lo em um difusor dessas tradições. A própria Inquisição, através do degredo, contribuía nesse processo.[10] Paralelamente à migração forçada dos escravos, havia aquela comum aos livres, já que internamente a Portugal a estrutura agrária gerava fortes pressões nesse sentido.

Conforme é sabido, ao longo da Época Moderna, a distribuição da terra do reino tendeu a ficar restrita a determinados segmentos sociais, como os apresentados a seguir:

> [...] (i) do rei e da coroa, ou dos grandes senhorios institucionais dela dependentes, como a universidade, as ordens militares e as casas de Bragança, das Rainhas e do Infantado; (ii) de instituições eclesiásticas ou para-eclesiásticas, os chamados "corpos de mão-morta" (mosteiros, conventos, igrejas, cabidos, colegiados, misericórdias, hospitais, confrarias); (iii) dos senhorios laicos que compunham a nobreza e fidalguia do País (*sic*); (iv) dos concelhos ou dos povos (expressão ambígua para uma situação também ambígua), sob administração das Câmaras.[11]

Essa situação gerou uma massa de *jornaleiros, cabaneiros* ou *ganhões*,[12] que iam de uma propriedade rural a outra, em busca de ocupação; outros se deslocam para as cidades ou engrossam as tripulações dos navios que circulavam pelo oceano Atlântico. A estes somam-se os camponeses do Norte de Portugal, que não tinham novas terras a ocupar.

Tal situação, contudo, não impediu a existência e fixação de massas camponesas, embora raros lavradores fossem, de fato, proprietários das terras que cultivavam. Predominavam, ali, formas de "cedência vitalícia e/ou hereditária de terras (através de cartas de foral, de aforamentos colectivos ou contratos enfitêuticos individuais, perpétuos ou em vidas)". Em outras palavras, as propriedades eram arrendadas em pequenas parcelas e esse direito era transmitido de uma geração a outra, pois uma "vez cedidas em enfiteuse ou aforamento colectivo, foi historicamente muito difícil e raro aos senhorios recuperarem o domínio pleno sobre as terras".[13]

Os emigrantes – seja na forma de colonizadores efetivos, seja como marinheiros de passagem pelos portos – transmitiam uma sabedoria popular comum ao mundo rural português, que foi readaptada na América portuguesa, uma vez que as condições climáticas e as espécies vegetais aí disponíveis eram completamente diferentes das existentes nas terras metropolitanas.

Ao certo, sabemos que os portugueses trouxeram para o Novo Mundo uma sabedoria popular e nela um arsenal de provérbios, mas não podemos reconstituir com precisão a circulação deles, nem muito menos estabelecer a cronologia de sua difusão. Sabe-se, contudo, que essas expressões foram registradas desde os primeiros tempos da colonização. Em 1557, por exemplo, Hans Staden, náufrago alemão aprisionado por índios tupinambás e depois retornado a Europa, publica livro narrando suas experiências, onde anota um provérbio ouvido nas novas terras, que diz "Honrado homem se assemelha ao pai em seu valor".[14] Vinte e um anos mais tarde, Jean de Léry divulga relato da fracassada experiência de fundação da *França Antártica* no Rio de Janeiro, definindo parte da experiência com "comer o pão que o diabo amassou, como diz o provérbio".[15] No século 17, padre Antonio Vieira faz uso desse recurso retórico: "Onde houver corpo morto, logo ali comerão as águias" – afirma em um de seus sermões a respeito da fragilidade dos valores humanos;[16] em carta redigida na mesma época, escreve: "El Rei D. João o segundo deu ocasião ao provérbio: 'Mata que El-Rei perdoa'".[17]

Nos manuais cristãos que ensinavam como educar filhos e escravos, também se constata o uso de provérbios. Em 1685, Alexandre de Gusmão, jesuíta português formado em seminários do Brasil Colônia, no livro *Arte de criar bem os filhos na idade da puerícia,* se refere constantemente aos ensinamentos de Salomão. Para ele, o *livro dos provérbios* do Antigo Testamento era um verdadeiro guia de educação de crianças:

> o filho sábio é alegria do pai e o filho ignorante é tristeza de sua mãe [...] Nos Provérbios por Salomão diz: não deixes de ensinar teu filho desde menino [...] Salomão nos Provérbios no Capítulo 2.1. Donde diz assim: a tolice está atada no coração do menino e só a vara a faz fugir [...]. [18]

Nesses escritos, a educação infantil – sintetizada por meio de adágios – é sugerida como modelo para disciplinar os escravos:

> O que perturba sua casa, diz
> Salomão nos Provérbios, possuirá
> o vento; quis dizer, como explica
> Caetano, que o pai de famílias car-
> rancudo e de má condição, que, com
> sua demasiada severidade em casti-
> gar os filhos, traz sua casa em uma
> perpétua perturbação, possuirá sua
> família como pode possuir o vento,
> porque os filhos o desampararão e
> os escravos lhe fugirão, porquanto
> nem uns, nem outros puderam so-
> frer sua demasiada austeridade.[19]

Em 1700, ao publicar o livro *Economia Cristã dos Senhores no Governo dos Escravos*, Jorge Benci também prega moderação no trato dos cativos, ilustrando a recomendação através de provérbios. O jesuíta reafirma a necessidade de se velar pela alimentação da escravaria, sob o risco de ocorrerem furtos, lembrando: "A necessidade não tem lei"; ao condenar o emprego de castigos desnecessários ou abusivos, recorre ao Provérbio: "não acrescenteis a quem já está aflito nova aflição".[20] Em outra publicação, *Cultura e opulência do Brasil*, datada de 1711, André João Antonil assim apresenta sua fórmula-síntese a respeito da sociedade colonial: "verifique o provérbio que diz: que o Brasil é o inferno dos negros, purgatório dos brancos e paraíso dos mulatos e das mulatas".[21]

Como é possível observar, o uso dos provérbios estava longe de ser inocente. O mesmo ocorria na forma como o Estado e a Igreja encaravam a questão. Procurava-se explorar o uso político-pedagógico dos provérbios. A razão disso decorria do combate à blasfêmia. Segundo dicionário do início do século 18, tal desvio consistia em "uma injuria vocal, ou mental, contra a honra de Deus, ou dos

Santos". Havia uma tipologia: "blasfêmia heretical é a que se diz com palavras que são contra a fé católica [...] dehonestativa (*sic*), é nomear indecentemente alguma parte do corpo de Nosso Senhor Jesus Cristo [...] imprecativa, é desejar algum mal a Deus".[22]

Outro tipo de blasfêmia era a "gestual" – como era o caso "de se cuspir em direção ao céu"[23] ou fazer gestos obscenos frente a imagens sacras.[24] Essa tipologia se desdobrava, ainda, em outras direções, podendo a blasfêmia ser classificada como "espiritual" e "humana". Nesse último caso, ela se subdividia em "contra si próprio" e contra o "próximo". No mundo luso-brasleiro, o blasfemo imprecativo, aquele que utilizava palavras injuriosas em relação aos santos, foi frequente, como eram os casos daqueles que punham em dúvida a virgindade de Nossa Senhora:

> Em Portugal, no século XVI, algumas denúncias chegam às inquisições contra pessoas que afirmaram, por exemplo, "se Nossa Senhora não tivera apontamento carnal, que não parira N. S. Jesus Cristo". Afirmação igual fizeram [em 1766] dois irmãos na Capitania de Alagoas, Manuel e Valente Gomes: estavam caçando em companhia de um vizinho, Ludovico, quando este sugeriu que rezassem o Angelus. Retrucaram os irmãos que "não haviam ouvido o sino e só rezavam quando estavam perto da igreja". Ainda mais: "disseram não acreditar que o Cristo nasceu sem concurso de varão".[25]

O exemplo acima está longe de ser uma ocorrência isolada. Inúmeros processos inquisitoriais luso-brasileiros conservam relatos semelhantes ou com traços escatológicos: "Insultar Nossa Senhora com referência a excrementos ou ao vaso traseiro não era incomum em nosso passado".[26] Em certo sentido, tais comportamentos consistiam na inversão da oração, sendo consideradas formas de heresia e alvo da vigilância inquisitorial. Outro potencial ameaçador da blasfêmia dizia respeito às estruturas políticas existentes: havia sempre o risco de se blasfemar contra o rei. Em Portugal, a monarquia entregou a perseguição desses blasfemos aos tribunais eclesiásticos e inquisitoriais, embora não faltasse legislação régia nesse combate.[27]

Frente a esses comportamentos desviantes, os provérbios pareciam bem mais aceitáveis. Eles não só eram tolerados, como difundidos por escrito em catecismos e livros de teologia ou de cordel, também oralmente nos sermões e nos confessinários. Conforme mencionamos, seus conteúdos eram múltiplos. Eventualmente se valorizava a obediência e admiração em relação ao poder:

> Rou, rou, faça-se o que El-Rei Mandou.
> Rogos [ou seja, "Pedidos"] de Rei Mandatos são.
> O braço de Rei, e a lança, longe alcança.
> Rei é como o Sol, que quando vê, alenta [ou seja, "dar alento", "animar"].

Em Portugal, o igualitarismo camponês repondia a essas assertivas positivas, estabelecendo limites aceitáveis em relação ao poder régio:

> Rei vai onde pode, e não aonde Quer.
> Quereis que vos sirva, bom Rei, dai-me de que viva.
> Nem ante Rei armado, nem ante Povo alvoroçado.

A existência de leis regulava esses limites e estabelecia uma soberania aceitável:

> Um Deus, Um Rei, Uma Fé, Uma Lei.
> Mau Rei Bom Rei, a toda a Lei viva El-Rei.
> Lá vão Leis, onde querem Reis.

Essa posição crítica, contudo, tinha limites. A prudência política era aconselhada:

> Não digas mal d'El-Rei, nem entre os dentes, porque em toda parte tem parentes.

Somente em situações limites, esse poder não se tornava aceitável. Mesmo assim, não se aconselhava seu enfrentamento direto, mas sim a ironia frente a ele:

> Não faltará Rei que nos Mande, nem Papa que nos excomungue.
> Em Almas não há Rei que mande.
> Este é Rei, que não conhece Lei.
> Rei moço Rei perigoso.

Conforme vimos, através de dicionários e coletâneas é possível comprovar a existência destes provérbios em Portugal nos séculos 17 e 18; entretanto, no ultramar, temos apenas breves notícias. Além das já mencionadas há aquela registrada por ocasião da repressão às revoltas coloniais. No levante dos mascates, ocorrido em Recife em 1710- 1711, os amotinados gritavam: "Viva El Rei Nosso Senhor e morram traidores".[28]

Atribuir os problemas existentes ao mau comportamento dos representantes do rei era uma forma de se proteger contra o crime de lesa-majestade.[29] Dez anos depois da rebelião pernambucana, em Vila Rica, ecoou-se o mesmo grito por ocasião da Revolta de Felipe dos Santos. No sertão de Minas Gerais, no ano de 1736, insurgentes contra a implantação de novos impostos exclamavam coletivamente palavras semelhantes.[30]

O evocativo também era veiculado entre escravos. Em 1789, dois escravos desembarcados em Lisboa, provenientes da Bahia, traziam grafados no lado direito do peito a marca "El Rey".[31] Imprimir a ferro em brasa uma marca nos cativos traficados constituía uma determinação régia. Em 1519, o regimento do tráfico de São Tomé recomendava aos fiscais: "Fazeis por uma marca dos nossos escravos que dos ditos rios vierem, e será um ferro no braço direito, com uma cruz, e os mais que o contador disser que se costumam por em nossas peças". Os traficantes também foram criativos em imprimir essas marcas, ora recorrendo a símbolos familiares – como as iniciais do próprio nome –, ora utilizando representações do poder, "como a cruz entrelaçada pelo 'S' da Santíssima Trindade"[32] ou a marca que citamos anteriormente, com a referência à realeza.

Tal como nos evocativos em revoltas no ultramar, a dialética da aceitação e da crítica às elites senhoriais também é constatada nos provérbios portugueses. Sobre aceitar o domínio senhor/criado, lê-se:

> Faze o que te manda teu Senhor,
> assentar-te-as com ele ao Sol.
> Enquanto o Amo bebe, o criado espere.
> Manda o amo ao moço, o moço ao gato, e o gato ao rato.

Aliás, a mobilidade social decorria dessa subordinação:

> De leal, e bom servidor, virás a ser Senhor.
> Serve ao nobre, ainda que pobre, que o tempo virá em que te pagará.

Contudo, tais situações não excluíam defesa da autonomia ou visões críticas frente aos senhores e autoridades locais:

> Serve a Senhor, saberás que é dor.
> Quem a outro Serve, não é livre.
> Juiz da Aldeia um ano manda, outro na cadeia.

As hierarquias celestiais também eram marcadas por essa dualidade. Havia pedidos de proteção em troca de submissão:

> A bom Santo encomendastes.
> Rogar ao Santo até passar o barranco.

Mas também havia ironia e sarcasmos nessa relação:

> Dia de Santo André, quem não tem
> Porco mata a Mulher.
> Palavras de Santo e unhas de gato.
> Não há Sermão sem Santo Agos-
> tinho, nem panela sem Toucinho.
> O Rio passado, o Santo não
> lembrado.
> Lá vem Agosto com os seus Santos
> ao pescoço.

Esses testemunhos servem apenas como indícios, como sugestões para se compreender a multiplicidade de valores comuns às camadas populares de Portugal.

Não por acaso, na bagagem mental dos colonizadores, havia a miragem do latifúndio e conselhos práticos em relação ao uso da violência no dia a dia da escravatura. Dizia-se:

> Casa em que caibas, vinho quanto
> bebas, terra quanto vejas.
> Boa Fazenda é negros, se não cus-
> tassem dinheiro.
> Ao bom cavalo espora e ao bom es-
> cravo açoite.

Os provérbios, dessa forma, guardam pequenas lições destinadas aos senhores. No entanto, também apresentam aconselhamentos aos escravos. A real condição de vida no cativeiro podia ser entendida através dessas sentenças:

> Nem preso, nem cativo tem amigo.

Também se aprendia o desprezo a que eram alvo os criados domésticos, entre os quais os cativos:

> A criado novo, pão, e ovo, depois de velho, pão, e Demo.
> Quem tem Criados, tem inimigos não escusados.

Por outro lado, reconhecia-se e defendia-se, por exemplo, o valor do trabalho, algo que fugia ao ideal aristocrático português e da elite colonial:

> Trabalhe e terás.
> Quem não trabalha, não mantém casa farta.
> Um trabalho é vespera de outro.

As formas de dominação também se desdobravam nas relações de gênero. Dado ainda mais importante quando lembramos que as cativas predominavam sobre os cativos portugueses:

> A mulher e a cachorra, a que mais cala é a mais boa.

Embora hoje seja possível identificar, em relação ao passado colonial, a existência de espaços sociais de autonomia feminina, não há como negar a presença de expectativas voltadas à reclusão da esposa branca. Entre os portugueses que vieram para o Novo Mundo, esse valor se associava à autoridade masculina:

> Triste da casa onde a galinha canta e o galo cala.
> Mal vai a casa, onde a roca manda à Espada.
> O homem na praça, mulher em casa.

> A mulher e a galinha, com sol recolhida.

As mulheres cativas, pela própria condição social – e cuja sexualidade não se associava à noção mediterrânea de honra – estavam longe desse enquadramento. Tratava-se de um grupo social feminino que conseguia escapar à constante vigilância moral, prática enaltecida pela moral patriarcal. Tal situação não as impedia de circular pelas ruas e caminhos, como negras do tabuleiro brasileiras ou regateiras portuguesas. Embora as mulheres brancas eventualmente integrassem esses circuitos, elas corriam o risco da desaprovação coletiva ou, pior ainda, da perseguição dos pais, maridos e filhos. Não por acaso, os ditados alertavam frente aos riscos a que estavam submetidas as "janeleiras", vistas ou tocadas por qualquer um:

> Quando em casa não está o gato, estende-se o rato.
> Mulher janeleira, uvas de parreira.

Da mesma forma que em relação às esposas, a moral patriarcal exigia reclusão doméstica das filhas brancas. A casa era o lugar das meninas e moças, e a mãe era a responsável por sua vigilância:

> A boa filha duas vezes vem para casa.
> Daí-me mãe acautelada e dar-vos-ei filha guardada.
> Quando entrastes na vila, perguntas primeiro pela mãe, que pela filha.

Ter filhas, aliás, representava um castigo:

> Filha, nem nasça nem morra.
> Levar má noite e parir filha.
> A homem aventureiro, a filha lhe nasce primeiro.

Elas representavam um estorvo, pois era necessário reservar recursos – que podiam ser em dinheiro, terras ou escravos – para o dote. Nos meios sociais da elite, em que a mulher não tinha nenhuma função econômica, o marido era, por assim dizer, "indenizado" ao se casar, o que criava dificuldades econômicas para a família:

> Case o filho quando quiseres e a filha quando puderes.
> Quem casa filha, depenado fica.
> Quantas vezes te ardeu tua casa? Quando casei filhas.

A subordinação das meninas servia de modelo às escravas:

> Mãe, que cousa é casar? Filha, fiar, parir e chorar.

Os riscos que pesavam sobre as famílias que desobedecessem esses ditames eram enormes, pois se acreditava que:

> Minha filha fareja, um diabo a toma, outro a deixa.
> Não há geração sem rameira [prostituta] ou ladrão.

A depreciação das esposas e das filhas, nesse tipo de moral, era apenas um item no conjunto das depreciações frente à mulher, fossem elas brancas ou negras. Definitivamente, não se podia confiar no sexo feminino:

> A mulher sara e adoece quando quer.
> A mulher, o fogo, e os mares, são três males.
> Não compres Mula manca, cuidando que há de sarar; nem cases com mulher má, cuidando que se há de emendar.

As mulheres, através dos provérbios, também se familiarizavam desde a infância com as expectativas senhoriais frente à beleza feminina. Nesta tradição recomendava-se aos homens a não escolherem esposas "excessivamente" belas, pois a vaidade levava à ruina doméstica:

> Nem tão formosa que mate, nem tão feia que espante.
> Mulher formosa, ou douda, ou presunçosa.
> Da feia e da formosa, a mais proveitosa.
> Moça louçã [ou seja, bela], cabeça vã.
> A moça em se enfeitar e a velha em beber, gastam todo o seu haver.
> A Mulher quanto mais olha a cara, tanto mais destrói a casa.

Aliás, na moral patriarcal, os casamentos não deviam ser guiados por amor, mas sim pelos interesses dos pais. Esses últimos tratavam de escolher o noivo no mesmo grupo social a que pertenciam. Tudo que fugisse a esse princípio era visto como tolice ou insensatez:

> Amor, Amor, princípio mau, e pior fim.
> Se queres bem casar, casa com teu igual.
> Quem casa por amores, maus dias e piores noites.
> Por afeição te casastes, a trabalho te entregastes.
> Guerra, caça e amores por um prazer, cem dores.
> Amor não tem lei.

Esse conjunto de afirmações, contudo, não são a única visão de mundo possível. Havia ditados que valorizavam a mulher, seguindo tradições de reciprocidade e complementaridade comuns ao mundo camponês português. Vários provérbios enalteciam o que a moral patriarcal via com desprezo. Fazia-se alusão à importância das esposas e filhas, assim como seu papel na sobrevivência doméstica:

> Quem senhora é em casa, senhora é pela vila chamada.
> Com a mulher e dinheiro, não zombes companheiro.
> De boa filha, boa fiandeira.
> Quem não tem filha, não tem amiga.

Também não se eximia o pai de uma série de responsabilidades, havendo condenação aos relapsos:

> Um pai para cem filhos e não cem
> filhos para um pai.
> Qual o pai, tal o filho, qual o filho,
> tal o pai.

Esse compromisso se desdobrava nos ensinamentos de valores morais e na preparação para o trabalho:

> A teu filho, bom nome e bom ofício.

Em relação à educação familiar, as fronteiras entre a moral patriarcal e a camponesa parecem tênues. A violência no processo educativo era universalmente valorizada:

> A teu filho, e a teu amigo, pão e
> castigo.
> Filho aborrecido nunca teve bom
> castigo.
> A duas palavras, três porradas.

Alertava-se, ainda, para a importância da primeira fase da vida, pois mais tarde haveria muita dificuldade em se corrigir o filho:

> Quem torto nasce, tarde se endireita.
> De pequenino se torce o pepino.

A educação masculina dependia do pai como ordenador moral. Não por acaso, os filhos criados por viúvas eram depreciados:

> Filho de viúva, ou mal criado, ou
> mal costumado.

Em paralelo a essa perspectiva, vale repetir, se registravam provérbios inspirados na complementaridade dos papéis domésticos. Tolerava-se, por exemplo, os defeitos mútuos do casal:

> Marido, não vejas; mulher, cega sejas.

A reciprocidade camponesa também implicava na valorização dos laços de vizinhança, fundamentais nos trabalhos do campo, dando origem a provérbios a respeito da amizade:

> Não se pode viver sem amigos.
> Nos trabalhos se veem amigos.
> Amigo velho mais vale que dinheiro.
> Mais valem Amigos na Praça, que dinheiro na arca.
> Mais vale um bom amigo, que parente, nem primo.
> Não há melhor espelho que amigo velho.

O convívio intenso podia, contudo, gerar conflitos. A história colonial está repleta de referências a respeito de lutas sangrentas nascidas entre parentes e amigos. Os ditados populares alertavam para esses riscos:

> Amigo de bom tempo, muda-se com o vento.
> Amigo enojado, inimigo dobrado.
> De Amigo reconciliado, e de caldo requentado, nunca bom bocado.

O que dizer desses testemunhos? Ora, eles mostram que existiam provérbios que difundiam valores patriarcais. No entanto, também havia visões de mundo que exaltavam a reciprocidade e a crítica aos poderes constituídos. Não se registra necessariamente competição entre essas duas visões, nem muito menos se deve afirmar que elas se confundiam a grupos sociais específicos: um grande senhor de escravos podia proferir ditos populares de exaltação à mulher, enquanto cativos do reino poderiam proferir provérbios afrontosos a ela.

O importante é sublinhar que os valores senhoriais e patriarcais não eram uma "fatalidade". Havia alternativas a essa moral.[33] Tanto em Portugal quanto na Brasil colonial, aqueles que se orientavam por uma ancestral cultura camponesa, registrada em provérbios, valorizavam os princípios que definiam os limites do poder legítimo, não só na relação entre rei e súditos, como também esposos e esposas, pais e filhos, senhores e escravos. Nas revoltas coloniais não se deve excluir a possibilidade dessa moral orientar os princípios do que era justo ou injusto. Havia provérbios que chegavam até mesmo a pôr em dúvida a legitimidade da escravidão. Nos séculos 17 e 18, proprietários de terras e autoridades coloniais deviam encarar com desconfiança a conjunção de dois provérbios, que diziam:

> Ainda que somos negros, gente somos, e alma temos.
> Todos somos filhos de Adão e Eva, só a vida nos diferença.

Os cativos do reino, apesar de registrados em pequeníssimo número, certamente tiveram algum papel na difusão dos

206 Renato Pinto Venancio

valores das camadas populares portuguesas, valores estes dolorosamente conhecidos.

Notas:

1 Os provérbios e máximas transcritos foram colhidos nos livros: DELICADO, Antonio. *Adagios portuguezes reduzidos a lugares communs.* Lisboa: Officina de Domingos Lopes Rosa, 1651; BLUTEAU, Raphael. *Vocabulário Portuguez e Latino.* Lisboa: Colégio das Artes da Companhia de Jesus, 1712-1728; *Adagios, proverbios, rifães e anexins da lingua portugueza, tirados dos melhores autores nacionaes, e recopilados por ordem alfabética.* Lisboa: Typ. Rollandiana, 1780. Os provérbios geralmente têm origem remota e desconhecida; as máximas, por outro lado, são passíveis de eventual identificação de autoria. Sou grato à Maria Beatriz Nizza da Silva por essa observação; aliás, a autora foi pioneira no uso dessa fonte documental. Ver: *Sistema de Casamento no Brasil colonial.* São Paulo: T. A. Queiroz, 1984. Cabe sublinhar, porém, que as fontes da presente pesquisa não fazem distinção entre "provérbios" e "máximas".

2 MATTOSO, José. *O essencial sobre os provérbios medievais portugueses.* Lisboa: Casa da Moeda, 1987, p. 8.

3 *Adagios, proverbios, rifãos e anexins da lingua portugueza, tirados dos melhores autores nacionaes, e recopilados por ordem alfabética.* Lisboa: Typ. Rollandiana, 1780, p. 6.

4 OBELKEVICH, James. "Provérbios e história social". In: BURKE, Peter; PORTER, Roy (orgs.). *História social da linguagem.* São Paulo: Ed. Unesp, 1997, p. 45.

5 OBELKEVICH, James. "Provérbios e história social". In: BURKE, Peter; PORTER, Roy (orgs.). *História social da linguagem.* São Paulo: Ed. Unesp, 1997, p. 50.

6 Ver esse conceito em: SEGALEN, Martine. *Sociologia da Família.* Lisboa: Edições Terramar, 1999, p. 25.

7   ESTERMANN, Carlos. *Etnografia de Angola (sudoeste e centro)*. Vol. 1. Lisboa: Instituto de Investigação Científica Tropical, 1983, p. 401.

8   CASCUDO, Luis da Câmara. *Made in Africa (pesquisas e notas)*. Rio de Janeiro: Civilização Brasileira, 1965, p. 184.

9   SOUZA, Laura de Mello e. *O diabo e a terra de Santa Cruz: feitiçaria e religiosidade popular no Brasil colonial*. São Paulo: Companhia das Letras, 1986; BETHENCOURT, Francisco. *O imaginário da magia: feiticeiras, adivinhos e curandeiros em Portugal no século XVI*. São Paulo: Companhia das Letras, 2004. Isso, contudo, nem sempre significava sincretismo religioso, conforme sublinhou Kátia Mattoso: "Cumpre rejeitar o termo frequentemente usado, 'sincretismo', para descrever o exercício religiosos dos negros brasileiros, pois trata-se de dois modos paralelos que não referem os mesmos valores. É perfeitamente possível a alguém ser, ao mesmo tempo, um bom cristão e um bom 'pagão', pois os dois sistemas religiosos são, um e outro, completos". Ver: MATTOSO, Kátia de Queirós. *Ser Escravo no Brasil*. São Paulo: Brasiliense, 1982, p. 145. Uma interpretação inversa a essa foi avançada por Sérgio Ferreti: "Constatamos, como pacífico, que todas as religiões são sincréticas, inclusive o catolicismo, desde o catolicismo primitivo". FERRETTI, Sérgio Figueiredo. *Repensando o sincretismo*. São Paulo: Edusp, 1995 p. 16. Sou grato a Laura de Mello e Souza pela indicação dessa última referência.

10   SOUZA, Laura de Mello e. *Inferno atlântico: demonologia e colonização – séculos XVI-XVIII*. São Paulo: Companhia das Letras, 1993; CALAINHO, Daniela Buono. "Negros hereges, agentes do diabo: religiosidade negra e Inquisição em Portugal – séculos XVI-XVIII". In: FLORENTINO, Manolo; MACHADO, Cacilda (orgs.). *Ensaios sobre a escravidão*. Belo Horizonte: Ed. UFMG, 2003, p. 70.

11   SERRÃO, José Vicente. "O quadro econômico: configurações estruturais e tendências de evolução". In: HESPANHA, António Manuel (org.). *História de Portugal: o antigo regime*. Vol. 4. Lisboa: Estampa, 1993, p. 84.

12   SCOTT, Ana Silvia Volpi. *Famílias, formas de união e reprodução social no Noroeste português (séculos XVIII e XIX)*. Guimarães: NEPS, 1999, p. 79.

13   GONÇALO, Nuno. "A ocupação da terra". In: LAINS, Pedro; SILVA, Álvaro Ferreira da (orgs.). *História econômica de Portugal: o século XVIII*. Lisboa: ICS, 2005, p. 68 e 83.

14   STADEN, Hans. *Duas viagens ao Brasil*. Belo Horizonte: Itatiaia; São Paulo: Edusp, 1974, p. 29.

15   LÉRY, Jean de. *Viagem à terra do Brasil*. Belo Horizonte: Itatiaia; São Paulo: Edusp, 1980, p. 74.

16   VIEIRA, Antonio. *Sermões* (org. Alcyr Pécora). Vol. 1. São Paulo: Hedra, 2001, p. 266.

17   VIEIRA, Antonio. *Cartas do Brasil, 1626-1697, Estado do Brasil e o Estado do Maranhão e Grão-Pará* (org. João Adolfo Hansen). São Paulo: Hedra, 2003, p. 577.

18   GUSMÃO, Alexandre de. *Arte de criar bem os filhos na idade da puerícia* (org. de Renato Pinto Venâncio e Jânia Martins Ramos). São Paulo: Martins Fontes, 2004, p. 68, 121 e 213.

19   GUSMÃO, Alexandre de. *Arte de criar bem os filhos na idade da puerícia* (org. de Renato Pinto Venâncio e Jânia Martins Ramos). São Paulo: Martins Fontes, 2004, p. 249.

20   BENCI, Jorge. *Economia Cristã dos Senhores no Governo dos Escravos*. São Paulo: Grijalbo, 1977, p. 61 e 222.

21   ANTONIL, André João. *Cultura e opulência do Brasil*. Belo Horizonte: Itatiaia; São Paulo: Edusp, 1982, p. 85.

22   BLUTEAU, Raphael. *Vocabulário Portuguez e Latino*. Vol. 2. Lisboa: Colégio das Artes da Companhia de Jesus, 1712-1728, p. 130. Disponível em: <http://www.brasiliana.usp.br/dicionario/1%2C2%2C3/blasf%C3%AAmia>. Acesso: 19 de março de 2010.

Cativos do Reino

23   CABANTOUS, Alain. *Histoire du blasphème em occident, XVIe-XIXe siècles*. Paris: Albin Michel, 1998, p. 12 e 20.

24   CASCUDO, Luis da Câmara. *História dos nossos gestos*. Belo Horizonte: Itatiaia; São Paulo: Edusp, 1987, p. 155-156. Esse foi o caso de fazer "figa", gesto que representa "a união carnal: o órgão masculino no polegar e o triângulo feminino pelo indicador e médio". A Inquisição portuguesa perseguiu os que faziam esse gesto, como foi o caso de "Álvaro Lopes Antunes" que, em 1586, "fazia repetidas figas para o Crucifixo [...]".

25   Ver capítulo III "Maria, Virgem ou não? Quatro séculos de contestação no Brasil" no livro: MOTT, Luiz. *O sexo proibido: virgens, gays e escravos nas garras da Inquisição*. Campinas: Papirus, 1988, p. 167.

26   MOTT, Luiz. *O sexo proibido: virgens, gays e escravos nas garras da Inquisição*. Campinas: Papirus, 1988, p. 173.

27   Ver carta régia de 2 de novembro de 1628, punindo blasfemos das naus e caravelas. Disponível em: <http://www.iuslusitaniae.fcsh.unl.pt/pesquisasimplesresultado.php?pesquisa=blasfemia&usado=2&campos=1&ordem=1&Submit=Pesquisar>. Acesso: 19 de março de 2010.

28   MELLO, Evaldo Cabral de. *A fronda dos mazombos: nobres contra mascates, Pernambuco, 1666-1715*. 2ª ed. São Paulo: Editora 34, 2003, p. 278.

29   FIGUEIREDO, Luciano R. A. "Narrativas das rebeliões – linguagem política e ideias radicais na América portuguesa moderna". *Revista da Universidade de São Paulo*, vol. 111, 2003, p. 6-27.

30   FIGUEIREDO, Luciano. *Rebeliões no Brasil Colônia*. Rio de Janeiro: Zahar, 2005, p. 64.

31   LAHON, Didier. *Esclavage et confréries noires au Portugal durant l'Ancien Régime (1441-1830)*. Vol. I. Thèse doct. Paris: EHESS, 2001, p. 235.

32   FIGUEIREDO, Luciano. *Marcas de escravos: lista de escravos emancipados vindos a bordo de navios negreiros (1839-1841)*. Rio de Janeiro: Arquivo Nacional, 1989, p. 23-24.

33 Em relação à existência de alternativas, ou não, à moral patriarcal, consultar: Vainfas, Ronaldo. *Trópico dos pecados: moral, sexualidade e Inquisição no Brasil*. Rio de Janeiro: Campus, 1988, p. 110. Ver também: Correa, Mariza. "Repensando a família patriarcal brasileira". In: *Colcha de retalhos: estudos sobre a família no Brasil*. São Paulo: Brasiliense, 1982, p. 13-38 e Samara, Eni Mesquita. *A família brasileira*. 4ª ed. São Paulo: Brasiliense, 1993.

Capítulo VIII
Os últimos senhores do reino

Ao longo do século XIX, a escravidão deixou de existir em Portugal, mas não houve nenhuma lei proclamando a abolição. A morte dos antigos cativos e a libertação dos que nasceram após 1773 foram responsáveis por essa mudança. Outras medidas procurarm estender essas determinações aos territórios coloniais. Um decreto de 1836 estabeleceu a proibição formal do tráfico no império ultramarino.[1] Vinte anos mais tarde, é sancionada a liberdade das crianças nascidas nessas áreas: "A liberdade do ventre proclamada por Pombal para Portugal continental só veio a ser generalizada a todas as colónias portuguesas em 1856, por decreto de 24 de Julho".[2]

Isso, contudo, não impediu a existência, em território lusitano, de senhores de escravos. Trata-se de um paradoxo e não diz respeito, exclusivamente, à existência de um escravismo "camuflado".[3] Conforme veremos ao longo deste capítulo, no século 19 existiram, em Portugal, senhores "por procuração" de escravos brasileiros. Em outras palavras, portugueses que residiam no reino, mas mantiveram a condição de proprietários em terras brasileiras.

Para melhor compreendermos essa questão, é necessário chamar a atenção para outro fenômeno do mesmo período. Após a Independência, aportaram mais portugueses no Novo Mundo do que em todo o período colonial. Uma conhecida frase de Alexandre Herculano, pronunciada em 1875, sintetiza essa situação: "A nossa melhor colónia é o Brasil depois que deixou de ser colónia nossa";[4] daí muitos imigrantes lusos se tornarem proprietários de cativos.

A escravidão "por procuração" dizia respeito aos "retornados" a Portugal, mas que deixaram propriedades em terras brasileiras. Entre eles, colocava-se a questão do que fazer com os escravos. Vendê-los parece ter sido a opção mais frequente. Mas não foi a única, pois havia casos de disputas entre herdeiros. Por outro lado, o que fazer com os cativos que serviam de garantia de dívidas ou que não alcaçavam o preço de venda desejado? A questão era delicada. Além disso, havia senhores portugueses que concediam alforrias, o que implicava na expedição de documentos por navios que cruzavam o oceano Atlântico.

O retorno à Portugal com o cativo também ocorreu, mas foi rapidamente combatido e proibido. Até o final do século 18, em razão do respeito à legislação pombalina, era comum a referência à condição de liberto dos afrodescendentes que ingressavam no reino. A guerra contra o inimigo francês e as crises políticas que se seguiram fragilizaram esse controle. As autoridades portuguesas passaram a aceitar retornados acompanhados de escravos, alegando que cabia à antiga metrópole proteger os súdidos ameaçados pelo sentimento antilusitano existinte em várias capitais brasileiras.[5] Após a emancipação política do Brasil, foi necessária a reafirmação do alvará de 1761, que proibía desembarque de cativos em solo metropolitano. É o que lemos na resolução régia de 27 de julho de 1825, destinada a combater o abuso "concedido a todos os portugueses que, ao decidirem regressar com os seus escravos, aqui [ou seja, em Portugal] os mantinham como tal".[6]

Portanto, o retorno dos imigrantes reacendia, de tempos em tempos, a questão da escravidão reinol. Para melhor compreendermos esse problema, vejamos com mais detalhes o referido fluxo migratório. Quanto a isso, é necessário lembrar que, no século 19, a emigração portuguesa foi estimulada em razão da crise do sistema escravista brasileiro e a consequente necessidade de trabalhadores livres. Nesse sentido, o ano de 1850 representou um marco divisor. Até então, constatava-se no povoamento do Novo Mundo o predomínio de africanos. Calcula-se que, nos dois primeiros séculos de colonização, ocorreram aproximadamente 100 mil desembarques de portugueses em terras do Novo Mundo, ao passo que, no mesmo período, o tráfico de africanos superou a marca dos 350 mil indivíduos.[7] No século 18, em razão da descoberta de ricas lavras de ouro e de diamantes, o fluxo migratório lusitano aumentou significativamente, mas não superou o destinado a povoar as senzalas: entre 1700 e 1760, calcula-se a migração de 600 mil metropolitanos em direção à América portuguesa, paralelamente à chegada de aproximadamente 964 mil africanos.[8]

Portanto, no século 18, apesar do estímulo régio à emigração portuguesa, em razão de preocupações estratégicas com a fronteira espanhola, não há como negar a supremacia da presença africana.[9] Após 1822, essa tendência é intensificada.

A expansão da lavoura de café – inicialmente na Província do Rio de Janeiro e, posteriormente, em São Paulo e Minas Gerais – estimulou um extraordinário aumento do número de importações de africanos. Ao mesmo tempo, as novas circunstâncias políticas, como as revoltas urbanas que tinham como alvos portugueses vinculados ao comércio de abastecimento, não incentivaram a vinda dos antigos colonizadores. Por isso mesmo, nas décadas seguintes à Independência, aumentou intensamente o desequilíbrio dos fluxos migratórios que cruzaram o oceano Atlântico. Para se ter noção disso, basta mencionar que, entre 1821 e 1830, chegaram anualmente cerca de 43.000 africanos aos portos brasileiros, ao passo que a entrada de portugueses foi inferior a 1.000 por ano, despropoção que – com pequenas variações – se manteve até 1850.

Os dirigentes do Império tinham consciência dos perigos dessa situação na manutenção da ordem pública. Percebia-se que a "herança colonial" havia "africanizado" a sociedade brasileira: os números relativos ao período de 1500 a 1850 sugerem a vinda de, no máximo, um milhão e quinhentos mil portugueses, ao passo que a cifra referente aos africanos era da ordem de três a quatro milhões.[10] Na constituinte de 1823, dissolvida por ordem de D. Pedro I, José Bonifácio – embora não dispusesse de tais dados numéricos – demonstrou grande preocupação em relação ao tema. O "patriarca da Independência" defendeu claramente a inversão da "africanização", através da adoção de leis que gradualmente extinguissem o que então denominou de "inimigos domésticos", considerando tais medidas fundamentais para se garantir a formação de uma nação civilizada.[11]

Essas propostas, contudo, não vingaram. Em 1835, a descoberta dos planos de uma insurreição escrava em Salvador, na província da Bahia, criou condições para que elas fossem repensadas. A *Revolta dos Malês* assustou por seu grau de organização; planejado por escravos muçulmanos versados em árabe, o levante tinha por objetivo executar a população branca e instaurar uma monarquia islâmica.[12] A descoberta destes planos, juntamente aos homicídios e agressões cotidianas praticados pelos escravos, fez com que a elite do Império temesse pelo risco de se repetir, em terras brasileiras, a experiência da revolta haitiana de fins do século 18; a essas inquietações, somaram-se, ainda, a forte pressão diplomática inglesa no combate ao tráfico internacional de escravos.[13]

Na década de 1850, a "deportação de africanos" para o Brasil chega ao fim. Por essa época, também ocorre uma mudança quantitativa e qualitativa na migração portuguesa. Conforme podemos observar na tabela 1, na referida década essa emigração lusa torna-se um "fenômeno de massa": sua média anual quadruplica. Isso não ocorre por acaso. No referido período foram sancionadas ou multiplicadas leis regulamentando a "locação de serviços" de estrangeiros. Trata-se de uma mudança de grande importância, pois estimulou a formação de "sociedades de colonização" com o objetivo de recrutar emigrantes dispostos à "venda dos serviços pessoais por um período de três anos em troca do dinheiro da passagem" – superava-se, dessa maneira, o antigo obstáculo dos elevados custos do transporte marítimo.[14]

Tabela 1. Estimativas de imigração portuguesa no Brasil

Período	Estimativa	Média anual
1827-1829	2.004	668
1836-1839*	5.874	1.468
1840-1849*	18.969	1.897
1855-1857	27.665	9.221
1866-1878**	100.775	7.751
1881-1900	316.204	15.810

Fontes: SERRÃO, Joel. *A Emigração Portuguesa.* 4ª ed. Lisboa: Livros Horizonte, 1982, p. 33; LOBO, Eulália Maria Lahmeyer. *Portugueses en Brasil en el siglo XX.* Madri: Mapfre, 1994, p. 32 e 246; PEREIRA, Mírian Halpern. *A Política Portuguesa de Emigração: 1850-1930.* Lisboa: A Regra do Jogo Edições, 1981, p. 20; EL-KAREH, Almir Chaiban. "Imigração e Marginalização: a política imigratória do governo imperial brasileiro nos anos 1850". *Revista de Ciências Históricas da Universidade Portucalense,* vol. XI, 1996, p. 210; ALVES, Jorge Fernandes. *Os Brasileiros: emigração e retorno no Porto Oitocentista.* Porto: s/ed., 1994, p. 360; MARTINHO, Lenira Menezes e GORENSTEIN, Riva. *Negociantes e caixeiros na sociedade da independência.* Rio de Janeiro: Secretaria Municipal de Cultura, 1993, p. 81 e VENANCIO, Renato Pinto. "Presença Portuguesa: de colonizadores a imigrantes". In: *Brasil: 500 anos de povoamento.* Rio de Janeiro: IBGE, 2000, p. 62-77.

* Somente os que embarcaram na cidade do Porto.

** Somente os que desembarcaram no Rio de Janeiro.

Também se observa, no referido período, um novo tipo de emigrante: generaliza-se, então, os denominados "engajados", quase sempre de origem pobre ou mesmo miserável, muitos deles analfabetos e, em grande parte, açorianos. Fato que se intensifica ainda mais a partir da década de 1880, com o surgimento das passagens de navio subsidiadas pelo Estado. Raimundo da

Cunha Mattos, bem antes disso ocorrer, traça um perfil um tanto caricatural, mas nem por isso pouco revelador, dos portugueses pobres que chegavam em terras brasileiras. Segundo o referido autor, ao desembarcar nos portos, esses indivíduos eram imediatamente reconhecidos por sua "polaina de saragoça, igual de vestia e calção, colete de baetão encarnado com seus corações e meia"; eram minhotos e ilhéus, que para sobreviver dormiam na rua e procuravam ajuda de instituições de caridade. A principal marca de sua pobreza era o pequeno número de pertences que traziam, pois geralmente desciam dos navios "com um pau às costas, duas réstias de cebolas, e outras tantas de alhos [...] e [...] uma trouxinha de pano de linho debaixo do braço".[15]

Contudo, até 1850, cabe suspeitar se houve o predomínio desse grupo no conjunto de imigrantes que chegaram ao Brasil. Em relação à época da Independência, Lenira Martinho e Riva Gorenstein constataram, por exemplo, que 52,2% dos passaportes emitidos haviam sido concedidos a *caixeiros* – ou seja, indivíduos destinados à atividade comercial. Segundo informações coletadas por Henrique Rodrigues, na década de 1830, cerca de 90% dos emigrantes minhotos eram alfabetizados, cifra três vezes mais elevada do que a identificada entre a população portuguesa da época. Esses dados sugerem, dessa forma, o predomínio, não de pobres, mas de indivíduos originários de camadas intermediárias entre os que emigraram para o Brasil;[16] indivíduos inseridos em redes familiares que se estendiam entre os dois lados do oceano e traziam consigo um "capital cultural" (a alfabetização) para recomeçar a vida no Novo Mundo.

Após 1850, essa situação tende a mudar. O novo imigrante destina-se a substituir o trabalhador escravo. Contudo, tal substituição não chegou a ocorrer sistematicamente, pois, mesmo após a proibição do tráfico internacional de africanos, os grandes fazendeiros de café continuaram adquirindo escravos, só que das cidades e das regiões açucareiras decadentes. Na prática, a tendência foi a do português pobre substituir os escravos apenas no trabalho urbano não qualificado, mas isso também não ocorreu de forma homogênea. Várias regiões brasileiras mantiveram o padrão de receber portugueses com qualificação e destinados a se inserirem nas redes de comércio locais. Exemplos dessa situação parecem ter sido as províncias do Pará e do Rio Grande do Sul. Por estarem pouco conectadas ao comércio internacional, essas regiões mantiveram, nas décadas de 1870-80, percentuais de migração lusitana semelhantes às registradas cinquenta anos antes, índices que respondiam em média por 3% ou 4% do total de desembarques em portos brasileiros.[17]

É justamente uma dessas regiões que serve de exemplo em nossa pesquisa. Trata-se do Rio Grande do Sul. Essa província, desde fins do século 18, havia se integrado ao sistema escravista, via produção e distribuição de charque, alimento básico de escravos e pobres. Graças a essa inserção, a economia local se desenvolveu. Em 1874, relatórios ministeriais indicam o Rio Grande do Sul como sendo uma província, em termos relativos, com mais cativos do que Minas Gerais, Bahia e Pernambuco. Enquanto entre os baianos, os habitantes das senzalas representavam apenas 12,4% da população total – entre os pernambucanos esse número era de 12,8% e, entre os mineiros, de 15,9% –, os escravos gaúchos representavam 21,3% da população provincial local; cifra também superior aos 20,4% registrados em São Paulo.[18]

Apesar disso, essa forma de trabalho – em razão da diversificação da economia e da chegada de imigrantes alemães e italianos – deixou, bem antes do 13 de maio de 1888, de ser a base do sistema econômico do Rio Grande do Sul. Embora as correntes migratórias portuguesas não tenham sido significativas nessa província, o mesmo não é possível afirmar em relação a outros grupos europeus, cujo deslocamento foi subsidiado pelo governo central ou local. Para se ter ideia desse crescimento, basta mencionar que, entre 1858 e 1887, a população livre gaúcha passou de 211.667 para 936.186 habitantes.[19] Essa mudança facultou aos proprietários de terras e senhores urbanos novas opções de trabalhadores, sem romper com o arcabouço ideológico da escravidão. Eis, por exemplo, o que foi anunciado em *A Gazeta de Porto Alegre*, em 12 de fevereiro de 1880: "Aluga-se uma mulher branca viúva de 26 anos para criada ou ama-de-leite, tendo um filho de 10 meses de idade. Para informações no Consulado da Itália. Girolamo Vitaloni".[20]

Tais circunstâncias viabilizaram que o governo local implantasse uma política destinada a estimular uma lenta e segura transisção do sistema escravista para o de trabalho "livre". Um item importante desse projeto consistiu na criação de novos impostos, que estimulavam a alforria ou a venda dos cativos para outras províncias, até a proibição dessa prática em 1885. Conforme observou uma especialista: "Uma das leis mais importantes no Rio Grande do Sul é relativa à criação, em 1883, do imposto de 4$000 sobre todos os escravos [...] A elevação do mesmo imposto para 12$000 fez com que muitos senhores libertassem os seus escravos para evitar a despesa". Resultado: em 1887, os cativos passam a representar apenas 0,8% da população gaúcha.[21]

A campanha emancipacionista, por sua vez, encabeçada por associações católicas e maçônicas, também colaborou para o declínio do escravismo gaúcho. Essa situação foi estimulada em razão da localização geográfica do Rio Grande do Sul: a região era vizinha de países que precocemente aboliram a escravatura. No Uruguai, isso ocorreu em 1846 e, na Argentina, em 1853. Mesmo no caso do Paraguai – última ex-colônia espanhola a extinguir o trabalho escravo – tal decisão data de 1870; portanto bem antes da Lei Áurea brasileira.[22] Apesar dos acordos diplomáticos entre os países, prevendo a devolução do escravo fujão, tal captura implicava custos e articulações jurídico-administrativas que quase sempre inviabilizavam sua efetivação. Os jornais gaúchos registraram fartamente os efeitos dessa situação, publicando matérias em que diziam: "o cativo no Brasil é um cidadão na República Argentina".[23]

Frente a essas circunstâncias, era mais racional a venda dos escravos para as províncias cafeeiras ou então a alforria condicional, em troca da prestação de serviços por alguns anos. Os portugueses, que formavam pequenas comunidades nas cidades gaúchas e estavam em processo de ascensão social, compartilharam estas inquietações, vendendo ou alforriando cativos. Conforme mencionamos anteriormente, isso ocorria particularmente por ocasião do retorno a Portugal. De modo geral, o percentual de retornados era extremamente elevado. Em relação ao período de 1864 a 1872, estimou-se que entre 30% e 40% dos portugueses emigrados para o Brasil retornaram à pátria de origem;[24] entre 1885 e 1893, essa mesma cifra foi calculada em aproximadamente 50%.[25] Pesquisas minuciosas nas regiões portuguesas onde o número de refornados era mais elevado – como em "Bouças, Póvoa de Varzim, Vila do Conde, Paredes e Panafiel" – sugerem o predomínio, neste grupo, "de afortunados sobre os 'sem fortuna'".[26]

Em outras palavras, a "migração em massa" conviveu com a de outros grupos sociais ou então possibilitou, excepcionalmente, a ascensão social do emigrante. Em 1879, por exemplo, a "retornada" Josefina Henriqueta da Fonseca, "moradora no Reino de Portugal" – conforme consta em livro de notas de cartório de Porto Alegre – vendeu a Joaquim Ribeiro Labatret a escrava Simplícia, "preta, de 25 anos mais ou menos".[27] O valor da venda foi de 400$00 réis, preço que correspondia aos atribuídos a cativas nas mesmas condições, de áreas açucareiras e cafeeiras.[28]

A transação comercial foi possível graças à existência de intermediários e do uso de "procuração". Os dicionários do século 19, assim definiam esse dispositivo jurídico: "O poder dado por escritura a alguém, para tratar os negócios de quem lho dá. A escritura pela qual se dá esse poder".[29] Na tradição portuguesa, esse documento é registrado desde fins da Idade Média. As procurações serviam para mediar transações econômicas, assim como tratar de *esponsais* (ou seja, promessas ou contratos de casamento) ou para se representar padrinhos e madrinhas em cerimônias de batismo. A legislação fornecia modelos de redação.[30] Os senhores do reino também não demoraram para descobrir a utilidade do registro legal: "Os procuradores que iam em busca de cativos fugidos levavam o documento de procuração acompanhado da descrição das características físicas do escravo em causa, para poderem assim provar a propriedade dos autorgantes às autoridades que os tivessem retidos".[31]

No século 19, uma mudança na legislação ajudou a generalizar as procurações. Em 1809, a crise fiscal do Estado português, transmigrado para o Rio de Janeiro e em guerra contra os exércitos franceses, inspirou a criação de um novo imposto. Eis o que afirma o alvará regulando a questão:

> Eu o Príncipe Regente faço saber aos que o presente Alvará com força de lei virem; que sendo necessário, e forçoso estabelecer novos impostos, para que nas urgentes circunstâncias, em que se acha o Estado, poder suprir-se as despesas publicas, que se tem aumentado; não podendo bastar os rendimentos, que haviam, e que eram apropriados a outros tempos, e a mais moderadas precisões; e convindo lançar mão dos que são já conhecidos desde o principio da Monarquia, e que merecem preferência por menos gravosos, e por terem método de arrecadação mais suave, e aprovado pela prática, e experiência; e tendo estas conhecidas vantagens siza das compras e vendas, maiormente por se pagar em ocasião menos penosa, e quando se transfere o domínio; desejando gravar o menos, que for possível, o livre giro das transações dos meus fieis vassalos no trafico ordinário da vida civil, para que no uso do direito de propriedade tenham a maior liberdade, que for compatível com o interesse de causa publica: tendo ouvido o parecer de pessoas doutas, e zelosas do meu real serviço: sou servido determinar o seguinte [imposto].[32]

De acordo com a nova legislação, as transações envolvendo imóveis ("bens de raiz") pagariam o valor integral do imposto; já no caso de venda de escravos, o pagamento seria de apenas "meia siza":

> Pagar-se-á também em todo este Estado do Brasil para a minha Real Fazenda meia siza, ou cinco por cento do preço das compras e vendas dos escravos ladinos, que se entenderão todos aqueles que não são havidos por compra feita aos negociantes de negros novos, e que entram pela primeira vez no país, transportados da Costa de África.

O texto é claro a respeito à incidência da taxação: ela não dizia respeito ao tráfico internacional, mas sim ao nacional, contrapondo escravos africanos aos *ladinos* – ou seja, aqueles que residiam no Brasil. Em 1842, uma nova reforma legal procura generalizar a medida, transformando-a em imposto anual. Em relação a transações comerciais, são reproduzidos os termos do primeiro alvará: "O imposto da meia siza, estabelecido pelo Alvará de 3 de Junho de 1809 § 2º, será arrecadado deduzindo-se 5% do valor de qualquer escravo que for vendido, adjudicado ou arrematado, dado ou cedido em solução de divida".[33]

Ao longo do século 19, portanto, a venda e revenda de cativos implicavam em seguidos pagamentos de impostos de *meia siza*. Não demorou muito para os "comerciantes de almas" descobrirem uma forma de driblar a taxação através de procurações. Eis o que afirma Robert Slenes:

> Acontece que normalmente o tráfico interno de escravo (entre municípios e entre províncias) se fazia através de intermediários. Às vezes, o intermediário era um simples procurador (de verdade), representante

do vendedor ou do comprador. Na maioria dos casos, no entanto, o intermediário era um negociante que comprava o escravo do vendedor original e vendia-o depois ao comprador final, quando não a outro mercador. Contudo, nesses casos, não se costumava fazer uma escritura de compra e venda para cada transação efetuada. Normalmente se disfarçava a transferência de posse para um negociante intermediário com uma procuração bastante, que conferia a este plenos poderes para vender o escravo onde e por quanto quisesse. Se o negociante passava o escravo para outro intermediário, também não o fazia por escritura mas por um substabelecimento da procuração. Era comum, no caso de escravos vindos de longe, que houvesse uma sequência de substabelecimentos entre o "procurador" e o comprador final. *O objetivo desses subterfúgios era de evitar o pagamento do imposto de compra e venda cada vez que o escravo passava de um dono para outro.*[34]

Essa interpretação foi aceita e reproduzida por outros historiadores. Em relação à escravidão urbana do Rio de Janeiro, na última década antes da abolição, afirmou-se: "O subterfúgio da procuração permite a realização do negócio sem que o imposto de transferência de propriedade seja pago".[35] Idêntica constatação foi feita em relação à província paulista:

> [...] venda, nas localidades paulistas por nós examinadas, de cativos vindos das províncias do Norte e Nordeste era, amiúde, realizada por meio de procuradores dos vendedores. Muitos dentre esses procuradores, em diversos casos moradores no Rio de Janeiro, seriam, de fato, legítimos proprietários dos escravos que, em verdade, ora revendiam, *mas preferiam utilizar-se da procuração como forma de escapar ao recolhimento da meia sisa quando da compra dos cativos junto aos proprietários originais.*[36]

A prática se estendeu até mesmo às regiões sertanejas, como mostram os *Livros de compra e vendas de escravos* de Caetité, na interior da Bahia.[37] Tais escrituras registravam as seguintes informações:

> [...] data do registro; nomes do vendedor, do comprador e de seus procuradores, quando houver; local de moradia e títulos ou patentes militares do vendedor e do comprador; idade, sexo, estado conjugal, origem, naturalidade, cor e, eventualmente, caracteres físicos, atividade produtiva e forma prévia de aquisição do(s) escravo(s) transacionado(s); preço do(s) cativo(s); observação quanto à forma de quitação; informe sobre o recolhimento do imposto de meia sisa; transcrição dos dados da matrícula do(s) escravo(s) e, em alguns lançamentos, da procuração

> passada por vendedor e/ou comprador; nomes das testemunhas e, quando for o caso, da(s) pessoa(s) que assina(m) a rogo de uma ou das duas partes contratantes, em razão desta(s) não saber(em) escrever; fecho do tabelião e assinaturas.[38]

Além da evasão fiscal, a "procuração" resolvia problemas práticos. O principal deles dizia respeito à situação em que o proprietário não residia na mesma localidade de seu respectivo escravo. Em 1862, o cativo "Faustino, solteiro; preto, 'maior de' 30 anos, marinheiro", foi vendido a João Correia de Oliveira, morador em Porto Alegre. O proprietário vendedor residia no Rio de Janeiro, conseguindo realizar a transação por meio de procuração. Onze anos mais tarde, um morador na cidade gaúcha de Conceição do Arroio adquiriu o africano "Antonio, 50 anos". Um detalhe: a proprietária vendedora residia em Montevidéu, Uruguai.[39]

Também ocorriam alforrias nas quais os senhores eram representados por procuradores. Essa prática fornece informações a respeitos dos retornados a Portugal. Alguns deles haviam conseguido se tornar proprietários de escravos. Um registro – datado de 4 de abril de 1868 e proveniente do município de Rio Grande, à época o terceiro em termos de população escrava gaúcha[40] – apresenta um caso interessante. Este documento consiste na carta de liberdade de Leopoldina, "preta Mina", que havia ficado de herança para "Maria José Gaia da Fonseca e seu marido, Francisco Lourenço da Fonseca, residentes em Lisboa", sendo nomeado "procurador Sipião Ferreira".[41]

Os motivos das libertações eram variados. Tendo em vista a proximidade do final da escravidão, muitos senhores preferiram se adiantar à eventual medida oficial, selando em cartório um acordo que previa a prestação de serviços por parte dos alforriados. Alguns proprietários, mesmo residindo em Portugal, fizeram uso desse expediente. Um cartório de Pelotas – principal centro escravista gaúcho na década da abolição – registrou, no dia 1 de julho de 1884, a carta de liberdade de Bonifácio. O documento foi encaminhado pelo proprietário José de Nova e Sousa, "residente no Reino de Portugal", por meio de seus procuradores. O cativo foi alforriado

> com a condição de [o liberto] prestar serviços pelo tempo de três anos a contados 01-07 do corrente ano, ou a pagar a quantia de 20$ por mês, pago mensalmente a eles procuradores, tudo de harmonia com o disposto no Art. 4ª § 5º da Lei de 28-09-71 e 63 do Regulamento de 13-11-72.[42]

Tal situação permitiu que senhores portugueses, mesmo quando retornados ao país de origem, continuassem a auferir rendas provenientes de libertos dependentes. Quanto a isso, um caso de alforria, em particular, chama a atenção. Trata-se daquela concedida às vésperas da Abolição. Uma delas ocorreu em Pelotas e envolveu Rufo, solteiro, de "filiação desconhecida", pardo com 31 anos de idade, "copeiro, com boa aptidão para o serviço". Sua proprietária – "Sra. Emília Carolina Lima, residente em Lisboa" – lhe havia concedido a carta de liberdade, através de procurador:

> [...] com condição de [o escravo] prestar os seus serviços à sua referida senhora e a seus herdeiros pelo tempo de 6 anos, cujos serviços [se avaliou] desde já em 900$ ou 150$ anuais, podendo em qualquer tempo remir-se de tal obrigação, desde que seja indenizado o valor correspondente ao tempo que faltar para o completo da obrigação contraída, ficando sujeito as penas da Lei, art. 4°, § 5° e Regulamento 5135 e art. 63, no caso de infração.[43]

O uso de procuradores era facilitado pela eventual permanência, no Brasil, de parentes de "retornados". Formavam-se, assim, redes familiares transoceânicas, que eram acionadas no momento da alforria. Tereza de Jesus da Fontoura Galvão, por "residir no Reino de Portugal", fez do filho Silvestre de Fontoura Galvão seu procurador. Esse último concedeu liberdade a "Maria":

> [...] solteira, preta, mucama, desta Província [...] cuja liberdade é concedida, com a obrigação porém de me servir a mim ou a quem minhas vezes fizer por 3 anos da data desta e no caso que queira remir-se deste ônus pagará a quantia de 600$, correspondente a 200$ anuais. Na falta da cláusula acima a libertanda sujeita-se as penas da Lei 2040 de 28-09-71, na parte a que se refere aos contratos de locação de serviços.[44]

Outra ocorrência envolveu "José, preto Mina, carneador", cujo proprietário, "Antônio José de Oliveira Leitão", era "casado e morador na rua Oriental do Passeio Público n. 28, na Freguesia de Santa Justa, Lisboa". Em 1869, esse último – através de procuração "a seu genro José Maria Moreira, residente em Pelotas" – determinou o registro de carta de liberdade mediante pagamento de 1:500$000 – preço várias vezes mais elevado do que o da maioria dos escravos adultos, sugerindo a valorização do ofício de "carneador", ou seja, especializado na produção de charque.

Na falta de parentes, os retornados acionavam o serviço diplomático, que, de bom grado, intermediava as relações escravistas. Isso ocorreu por ocasião do falecimento de Justino da Silva Pereira, em 1868:

> [...] sendo o escravo Damião avaliado por 250$ e querendo eles [os herdeiros do senhor] beneficiá-lo concorrendo para sua liberdade, pediam a este juízo que depositado o preço da sua avaliação com intimação do procurador do Vice Consulado de Portugal, se passasse a respectiva carta de liberdade. E sendo por mim revisto e examinado o seu requerimento mandei responder ao dito procurador do Vice Consulado, Manoel Moreira de Carvalho, que achando justa e humanitária a pretensão dos suplicantes nada tinha a opor.[45]

Em Portugal também foram identificadas referências documentais à alforria de escravos do outro lado do Atlântico. As libertações condicionais eram efetuadas por ocasião da morte do proprietário e os recursos angariados eram destinados à tradicional prática da caridade cristã. João Teixeira Guimarães – que viveu entre 1784 e 1857 – residiu vários anos no Rio de Janeiro e depois retornou à cidade do Porto. No Brasil, ele acumulou a fortuna de 500 contos de réis (ou seja, 500.000$000 réis, o equivalente, na época, ao preço de aproximadamente 1.000 escravos).[46] Em seu testamento, consta que deixava sua fortuna à Santa Casa da cidade do Porto, "instituição muito próxima da rua em que nascera e a quem solicitava uma sepultura e uma missa diária". Em relação aos escravos "concedia-lhes uma alforria sinuosa: livres à sua morte, deveriam servir como em cativeiro até cada um ganhar 200$000, quantia a reverter para as obras de caridade [...]".[47]

O escravo também podia ser alvo do gesto caridoso. Em 1875, o cativo gaúcho José Rogério – "pardo, com mais de 50 anos e oficial de sapateiro" – recebeu uma boa notícia do procurador de seu proprietário, que residia em "Póvoa de Varzim", vila litorânea ao Norte de Portugal. Através de uma procuração, o senhor autorizava a concessão da carta de alforria "em atenção aos seus serviços, peço a todas as autoridades competentes para que reconheçam como livre".[48] O mesmo ocorreu a Augusto – "solteiro, preto, desta Província", com 46 anos, "sapateiro" –, cuja carta de liberdade foi concedida "sem ônus algum" e passada através de procurador do "senhor, Antônio Francisco da Rocha, que residia em Portugal".

Em algumas circunstâncias, porém, esse gesto só aparentemente era caridoso, pois destinava-se a se livrar de escravos doentes. Em 1860, Domingos, "preto, Nação", conseguiu a alforria, autorizada pelo "Sr. J. Paulet", residente em Bordeaux, França. No documento apresentado pelo procurador, o proprietário afirma que a "carta foi concedida em retribuição aos bons serviços prestados e em razão do mal estado de saúde do escravo".[49] Esse último testemunho revela, ainda, a existência de franceses como proprietários de escravos, sugerindo novos caminhos de pesquisa.

Enfim, a existência dos "retornados", muitos deles com bens deixados no Brasil, deu origem a uma camada residual de senhores de escravos em Portugal. No Rio Grande do Sul, esses "proprietários virtuais" eram raros, representando 0,01% da camada senhorial. Tal percentual, embora insignificante, deve ser considerado apenas como o indício de uma prática escravista que também ocorria nas demais províncias brasileiras e unia os dois lados do Atlântico. Aliás, esse vínculo fornece pistas a respeito dos destinos dos afroportugueses. Muitos deles devem ter sido embarcados para o Brasil. Talvez isso explique o desaparecimento, na segunda metade do século 19, de referências a este segmento na população portuguesa. O ingresso dos antigos cativos do reino nas rotas da emigração em massa, por outro lado, ajuda a entender o surgimento de maltas de capoeiristas cariocas liberadas por "portugueses", conforme ficou registrado na documentação policial da época.[50] Mas isso é uma outra história...

Notas:

1   MARQUES, João Pedro. "Uma revisão crítica das teorias sobre a abolição do tráfico de escravos português". *Penélope*, vol. 14, 1994, p. 98.

2   PIMENTEL, Maria do Rosário. *Viagem ao fundo das consciências: a escravatura na Época Moderna*. Lisboa: Colibri, 1995, p. 319.

3   Em 2 de dezembro de 1824, um morador de Lisboa requereu autorização ao Conselho Ultramarino para viajar ao Rio de Janeiro,

acompanhado por seus respectivos escravos domésticos. Trata-se da última referência – identificada em nossa pesquisa – a respeito de escravatura em território português. Ver: "Requerimento de Alexandre José Cardoso Silva ao rei [D. João VI], solicitando passaporte para o Rio de Janeiro, levando sua mulher Bernardina do Espírito Santo, um filho, uma escrava com seu filho e dois escravos." *Arquivo Histórico Ultramarino*, AHU_ACL_CU_007, Cx. 288, D.20749. Disponível em: <http://www.cmd.unb.br/biblioteca.html>. Acesso: 11 de fevereiro de 2011. No território português, a última menção a libertos, até agora identificada, é de 1835, conforme consta em uma ata de óbito da paróquia de São Miguel de Leça da Palmeira, localidade próxima à cidade do Porto. Ver: Araujo, Francisco; Alves, Sandra. ""Escravos e libertos em Leça da Palmeira. *Africana Studia*, n. 7, 2004, p. 54, nota 5. No entanto, também foram registrados, no século 19, moradores de domicílios como "criados pretos". Ver: Rodrigues, Teresa. "A estrutura familiar urbana nos inícios do século XIX: a freguesia de Santiago de Lisboa". *Ler História*, vol. 38, 2000, p. 45. Esses serviçais domésticos permaneceram na condição de dependentes e, eventualmente, voltaram à condição de escravos, conforme sugere um documento: "Requerimento do negociante Domingos Francisco dos Santos, natural do Porto, por seu procurador Francisco Mendes da Silva Figueiró, ao rei [D. João VI], solicitando passaporte para o Rio de Janeiro para si e sua mulher Escolástica Jacinta de Castro, três filhos e três criadas pretas", 3 de dezembro de 1825. *Arquivo Histórico Ultramarino*, AHU_ACL_CU_017, Cx. 294, D.20839. Disponível em: <http://www.cmd.unb.br/biblioteca.html>. Acesso: 11 de fevereiro de 2011.

4   *Apud* Serrão, Joel. *A Emigração Portuguesa*. 4ª ed. Lisboa: Livros Horizonte, 1982, p. 174.

5   Ribeiro, Gladys Sabina. *A liberdade em construção: identidade nacional e conflitos antilusitanos no primeiro reinado*. Rio de Janeiro: Relume Dumará, 2002.

6   Pimentel, Maria do Rosário. *Viagem ao fundo das consciências: a escravatura na Época Moderna*. Lisboa: Colibri, 1995, p. 318-319.

7   ALENCASTRO, Luiz Felipe. *O trato dos viventes: formação do Brasil no Atlântico Sul, séculos XVI e XVII*. São Paulo: Companhia das Letras, 2000, p. 69.

8   GODINHO, Vitorino Magalhães. *Estrutura da Antiga Sociedade Portuguesa*. 2ª ed. Lisboa: Arcádia, 1975, p. 57.

9   MARCILIO, Maria Luíza. "Migrações no Brasil Colonial: uma proposta de classificação". *Revista do LPH*, vol. 1 (1), 1990, p. 39. Entre 1746 e 1752, houve o envio de casais e indivíduos da Ilha da Madeira e dos Açores para regiões meridionais, como Rio Grande do Sul e Ilha de Santa Catarina, assim como, entre 1763 e 1769, para o Norte, especialmente Pará e Maranhão.

10   Ver estimativas apresentadas em: VENANCIO, Renato Pinto. "Presença Portuguesa: de colonizadores a imigrantes". In: *Brasil: 500 anos de povoamento*. Rio de Janeiro: IBGE, 2000, p. 62-77.

11   DOLHNIKOFF, Miriam (org.). *Projetos para o Brasil: José Bonifácio de Andrada e Silva*. São Paulo: Companhia das Letras, 1999.

12   REIS, João José. *Rebelião escrava no Brasil: a história do levante dos Malês (1835)*. São Paulo: Brasiliense, 1986.

13   A bibliografia a respeito deste tema é imensa, ver síntese recente: RODRIGUES, Jaime. *O infame comércio: propostas e experiências no final do tráfico de africanos para o Brasil, 1800-1850*. Campinas: Ed. Unicamp, 2000.

14   KLEIN, Herbert S. "A integração social e econômica dos imigrantes portugueses no Brasil no fim do século XIX e no século XX". *Revista Brasileira de Estudos de População*, vol. 6 (2), 1989, p. 20. Durante o século XIX, não foram somente as modificações ocorridas no Brasil que estimularam a vinda de imigrantes. Ao contrário do que ocorreu em vários países europeus, em Portugal não houve desenvolvimento industrial urbano que permitisse a absorção da população que migrara para o meio urbano. Tratava-se de uma situação dramática, várias áreas do meio rural português sofreram, a partir dos anos 1850, um processo de modernização capitalista. Por essa época ocorre a mecanização de

algumas atividades agrícolas ou artesanais, e, na década seguinte, com a restrição ao livre uso de pastos e terrenos baldios, são abolidos os últimos vestígios de direitos camponeses herdados da época feudal, levando ao empobrecimento desse segmento. Pereira, Mírian Halpern. *A Política Portuguesa de Emigração: 1850-1930*. Lisboa: A Regra do Jogo Edições, 1981, p. 13. A vida dos portugueses pobres emigrados não diferia muito da dos cativos. A começar pelo fato de muitos traficantes de escravos dedicarem-se a transportá-los utilizando antigos navios negreiros e temíveis feitores para manter a disciplina durante a viagem. O endividamento dos engajados, por outro lado, facultava aos donos dos navios, ao chegarem ao Brasil, o direito de colocá-los em leilão, de maneira muito semelhante a que se fazia com os africanos, ficando os mesmos sujeitos à dependência econômica em relação ao patrão. Ver: Alencastro, Luiz Felipe de. "Proletários e escravos: imigrantes portugueses e cativos africanos no Rio de Janeiro, 1850-1872". *Novos Estudos Cebrap*, 21, 1988, p. 37.

15 Mattos, Raimundo José da Cunha. *Ensaio histórico-político sobre a origem, progressos, e merecimentos da antipatia e recíproca aversão de alguns portugueses europeus e brasilienses*. Rio de Janeiro: Typ. de M. Garcez, 1822, p. 5.

16 Rodrigues, Henrique. *Emigração e Alfabetização: o Alto-Minho e a Miragem do Brasil*. Viana do Castelo: Governo Civil, 1995, p. 135; Martinho, Lenira Menezes e Gorenstein, Riva. *Negociantes e caixeiros na sociedade da independência*. Rio de Janeiro: Secretaria Municipal de Cultura, 1993, p. 81. Durante o período colonial, os custos do transporte marítimo desestimulavam a migração de grupos das camadas populares. Ver: Scott, Ana Sílvia Volpi. *Famílias, Formas de União e Reprodução Social no Noroeste Português (séculos XVIII e XIX)*. Guimarães: NEPS - Universidade do Minho, 1999.

17 Klein, Herbert S. "A integração social e econômica dos imigrantes portugueses no Brasil no fim do século XIX e no século XX". *Revista Brasileira de Estudos de População*, vol. 6 (2), 1989, p. 20. Alves, Jorge Fernandes. *Os Brasileiros: emigração e retorno no Porto Oitocentista*. Porto: s/ed., 1994, p. 243.

18   Conrad, Robert. *Os últimos anos da escravatura no Brasil.* 2ª ed. Rio de Janeiro: Civilização Brasileira, 1978, p. 345.

19   Bakos, Margaret Marchiori. *RS: escravismo e abolição.* Porto Alegre: Mercado Aberto, 1982, p. 18.

20   Bakos, Margaret Marchiori. *RS: escravismo e abolição.* Porto Alegre: Mercado Aberto, 1982, p. 34.

21   Bakos, Margaret Marchiori. *RS: escravismo e abolição.* Porto Alegre: Mercado Aberto, 1982, p. 23.

22   Bethell, Leslie. *História da América Latina: da Independência a 1870.* Vol. 3. São Paulo: Edusp, 2001, p. 323.

23   *O Mercantil,* Porto Alegre, 9 de setembro de 1882. *Apud* Bakos, Margaret Marchiori. *RS: escravismo e abolição.* Porto Alegre: Mercado Aberto, 1982, p. 16.

24   Pereira, Mírian Halpern. *A política portuguesa de emigração: 1850-1930.* Lisboa: A Regra do Jogo Edições, 1981, p. 33.

25   Alves, Jorge Fernandes. *Os Brasileiros: emigração e retorno no Porto Oitocentista.* Porto: s/ed., 1994, p. 253.

26   Alves, Jorge Fernandes. *Os Brasileiros: emigração e retorno no Porto Oitocentista.* Porto: s/ed., 1994, p. 260.

27   Scherer, Jovani de Souza; Rocha, Márcia Medeiros da (coord.). *Documentos da escravidão: compra e venda de escravos – Acervo dos tabelionatos do Rio Grande do Sul.* Porto Alegre: Companhia Riograndense de Artes Gráficas, 2010, p. 101. Disponível em: <http://www.apers.rs.gov.br/arquivos/1292863619.Livro_Compra_e_Venda_v.1.pdf>. Acesso: 11 de fevereiro de 2011.

28   Mattoso, Kátia de Queirós. *Ser Escravo no Brasil.* São Paulo: Brasiliense, 1982, p. 95.

29   Silva, Antonio Moraes. *Diccionario da lingua portugueza – recompilado dos vocabularios impressos ate agora, e nesta segunda edição novamente emendado e muito acrescentado.* Vol. II. Lisboa: Typographia

Lacerdina, 1813, p. 507. Disponível em: <http://www.brasiliana.usp.br/dicionario/1%2C2%2C3%2C4/procuracao>. Acesso: 11 de fevereiro de 2011.

30 <http://iuslusitaniae.fcsh.unl.pt/verlivro.php?id_parte=43&id_obra=57&pagina=148>. Acesso: 11 de fevereiro de 2011.

31 FONSECA, Jorge. *Os escravos em Évora no século XVI.* Évora: Câmara Municipal de Évora, 1997, p. 102.

32 Alvará de 3 de Junho de 1809 - Crêa o imposto do siza da compra e venda dos bens de raiz e meia siza dos escravos ladinos. *Portal da Câmara de Deputados.* Disponível em: <http://www2.camara.gov.br/legin/fed/alvara/anterioresa1824/alvara-40064-3-junho-1809-571706-publicacao-original-94843-pe.html>. Acesso: 11 de fevereiro de 2011.

33 Decreto n. 151, de 9 de Abril de 1842 – Dando Regulamento para a arrecadação da taxa de meia siza dos escravos. *Portal da Câmara de Deputados.* Disponível em: <http://www2.camara.gov.br/legin/fed/decret/1824-1899/decreto-151-9-abril-1842-560932-publicacaooriginal-84207-pe.html>. Acesso: 11 de fevereiro de 2011.

34 SLENES, Robert W. "Grandeza ou decadência? O mercado de escravos e a economia cafeeira da província do Rio de Janeiro, 1850-1888". In: COSTA, Iraci del Nero da. (org.). *Brasil: história econômica e demográfica.* São Paulo: IPE/USP, 1986, p. 118 (Grifo nosso).

35 CHALHOUB, Sidney. *Visões da liberdade: uma história das últimas décadas da escravidão na Corte.* São Paulo: Companhia das Letras, 1990, p. 44.

36 MARCONDES, Renato Leite; MOTTA, José Flávio. "Duas fontes documentais para o estudo dos preços dos escravos no Vale do Paraíba paulista". *Revista Brasileira de História,* vol. 21 (42), 2001, p. 513 (Grifo nosso).

37 PIRES, Maria de Fátima Novaes. *Crime na cor: escravos e forros no Alto Sertão da Bahia (1830-1888).* São Paulo: Annablume/Fapesp, 2003, p. 67.

38 MARCONDES, Renato Leite; MOTTA, José Flávio. "Duas fontes documentais para o estudo dos preços dos escravos no Vale do Paraíba paulista". *Revista Brasileira de História,* vol. 21 (42), 2001, p. 498.

39 Scherer, Jovani de Souza; Rocha, Márcia Medeiros da (coord.). *Documentos da escravidão: compra e venda de escravos – acervo dos tabelionatos do Rio Grande do Sul.* Porto Alegre: Companhia Riograndense de Artes Gráficas, 2010, p. 44 e 650. Disponível em: <http://www.apers.rs.gov.br/arquivos/1292863619.Livro_Compra_e_Venda_v.1.pdf>. Acesso: 11 de fevereiro de 2011

40 Em razão da importância de suas atividades econômicas, Pelotas, Porto Alegre e Rio Grande, ao longo da segunda metade do século 19, são os principais centros escravistas gaúchos. Ver: Bakos, Margaret Marchiori. *RS: escravismo e abolição.* Porto Alegre; Mercado Aberto, 1982, p. 22.

41 *Documentos da escravidão catálogo seletivo de cartas de liberdade, acervo dos tabelionatos do interior do Rio Grande do Sul.* Vol. II. Porto Alegre: CORAG, 2006, p. 711. Disponível em: <http://www.apers.rs.gov.br/arquivos/1169225608.Catalogo_Seletivo_Cartas_Liberdade_Volume_2.pdf>. Acesso: 16 de julho de 2010.

42 *Documentos da escravidão catálogo seletivo de cartas de liberdade, acervo dos tabelionatos do interior do Rio Grande do Sul.* Vol. II. Porto Alegre: CORAG, 2006, p. 542. Disponível em: <http://www.apers.rs.gov.br/arquivos/1169225608.Catalogo_Seletivo_Cartas_Liberdade_Volume_2.pdf>. Acesso: 16 de julho de 2010.

43 *Documentos da escravidão catálogo seletivo de cartas de liberdade, acervo dos tabelionatos do interior do Rio Grande do Sul.* Vol. II. Porto Alegre: CORAG, 2006, p. 621. Disponível em: <http://www.apers.rs.gov.br/arquivos/1169225608.Catalogo_Seletivo_Cartas_Liberdade_Volume_2.pdf>. Acesso: 16 de julho de 2010.

44 *Documentos da escravidão catálogo seletivo de cartas de liberdade, acervo dos tabelionatos do interior do Rio Grande do Sul.* Vol. II. Porto Alegre: CORAG, 2006, p. 589. Disponível em: <http://www.apers.rs.gov.br/arquivos/1169225608.Catalogo_Seletivo_Cartas_Liberdade_Volume_2.pdf>. Acesso: 16 de julho de 2010.

45   *Documentos da escravidão catálogo seletivo de cartas de liberdade, acervo dos tabelionatos do interior do Rio Grande do Sul.* Vol. I. Porto Alegre: CORAG, 2006, p. 208. Disponível em: <http://www.apers.rs.gov. br/arquivos/1169142561.Cat_Sel_Cartas_Liberdade_Vol_1.pdf>. Acesso: 16 de julho de 2010.

46   Mattoso, Kátia de Queirós. *Ser Escravo no Brasil.* São Paulo: Brasiliense, 1982, p. 95.

47   Alves, Jorge Fernandes. *Os Brasileiros: emigração e retorno no Porto Oitocentista.* Porto: s/ed., 1994, p. 243.

48   *Documentos da escravidão catálogo seletivo de cartas de liberdade, acervo dos tabelionatos do interior do Rio Grande do Sul.* Vol. I. Porto Alegre: CORAG, 2006, p. 447. Disponível em: <http://www.apers.rs.gov. br/arquivos/1169142561.Cat_Sel_Cartas_Liberdade_Vol_1.pdf>. Acesso: 16 de julho de 2010.

49   Jacob Gorender, em estudo clássico, afirmou que havia alto percentual de escravos velhos e inválidos entre os alforriados. Pesquisas posteriores revelaram que tal percentual não era elevado. No entanto, ocorreram alguns casos, conforme os registros gaúchos revelam, ver: Gorender, Jacob. *O escravismo colonial.* São Paulo: Ática, 1988, p. 355; *Documentos da escravidão catálogo seletivo de cartas de liberdade, acervo dos tabelionatos do interior do Rio Grande do Sul.* Vol. I. Porto Alegre: CORAG, 2006, p. 189 e 535. Disponível em: <http://www.apers.rs.gov.br/arquivos/1169142561. Cat_Sel_Cartas_Liberdade_Vol_1.pdf>. Acesso: 16 de julho de 2010.

50   Uma pesquisa revelou a existência de 43 capoeiristas portugueses, presos no Rio Janeiro, entre 1861 e 1888. Curiosamente, os estudiosos a respeito do tema se deixam levar pela propaganda do governo Imperial, que equiparava o "europeu" ao "branco". Em momento algum se cogita a ligação entre "portugueses capoeiristas" e a "escravidão em Portugal". Ver: Soares, Carlos Eugênio Líbano. *A negregada instituição: os capoeiras no Rio de Janeiro.* Rio de Janeiro: Secretaria Municipal de Cultura, 1994, p. 167-168.

Conclusão

Os CATIVOS CIRCULAVAM pelos oceanos, assim como internamente à sociedade colonial. Esse último fenômeno, contudo, foi menos frequente do que se imagina. No ano de 1718, por exemplo, a documentação dos *Reais Quintos* de Minas Gerais revelou que apenas 4,6% dos escravos haviam nascido em outras capitanias. A maioria esmagadora da escravaria era constituída por "cativos novos", recém-chegados da África.[1] Entre 1760 e 1770, cerca de 95,1% dos escravos, provenientes da Bahia e introduzidos em território mineiro, foram classificados como africanos desembarcados recentemente.[2]

Ao que parece, apenas uma parte dos escravos "ladinos" ou "crioulos" era vendida para regiões distantes de seu local de nascimento. Testemunhos do século 19, relativos ao tráfico interno, apontam nessa direção. Entre 1819 e 1833, no comércio de tropeiros entre Rio de Janeiro e Minas Gerais, os recém-chegados da África responderam por 79,4% das transações escravistas.[3] A mobilidade geográfica interna era rara. No recenseamento de 1872, 97% dos escravos não-africanos de Minas Gerais eram originários dessa província. No Rio de Janeiro, Bahia, Pernambuco e Rio Grande do Sul – tradicionais áreas escravistas – o percentual era semelhante ao mineiro. Registrava-se apenas uma exceção: São Paulo, que, em razão da expansão da lavoura cafeeira, importou cativos das mais diversas regiões brasileiras; mesmo assim pode-se afirmar que 83% da escravaria paulista, em 1872, residia no mesmo local de nascimento.[4]

Após ser raptado em sua sociedade de origem, metido em grilhões e embarcado para o Brasil, a tendência era de manter a escravaria estável nas fazendas. O sistema econômico agrário dependia dessa estabilidade, pois "não era interessante a compra e circulação de crioulos na colônia. Vender um crioulo significava separá-lo de sua família, de seus amigos, o que poderia gerar conflitos que viessem a desestabilizar o sistema".[5] Aliás, mais de um historiador relacionou essa circulação ao aumento da rebeldia escrava.[6] O cativo fugia, se embrenhava no mato ou ia de uma cidade a outra, apresentando-se como livre. Para os mais desesperados, a morte era melhor do que a nova mudança, com a consequente perda de contato com o grupo de referência.

A transferência de uma região a outra também rompia com a proteção promovida por padrinhos e compadres, assim como evaporava os laços de vizinhança que auxiliavam nos momentos de fome e frio. Não havia dúvidas de que ser vendido para um lugar distante era o "pior dos castigos".[7] Nos registros de suicídios da polícia do Império, os senhores justificavam a "morte voluntária" dos escravos, ora por "maus tratos" ora "para evitar venda".[8] Enfim, para os habitantes das senzalas, a mudança imposta pela revenda não significava "oportunidades de melhora relativa mas, ao contrário" significava "outra punição, quase ou tão cruel quanto a do ferro em brasa no rosto".[9]

Em relação a isso, também cabe lembrar que a reintegração social dos escravos ocorria, na maioria das vezes, através da reinvenção de uma comunidade camponesa. Para milhões de homens e mulheres raptados na África e enviados ao Novo Mundo, essa era a principal forma de sobrevivência na sociedade escravista. Tendo em vista a precariedade das estradas e os custos do transporte fluvial ou marítimo, os senhores também agiam sensatamente ao deixarem os cativos manter hortas e criar pequenos animais, utilizados no sustento próprio. Daí, em várias regiões das Américas, terem sido comuns "atividades agrícolas autônomas dos escravos nas parcelas e no tempo para cultivá-las, que lhes eram concedidas dentro das plantations, e a venda de todo excedente eventual de alimentos assim produzidos".[10]

No Brasil, esse fenômeno foi registrado desde o século 17, tendendo a crescer ao longo do tempo.[11] Tratava-se de uma experiência bastante difundida socialmente, pois as cidades coloniais tinham pequena importância econômica e a maioria esmagadora dos escravos importados era destinada ao mundo rural ou semirrural, como no caso das lavras auríferas de Minas Gerais. A alforria, quando não era fruto de relações paternalistas ou de compadrio, também dependia dos recursos acumulados via os excedentes da produção de alimentos. Quando a possibilidade de constituir essa "brecha camponesa" era negada, havia risco de revoltas e fugas. Em 1789, no engenho Santana de Ilhéus, Bahia, um levante de escravos resultou na morte de um feitor e na redação de "uma proposta de paz" em que os cativos "pediam melhores

242 Renato Pinto Venancio

condições de trabalho, acesso a roças de subsistência, facilidades para comercializarem os excedentes dessas roças [...]".[12]

Os portugueses que migraram para o Novo Mundo, embora provenientes de um universo social caracterizado por fortes traços de desigualdade e hierarquia social, não desconheciam essas tradições camponesas. Os cativos do reino, por sua vez, contribuíram para que muitos destes colonizadores, antes mesmo de emigrarem, refletissem a respeito do que consistia a vida em uma sociedade marcada pela presença da escravatura.

Notas:

1   Foram excluídos destes cálculos 3% de escravos índios. Ver: LUNA, Francisco Vidal; COSTA, Iraci del Nero da; KLEIN, Herbert S. *Escravismo em São Paulo e Minas Gerais*. São Paulo: Edusp, 2009, p. 270-271.

2   RIBEIRO, Alexandre Vieira. "O comércio de escravos e a elite baiana no período colonial". In: FRAGOSO, Luis Ribeiro; ALMEIDA, Carla Maria Carvalho de; JUCÁ, Antonio Carlos. *Conquistadores e negociantes: histórias de elites no Antigo Regime nos Trópicos. América Lusa, séculos XVI a XVIII*. Rio de Janeiro: Civilização Brasileira, 2007, p. 315.

3   FRAGOSO, João Luis Ribeiro; FERREIRA, Roberto Guedes. "Alegrias e artimanhas de uma fonte seriada. Os códices 390, 421, 424 e 425: despachos de escravos e passaportes da Intendência de Polícia da Corte, 1819-1833". In: BOTELHO, Tarcíso Rodrigues *et al* (orgs.). *História Quantitativa e Serial no Brasil: um balanço*. Goiana: ANPUH-MG, 2001, p. 245.

4   "[...] mesmo quando a movimentação interprovincial estava em curso, a imensa maioria dos cativos nascidos no Brasil nas principais províncias importadoras (Rio de Janeiro e São Paulo) da região Sudeste era nascida na província em que residia, como se pode constatar pelo censo de 1872". Ver: VIDAL, Francisco; COSTA, Iraci del Nero

da; Klein, Herbert S. *Escravismo no Brasil*. São Paulo: Edusp/Imprensa Oficial, 2010, p. 189- 190.

5   Ribeiro, Alexandre Vieira. "O comércio de escravos e a elite baiana no período colonial". In: Fragoso, Luis Ribeiro; Almeida, Carla Maria Carvalho de; Jucá, Antonio Carlos. *Conquistadores e negociantes: histórias de elites no Antigo Regime nos Trópicos. América Lusa, séculos XVI a XVIII*. Rio de Janeiro: Civilização Brasileira, 2007, p. 316.

6   Chalhoub, Sidney. *Visões da liberdade: uma história das últimas décadas da escravidão na Corte*. São Paulo: Companhia da Letras, 1990; Castro, Hebe Maria Mattos de. *Das cores do silêncio: os significados da liberdade no sudoeste escravista, Brasil século XIX*. Rio de Janeiro: Arquivo Nacional, 1995.

7   Lahon, Didier. *O Negro no Coração do Império: uma memória a resgatar. Séculos XV-XIX*. Lisboa, 1999, p. 67.

8   Castro, Francisco José Viveiros de. *O suicídio na capital federal: estatística de 1870 a 1890*. Rio de Janeiro: Imprensa Nacional, 1894, p. 13-49.

9   Mello, Evaldo Cabral de. *Um imenso Portugal: história e historiografia*. São Paulo: Editora 34, 2002, p. 133.

10   Cardoso, Ciro Flamarion S. *Escravo ou camponês: o protocampesinato negro nas Américas*. São Paulo: Brasiliense, 1987, p. 114-115.

11   Schwartz, Stuart. *Escravos, roceiros e rebeldes*. Bauru: Edusc, 2001, p. 155.

12   Reis, João José. "Quilombos e revoltas escravas no Brasil". *Revista USP*, n. 28, 1995-96, p. 23. O manifesto do engenho de Santana foi publicado por: Schwartz, Stuart B. "Resistance and Accommodation in Eighteenth-Century Brazil". *Hispanic American Historical Review*, 57, 1977, p. 69-81.

Fontes e Referências Bibliográficas

Fontes Manuscritas

Arquivo da Casa dos Contos de Ouro Preto

Listas de quintos de 1718, 1722, cód. APM 03/10.

Lista de capitação de 1738, cód. AN M7.

Arquivo da Casa Setecentista de Mariana

Escritura de alforria e liberdade que fez Alexandre Alvares de Castilho (1718). Livro de Notas. Cód. 1º Of/8.

Escritura de alforria e liberdade que fez Manoel Rodrigues Pereira (1719). Livro de Notas. Cód. 1º Of/8.

Escritura de alforria e liberdade que fez o Capitão João de Mello e Brito (1718). Livro de Notas. Cód. 1º Of/8.

Escritura de alforria e liberdade que fez Tenente General Manuel da Costa Fragoso (1719). Livro de Notas. Cód. 1º Of/8.

Inventário de Angela da Cruz de Santa Rita.(1744), 1º Of. Caixa 30, Auto 724.

Testamento de Guilherme Maynard da Silva. (1745), 1º Of. Caixa 63, Auto 270.

Arquivo Eclesiástico da Arquidiocese de Mariana

Assento de Entradas da Irmandade do Santíssimo Sacramento de Mariana (1724-1836), cód. P-19.

Devassa eclesiástica feita pelo vigário colado da matriz de Nossa Senhora da Conceição da Vila Rica e visitador ordinário da Comarca do Ribeirão do Carmo, Felix Simões de Paiva, aos moradores das diversas freguesias desta comarca, 1733-1734, s/cód.

Livro Paroquial de Casamento da Sé, 1733-1738, cód. 0-24.

Livro Primeiro de Entradas da Irmandade de Nossa Senhora do Rosário da Cidade de Mariana, 1747-1832, cód. P-28.

Processo de Matrimônio de Domingos Fernandes de Carvalho e Angela da Cruz, Furquim, 1737, cód. 1809.

Termo de Entrada dos Irmãos que querem servir na Irmandade do Santíssimo Sacramento nesta freguesia de São João Batista do Morro Grande (Barão de Cocais), 1730-1747, cód. B1.

Termo de Entrada dos Irmãos que querem servir na Irmandade do Santíssimo Sacramento nesta freguesia de Catas Altas, Arquivo Eclesiástico da Arquidiocese de Mariana, 1749-1773, cód. B3.

Arquivo Histórico da Câmara Municipal de Mariana

Reais quintos e lista dos escravos de 1725. Cód. 150.

Registros das Almotaçarias de Mariana (1732-1738). Cód. 175.

Arquivo Histórico Ultramarino

Carta (2ª via) do [governador da capitania de Pernambuco] Félix José Machado [de Mendonça Eça Castro e Vasconcelos], ao rei [D. João V], sobre se remeter ao secretário do Conselho Ultramarino [André

Lopes de Lavre], três corsários franceses presos na vila de Sirinhaé. 20 de setembro de 1713. Pernambuco. 005, Cx. 25, D. 2333.1.

Carta de Diogo de Mendonça Corte-Real, secretário de Estado da Marinha e Ultramar, para Aires de Saldanha de Albuquerque, ordenando-lhe remetesse para o Reino todas as pessoas que fossem para Minas sem passaporte. 17 de março de 1720. 005, Cx. 2, doc. 57.

Carta de Francisco de Borja Garção Stockler, ao Principe Regente, levando a sua presença o requerimento dos "homens e pessoas de nação branca, outros pardos e muitos inferiores nas cores e graus" principalmente da Capitania das Minas Gerais, no qual pedem as providências dos alvarás de 19.09.1761 e 16.11.1773, relacionados com a libertação dos escravos. 4 de novembro de 1802. 005, Cx. 165, D. 51.

Carta do governador D. João de Lencastre para S. Magde., sôbre a forma em que se houve com dois navios franceses que ali foram. 30 de junho de 1698. Bahia. 005, Cx. 10, D. 821.

Consulta do Conselho Ultramarino ao rei [D. José], sobre a carta do governador interino do Rio de Janeiro e Minas Gerais [José Antônio Freire de Andrade], informando dos procedimentos dos franceses aportados na Fortaleza da Ilha Grande; recomendando que se tomem providências para evitar e castigar os abusos praticados pelas tripulações das embarcações estrangeiras, neste caso, francesas, pondo em perigo a segurança e ordem das populações daquela capitania. 4 de março de 1758, 005, Cx. 53, D. 5292.

Diligências para impedir comércio com franceses. 2 de agosto de 1715, Maranhão. 005, Cx. 10, D. 821.

Entrega da lista das fazenda (*sic*) que entraram em Minas Gerais. 26 de julho de 1756. 001, Cx. 70, D. 5880.

Lembrete da Secretaria de Estado da Marinha e Ultramar, sobre a liberdade dos negros. Maranhão, 16 de janeiro de 1796. 009, Cx. 89, D. 7393.

248 Renato Pinto Venancio

Pedido de devolução de 12 escravos pertencentes à tripulação do seu navio, refugiados na Irmandade dos Pretos, sita no Convento do Carmo. 23 de Janeiro de 1786. 062, Cx. 17, D. 771.

Relações dos tripulantes e passageiros embarcados nos navios que compunham a frota que partiu do Rio de Janeiro para o Reino, no ano de 1752. 003, Cx. 15, D. 663.

Requerimento de Alexandre José Cardoso Silva ao rei [D. João VI], solicitando passaporte para o Rio de Janeiro, levando sua mulher Bernardina do Espírito Santo, um filho, uma escrava com seu filho e dois escravos. 2 de dezembro de 1824. 007, Cx. 288, D. 20749.

Requerimento do negociante Domingos Francisco dos Santos, natural do Porto, por seu procurador Francisco Mendes da Silva Figueiró, ao rei [D. João VI], solicitando passaporte para o Rio de Janeiro para si e sua mulher Escolástica Jacinta de Castro, três filhos e três criadas pretas. 3 de dezembro de 1825. 017, Cx. 294, D. 20839.

Requerimento de Manoel Rodrigues de Oliveira ao rei [D. José], solicitando passaporte para passar ao Rio de Janeiro e a Minas Gerais, onde tinha negócios, em companhia de sua esposa, Ana Moreira da Cruz, de seus filhos João, Manoel e Helena, bem como de dois escravos de nome Salvador e Florência. 26 de Janeiro 1756, 005, Cx. 4965, D. 45.

Arquivo Nacional da Torre do Tombo

Ação cível de soldadas em que é autor Manuel da Fonseca e Silva, possuidor de um escravo de nome José, cozinheiro do navio Pérola do Mar e réu Antonio Pereira Coelho Freitas, 1792. Livro da Índia e Mina, PT-TT-JIM/A/85/9.

Carta de informação da execução de diligências e envio de lista de presos e recibos de embarque. 11 de julho de 1729. PT/TT/TSO-IL/028/Cx. 1623/1694.

Registro paroquial de batismo da Sé, Lisboa, 1747-1759, Cx. 11-L. 13.

Registro paroquial de casamento da Sé, Lisboa, 1693-1701, Cx. 08-L. 10.

Registro paroquial de casamento da Sé, Lisboa, 1738-1753, Cx. 12-L. 13.

Fontes Impressas

Adagios, proverbios, rifãos e anexins da lingua portugueza, tirados dos melhores autores nacionaes, e recopilados por ordem alfabética. Lisboa: Typ. Rollandiana, 1780.

Arte de furtar: espelho de enganos, theatro de verdades, mostrador de horas minguadas, gazua geral dos reynos de Portugal: offerecida a el Rey nosso Senhor D. Joaõ IV, para que a emende. Lisboa: Martinho Schagen, 1744.

Atas da Câmara de Vila Rica (1714). *Anais da Biblioteca Nacional*, vol. 49, 1927, p. 289- 293.

BERNARDES, Manuel. *Armas da castidade: tratado espiritual, em que por modo pratico se ensina o meyos, diligencias convenientes para adquirir, conservar, defender esta angelica virtude.* Lisboa: Na Officina de Miguel Deslandes, 1699.

BLUTEAU, Raphael. *Vocabulario portuguez & latino: aulico, anatomico, architectonico...* 8 vols. Coimbra: Collegio das Artes da Companhia de Jesus, 1712-1728.

Carta para S. Mags. Sobre os dous Canarins que vieram da Índia para a planta da Canella e Pimenta nas terras da Coroa, dando-lhe sítio para morarem, 19 de junho de 1692. *Anais da Biblioteca Nacional*, vol. 5 (1), 1878/79, p. 204-205.

Carta Régia para o Governador e Capitão General do Estado do Brasil, a respeito do cultivo da canela e pimenta e providenciando o sustento de dois canarins que para este mister vieram da Índia, 19 de dezembro de 1697. *Anais da Biblioteca Nacional*, vol. 68 (2), 1949, p. 20-21

CASTRO, Francisco José Viveiros de. *O suicídio na capital federal: estatística de 1870 a 1890*. Rio de Janeiro: Imprensa Nacional, 1894.

Coleção, e escolha de bons ditos, e pensamentos moraes, politicos, e graciozos, por ***. Lisboa: Off. Francisco Borges, 1779.

Constituições primeiras do arcebispado da Bahia. Coimbra: Real Colégio das Artes da Companhia de Jesus, 1720.

COSTA, José Daniel Rodrigues. *Comboy de mentiras: vindo do reino petista com a fragata verdade encuberta por capitania*. Lisboa: Officina de J. F. M. de Campos, 1820.

DE PAUW, Cornelius. *Recherches philosophiques sur les Américains: mémoires intéressants pour servir à l'histoire de l'espèce humaine*. 2 vols. Paris: George Jacques Decker, 1768.

DELICADO, Antonio. *Adagios portuguezes reduzidos a lugares communs*. Lisboa: Officina de Domingos Lopes Rosa, 1651.

FEIJÓ, João de Moraes Madureira. *Orthographia: ou, Arte de escrever e pronunciar com acerto a lingua Portugueza para uso do excelentissimo duque de Lafoens*. Coimbra: Officina Luis Seco Ferreyra, 1739.

MALHEIRO, Agostinho Marques Perdigão. *A escravidão no Brasil: ensaio historico-juridico-social*. Rio de Janeiro: Typ. Nacional, 1866, 3 vols.

MATTOS, Raimundo José da Cunha. *Ensaio histórico-político sobre a origem, progressos, e merecimentos da antipatia e recíproca aversão de alguns portugueses europeus e brasilienses*. Rio de Janeiro: Typ. de M. Garcez, 1822.

Offício do Vice-Rei Conde de Athouguia para Diogo de Mendonça Côrte Real, referendo a pouca utilidade que produzem as palmeiras do Brasil, os serviços prestados pelos canarins que tinham ido de Gôa para a Bahia, destinados a ensinar o melhor aproveitamento daquelas plantas, 12 de outubro de 1751. *Anais da Biblioteca Nacional*, vol. 31(1), 1909, p. 18-19.

Offício do Vice-Rei Conde de Athouguia, participando que os canarins, que estavam na Bahia para o fabrico da urraca, pretendiam regressar a Goa e informando acerca da cultura do linho, 10 de maio de 1753. *Anais da Biblioteca Nacional*, vol. 31(5), 1909, p. 52-53.

Ofício de Diogo de Mendonça Corte-Real ao Conde de Attouguia acusando recebimento das contas a respeito dos canarins enviados pelo Marques de Távora para o Brasil para a fábrica de vidraça e sobre a sementeira de linho, 20 de novembro de 1752. *Anais da Biblioteca Nacional*, vol. 68 (2), 1949, p. 44.

Resumo total da população que existia no ano de 1799, compreendidas as quatro freguesias desta cidade do Rio de Janeiro. *Revista do Instituto Histórico e Geográfico Brasileiro*, T. XXI, 1858, p. 216-217.

Sá, Joachim José Costa e. *Diccionario das linguas portuguesa e francesa*. Lisboa: Officina Régia, 1788.

Semmedo, João Curvo. *Polyanthea medicinal: noticias galenicas e chymicas repartidas en tres tratados*. Lisboa: Officina de Antonio Pedrozo Galram, 1680.

Silva, Antonio Moraes. *Diccionario da lingua portugueza – recompilado dos vocabularios impressos ate agora, e nesta segunda edição novamente emendado e muito acrescentado*. Lisboa: Typographia Lacerdina, 1813, 2 vols.

Thomaz, Manuel Fernandes. *Repertorio geral, ou, Indice alphabetico das leis extravagantes do reino de Portugal, publicadas depois das ordenações, comprehendendo tambem algumas anteriores, que se achão em observância*. Lisboa: Real Imprensa da Universidade, 1819.

Bibliografia

Aguiar, Marcos Magalhães de. *Vila Rica dos Confrades: a sociabilidade confrarial entre negros e mulatos no século XVIII*. Dissertação de Mestrado, FFLCH/USP, 1993.

Alam, Ishrat. "Century Diamond Mining and Trade in South India in the Seventeenth". *The Medieval History Journal*, vol. 3, 2000, p. 291-310.

Alberto, Edite. "Longe de casa: as listas dos resgates de cativos efetuados durante o reinado de D. João V revelam quem eram os 'brasileiros' aprisionados por corsários do Norte da África". *Revista de História da Biblioteca Nacional*. A. 2 (13), 2006, p. 57-61.

Alden, Dauril. *Royal government in colonial Brazil: with special reference to the administration of the Marquis of Lavradio, viceroy, 1769-1779*. University of California Press, 1968.

Alencastro, Luiz Felipe de. "Proletários e escravos: imigrantes portugueses e cativos africanos no Rio de Janeiro, 1850-1872". *Novos Estudos Cebrap*, n. 21, 1988, p. 30-56.

_____. *O trato dos viventes: formação do Brasil no Atlântico Sul, Séculos XVI e XVII*. São Paulo: Companhia das Letras, 2000.

Alkmim, Tânia M. "Português de negros e escravos: atitudes e preconceitos históricos". *Estudos Portugueses e Africanos*, vol. 31, 1998, p. 39-47.

_____. "Falas e cores: um estudo sobre o português de negros e escravos no Brasil do século XIX". In: Carmo, Laura do; Lima, Ivana Stolze (org.). *História social da língua nacional*. Rio de Janeiro: Casa de Rui Barbosa, 2008, p. 247-264.

_____. "Itinerários linguísticos de africanos e seus descendentes no Brasil do século XIX". In: CARVALHO, Ana M. (org.). *Português em contato.* Vol. 2. Madri: Iberoamericana, 2009, p. 177-197.

ALMEIDA, Carla Maria Carvalho de. "Do Reino às Minas: o 'cosmopolitismo' da elite mineira setecentista". In: FRAGOSO, João; FLORENTINO, Manolo; SAMPAIO, Antônio Carlos Jucá de; CAMPOS, Adriana Pereira (orgs.). *Nas rotas do Império: eixos mercantis, tráfico e relações sociais no mundo português.* Vitória: Edufes, 2006, p. 331-356.

ALVES, Jorge Fernandes. *Os Brasileiros: emigração e retorno no Porto Oitocentista.* Porto: s/ed., 1994.

AMANTINO, Márcia. "As condições físicas e de saúde dos escravos fugitivos anunciados no Jornal do Commercio (RJ) em 1850". *História, Ciência, Saúde-Manguinhos,* vol. 14 (4), 2007, p. 1377-1399.

AMORIM, Maria Norberta Simas Bettencourt. *Guimarães: 1580-1819 – estudo demográfico.* Lisboa: Instituto Nacional de Investigação Científica, 1987.

ANTUNES, Álvaro de Araujo. "Considerações sobre o domínio das letras nas Minas Gerais Setecentistas". *LPH: Revista de História,* vol. 10, 2000, p. 13-31.

ARAUJO, Francisco; ALVES, Sandra. "Escravos e libertos em Leça da Palmeira". *Africana Studia,* n. 7, 2004, p. 53-72.

ARAUJO, Regina Mendes. "Mulheres de Vila do Carmo: a preocupação com a 'Boa Morte' (1713-1750)". *Temporalidades: Revista Discente do Programa de Pós-graduação em História da UFMG,* vol. 1, n. 2, 2009, p. 85-106.

BAHUCHET, Serge. "L'invention des Pygmées". *Cahiers d'études africaines,* vol. 33 (129), 1993, p. 153-181.

BAIROCH, Paul *et al. La population des villes européennes: banque de donnés et analyse sommaire des résultats: 800-1850.* Géneve: Droz, 1988.

BAKOS, Margaret Marchiori. *RS: escravismo e abolição.* Porto Alegre: Mercado Aberto, 1982.

BECKFORD, William. *A côrte de rainha D. Maria.* Lisboa: Tavares Cardoso, 1901.

BERGAD, Lair. "Depois do Boom: aspectos demográficos e econômicos da escravidão em Mariana, 1750-1808". *Estudos Econômicos,* 24 (3), set.--dez. 1994, p. 495-525.

_____. *Escravidão e história econômica: demografia de Minas Gerais, 1720-1888.* Bauru: Edusc, 2004.

BETHENCOURT, Francisco. *O imaginário da magia: feiticeiras, adivinhos e curandeiros em Portugal no século XVI.* São Paulo: Companhia das Letras, 2004.

BICALHO, Maria Fernanda. *A cidade e o império: o Rio de Janeiro no século XVIII.* Rio de Janeiro: Civilização Brasileira, 2003.

BOËSTCH, Gilles; ARDAGNA, Yann. "Zoo humains: le 'sauvage' et l'anthopologue". In: BANCEL, Nicolas *et al* (dir.). *Zoos humains: au temps des exhibitions humaines.* Paris: La Découverte, 2004, p. 55-71.

BOSCHI, Caio César. *Os Leigos e o Poder: irmandades leigas e política colonizadora em Minas Gerais.* São Paulo: Ática, 1986.

BOTELHO, Tarcísio R. "A escravidão nas Minas Gerais, c. 1720". In: BOTELHO, Tarcisio Rodrigues *et al* (orgs.). *História Quantitativa e Serial no Brasil: um balanço.* Belo Horizonte: ANPUH-MG, 2001, p. 45-63.

BOULLE, Pierre H. *Race et esclavage dans la France de l`Ancien Régime.* Paris: Perrin, 2007.

BOXER, Charles R. *Relações raciais no império colonial português, 1415-1825*. Porto: Afrontamento, 1963.

_____. *A idade de ouro do Brasil: dores de crescimento de uma sociedade colonial*. São Paulo: Companhia Editora Nacional, 1969.

_____. *O Império Colonial Português (1415-1825)*. Lisboa: Edições 70, 1981.

BRAGA, Paulo Drumond. "Os trinitários e o resgate de cativos. O caso de 1728-1729". *Actas do Congresso Internacional de História: missionação portuguesa e encontro de culturas*. Vol. III. Braga, 1993, p. 483-489.

BRASIO, Antonio. *Os pretos em Portugal*. Lisboa: Agência Geral das Colônias, 1944.

BREWER, Derek. "Livros de piada em prosa predominantes na Inglaterra entre os séculos XVI e XVIII". In: BREMMER, Jan; ROODENBURG, Herman (orgs.). *Uma história cultural do humor*. Rio de Janeiro: Record, 2000, p. 133-163.

CALAINHO, Daniela Buono. "Negros hereges, agentes do diabo: religiosidade negra e Inquisição em Portugal – séculos XVI-XVIII". In: FLORENTINO, Manolo; MACHADO, Cacilda (orgs.). *Ensaios sobre a escravidão*. Belo Horizonte: Ed. UFMG, 2003, p. 65-83.

_____. *Metrópole das mandingas: religiosidade negra e Inquisição portuguesa no Antigo Regime*. Rio de Janeiro: Garamond, 2008.

CARDOSO, Ciro Flamarion S. *Escravo ou camponês: o protocampesinato negro nas Américas*. São Paulo: Brasiliense, 1987.

CARRATO, José Ferreira. *Igreja, iluminismo e escolas mineiras coloniais (notas sôbre a cultura da decadência setecentista)*. São Paulo: Companhia Edtora Nacional, 1968.

CARREIRA, Ernestine. "Au XVIIIe siècle: l'océan Indien et la traite négrière vers le Brésil". In: MATTOSO, Kátia de Queiroz (dir.). *Esclavages: histoire d'une diversité de l'oceán Indien à l'Atlantique Sud*. Paris: L'Harmattan, 1997, p. 55-89.

CASCUDO, Luis da Câmara. *Made in Africa (pesquisas e notas)*. Rio de Janeiro: Civilização Brasileira, 1965.

CASTRO, Hebe Maria Mattos de. *Das cores do silêncio: os significados da liberdade no sudoeste escravista, Brasil século XIX*. Rio de Janeiro: Arquivo Nacional, 1995.

CAVALCANTI, Nireu Oliveira. *O Rio de Janeiro setecentista: a vida e a construção da cidade da invasão francesa até a chegada da Corte*. Rio de Janeiro: Zahar, 2004.

CHALHOUB, Sidney. *Visões da liberdade: uma história das últimas décadas da escravidão na Corte*. São Paulo: Companhia das Letras, 1990.

CHAVES, Claudia Maria das Graças; PIRES, Maria do Carmo; MAGALHÃES, Sônia Maria de (orgs.). *Casa de Vereança de Mariana: 300 anos de história da câmara municipal*. Ouro Preto: Ed. UFOP, 2008.

COATES, Timothy. *Degredados e Órfãos: colonização dirigida pela Coroa no império português, 1550-1755*. Lisboa: Comissão Nacional para as Comemorações dos Descobrimentos Portugueses, 1998.

CONRAD, Robert. *Os últimos anos da escravatura no Brasil*. 2º ed. Rio de Janeiro: Civilização Brasileira, 1978.

COSTA, Emília Vioti da. *Da senzala à colônia*. 2ª ed. São Paulo: Livraria Editora Ciências Humanas Ltda., 1982.

Costa, Iraci del Nero da. *Vila Rica: população (1719-1826)*. São Paulo: IPE-USP, 1979.

Costa, Joaquim Ribeiro. *Toponímia de Minas Gerais*. 2ª ed. Belo Horizonte: BDMG Cultura, 1997.

Curtin, Philip D. *The Atlantic Slave Trade: a census*. Londres: The University of Wisconsin Press, 1969.

Dantas, Júlio. *Figuras d´ontem e de d´hoje*. Porto: Chadron, 1914.

Davis, Robert C. *Esclaves chrétiens, maîtres musulmans: esclavage blanc en Méditerranée (1500-1800)*. Paris: Babel, 2006.

Delgado, Lola; Lozano, Daniel; Chiarelli, Cosimo. "Les zôos humains em Espagne et em Italie: entre spectacle et entreprise missionnaire". In: Bancel, Nicolas *et al* (dir.). *Zoos humains: au temps des exhibitions humaines*. Paris: La Découverte, 2004, p. 235-244.

Díaz, Antonio Manuel González. *La esclavitud en Ayamonte durante el Antigo Régime (siglos XVI, XVII y XVIII)*. Huelva: Diputación Provincial, 1996.

Dolhnikoff, Miriam (Org.). *Projetos para o Brasil: José Bonifácio de Andrada e Silva*. São Paulo: Companhia das Letras, 1999.

Duchet, Michèle. *Anthropologie et histoire au siècle dês Lumières*. 2ª ed. Paris, 1995.

Durães, Margarida. "Estratégias de sobrevivência económica nas famílias camponesas minhotas: os padrões hereditários (sécs. XVIII-XIX)". *Boletim de História Demográfica*. Vol. XII (35), 2005, p. 1-24.

Elias, Norbert. *La société de cour*. Paris: Flammarion, 1974.

ESTERMANN, Carlos. *Etnografia de Angola (sudoeste e centro)*. Lisboa: Instituto de Investigação Científica Tropical, 1983, 2 vols.

FALCON, Francisco C. e NOVAIS, Fernando A. "A extinção da escravatura africana em Portugal no quadro da política econômica pombalina". *Anais do VI Simpósio Nacional dos Professores Universitários de História.* São Paulo, 1973, p. 421-425.

FARIA, Inês Martins. *Santo André de Barcelinhos: o difícil equilíbrio de uma população: 1606-1910.* Guimarães: NEPS, 1998.

FARIA, Sheila de Castro. "A riqueza dos libertos: os alforriados no Brasil escravista". In: CHAVES, Claudia Maria das Graças; SILVEIRA, Marco Antonio (orgs.). *Território, conflito e identidade.* Belo Horizonte: Argumentum, 2007, p. 11-24.

FERREIRA, Luís Gomes. *Erário Mineral* (org. Júnia Ferreira Furtado). Belo Horizonte: Fundação João Pinheiro; Rio de Janeiro: Fiocruz, 2002, 2 vols.

FERRO, João Pedro. *A população portuguesa no final do Antigo Regime (1750-1815).* Lisboa: Presença, 1995.

FIGUEIREDO, Luciano. *Marcas de escravos: lista de escravos emancipados vindos a bordo de navios negreiros (1839-1841).* Rio de Janeiro: Arquivo Nacional, 1989.

_____. *Barrocas famílias: vida familiar em Minas Gerais no século XVIII.* São Paulo: Hucitec, 1997.

_____. "Narrativas das rebeliões – linguagem política e ideias radicais na América portuguesa moderna". *Revista da Universidade de São Paulo,* vol. 111, 2003, p. 6-27.

_____. *Rebeliões no Brasil Colônia.* Rio de Janeiro: Zahar, 2005.

Finley, Moses I. *Escravidão antiga e ideologia moderna*. Rio de Janeiro: Graal, 1991.

Florentino, Manolo Garcia. *Em Costas Negras: uma história do tráfico atlântico de escravos entre a África e o Rio de Janeiro (séculos XVIII e XIX)*. Rio de Janeiro: Arquivo Nacional, 1995.

_____; Fragoso, João. *O arcaísmo como projeto: mercado atlântico, sociedade agrária e elite mercantil em uma economia colonial tardia. Rio de Janeiro (1790-1840)*. Rio de Janeiro: Civilização Brasileira, 2001.

Fonseca, Jorge. *Os escravos em Évora no século XVI*. Évora: Câmara Municipal de Évora, 1997.

_____. "Escravatura moderna no sul de Portugal: uma investigação em curso". *Boletim da Sociedade de Geografia de Lisboa*, n. 119 (1-12), 2001, p. 250-261.

_____. *Escravos no sul de Portugal, séculos XVI-XVII*. Lisboa: Vulgata, 2002.

_____. "As leis pombalinas sobre a escravidão e as suas repercussões em Portugal". *Africana Studia*, n. 14, 2010, p. 29-36.

Fontenay, Michel. "L'esclave galérien dans la Méditerranée des Temps Modernes". In: Bresc, Henri (org.). *Figures de l'esclave au Moyen-Age et dans le Monde Moderne*. Paris: Harmattan, 1996, p. 112-133.

Foucault, Michel. *Histoire de la folie à l'âge classique: folie et déraison*. Paris: Plon, 1961,

Fournie-Martinez, Christine. *Contribution à l'étude de l'esclavage em siecle d'or: lês esclaves devant l'inquisition*. Tese de Doutorado, Ecole Nationale des Chartes, 1988.

FRAGOSO, João Luis Ribeiro; FERREIRA, Roberto Guedes. "Alegrias e artimanhas de uma fonte seriada. Os códices 390, 421, 424 e 425: despachos de escravos e passaportes da Intendência de Polícia da Corte, 1819-1833". In: BOTELHO, Tarcíso Rodrigues *et al* (orgs.). *História Quantitativa e Serial no Brasil: um balanço*. Goiana: ANPUH-MG, 2001, p. 239-278.

FRANCO, Afonso Arinos de Mello. *O índio brasileiro e a Revolução Francesa: as origens brasileiras da teoria da bondade natural*. Rio de Janeiro: José Olympio, 1937.

FREYRE, Gilberto. *O escravo nos anúncios de jornais brasileiros do século XIX*. São Paulo: Companhia Editora Nacional, 1979.

_____. *Casa-grande & senzala: formação da família brasileira sob o regime da economia patriarcal*. 18ª ed. Rio de Janeiro: José Olympio, 1987.

FURET, François e OZOUF, Jacques. *Lire et écrire: l'alphabétisation des français de Calvin à Jules Ferry*. Paris: Les Editions de Minuit, 1977, 2 vols.

FURTADO, Celso. *Formação econômica do Brasil* (1958). São Paulo: Companhia das Letras, 2007.

FURTADO, João Pinto. *O manto de Penélope: história, mito e memória da Inconfidência Mineira de 1788-9*. São Paulo: Companhia das Letras, 2002.

FURTADO, Júnia Ferreira. *Chica da Silva e o Contratador de Diamantes: outro lado do mito*. São Paulo: Companhia das Letras, 2006.

GARCIA, Maria Carmem Gómez e VERGARA, Juan Maria Martin. *La esclavitud en Málaga entre los siglos XVII y XVIII*. Málaga: Servicio de Publicaciones Diputación Provincial, 1993.

GERBI, Antonello. *O Novo Mundo: história de uma polêmica (1750-1900)*. São Paulo: Companhia das Letras, 1996.

GODINHO, Vitorino Magalhães. *Estrutura da Antiga Sociedade Portuguesa*. 2ª ed. Lisboa: Arcádia, 1975.

_____. "O Mercado de mão de obra e os escravos". In: *Os descobrimentos e a economia mundial*. Vol. IV. 2ª ed. Lisboa: Presença, 1981.

GORENDER, Jacob. *O escravismo colonial*. São Paulo: Ática, 1988.

GRINBERG, Keila. *Liberata, a lei da ambiguidade: as ações de liberdade da Corte de Apelação do Rio de Janeiro no século XIX*. Rio de Janeiro: Relume Dumará, 1994.

_____. *O fiador dos brasileiros: cidadania, escravidão e direito civil no tempo de Antonio Pereira Rebouças*. Rio de Janeiro: Civilização Brasileira, 2002.

GUTIÉRREZ, Horacio. "O tráfico de crianças escravas para o Brasil durante o século XVIII". *Revista de História*, São Paulo, n. 120, 1989, p. 59-72.

HANSON, Carla A. *Economia e Sociedade no Portugal Barroco*. Lisboa: Publicações Dom Quixote, 1986.

HESPANHA, António Manuel. "A família". In: _____ (coord.). *História de Portugal. O Antigo Regime (1620-1808)*. Vol. 4. Lisboa: Estampa, 1998, p. 273-285.

_____. "A constituição do Império português: revisão de alguns enviesamentos correntes". In: FRAGOSO, João; BICALHO, Maria Fernanda e GOUVÊA, Maria de Fátima (orgs.). *O Antigo Regime nos trópicos: dinâmica imperial portuguesa (séculos XVI-XVIII)*. Rio de Janeiro: Civilização Brasileira, 2001, p. 165-188.

HIGGINS, Kathleen J. *"Licentious liberty" in a Brazilian gold-mining region: slavery, gender, and social control in eighteenth-century Sabará, Minas Gerais*. Penn State Press, 1999.

KANTOR, Íris. *Esquecidos e Renascidos: a historiografia acadêmica luso-americana, 1724-1759*. São Paulo: Hucitec, 2005.

KINKOR, Kenneth J. "Flibustiers noirs". In: LE BRIS, Michel (org.). *L´aventure de la flibuste*. Paris: Hoëbeke, 2002.

KLEIN, Herbert S. "A integração social e econômica dos imigrantes portugueses no Brasil no fim do século XIX e no século XX". *Revista Brasileira de Estudos de População*, vol. 6 (2), 1989, p. 17-37.

KRINSKI, Márcia Luzia (org.). *Promessas desfeitas: documentação paranaense em processos do Juízo Eclesiástico da Diocese de São Paulo (1750-1796)*. Curitiba: Quatro ventos/Cedope, 2003.

LACERDA NETO, Arthur Virmond de. *As ouvidorias do Brasil Colônia*. Curitiba: Juruá, 2000.

LAHON, Didier. *O Negro no Coração do Império: uma memória a resgatar. Séculos XV-XIX*. Lisboa, 1999.

_____. *Esclavage et confréries noires au Portugal durant l'Ancien Régime (1441-1830)*. Thèse doct. Paris: EHESS, 2001, 2 vols.

_____. "Violência do estado, violência privada. O verbo e o gesto no caso português". In: FLORENTINO, Manolo; MACHADO, Cacilda (orgs.). *Ensaios sobre a escravidão*. Belo Horizonte: Ed. UFMG, 2003, p. 87-120.

_____. "Les Archives de l'Inquisition Portugaise: sources pour une approche anthropologique et historique de la condition des esclaves d'origines africaines et de leurs descendants dans la métropole (XVIXIXe)". *Revista Portuguesa de Ciência das Religiões*, n. 5/6, ano III, 2004, p. 29-45.

LARA, Sílvia Hunold. "Do Singular Ao Plural: Palmares, Capitães-Do-Mato e O Governo dos Escravos". In: REIS, João José; GOMES, Flávio dos

Santos (orgs.). *Liberdade por um Fio. História dos quilombos no Brasil.* São Paulo: Companhia das Letras, 1996, p. 81-110.

_____. "Sedas, panos e balangandãs: o traje das senhoras e escravas nas cidades do Rio de Janeiro e Salvador (século XVIII)". In: SILVA, Maria Beatriz Nizza da (org.). *Brasil: colonização e escravidão.* Rio de Janeiro: Nova Fronteira, 2000, p. 177-191.

_____. *Legislação sobre escravos africanos na América portuguesa* (CD-ROM). Madri: Fundación Histórica Tavera, 2000.

_____. *Fragmentos setecentistas: escravidão, cultura e poder na América portuguesa.* São Paulo: Companhia das Letras, 2007.

LARQUIÉ, Claude. "Les esclaves de Madrid á l'époque de la decadence (1650-1700)". *Revue historique,* n. 244, 1970, p. 41-47.

LIMA JR, Augusto. *A Capitania das Minas Gerais (origem e formação).* Belo Horizonte: Instituto de História, Letras e Artes, 1965.

LIMA, Joaquim Pires de. *Mouros, judeus e negros na história de Portugal.* Porto: Livraria Civilização, 1940.

LINEBAUGH, Peter; REDIKER, Marcus. *La hidra de la revolución: marineros, esclavos y campesinos em la historia del Atlantico.* Barcelona: Critica, 2004.

LOPES, Clara Rodríguez Dias Baltasar. *Preto em Cordel, século XVIII: jogo, subversão, preconceito.* Dissertação de Mestrado, Universidade Nova de Lisboa, 1996.

LUNA, Francisco Vidal; COSTA, Iraci del Nero da; KLEIN, Herbert S. *Escravismo em São Paulo e Minas Gerais.* São Paulo: Edusp, 2009.

Magalhães, Joaquim Romero. "A sociedade". In: *História de Portugal: no alvorecer da modernidade*. Vol. 3. Lisboa: Estampa, 1993, p. 451-478.

Marcilio, Maria Luíza. *A cidade de São Paulo: povoamento e população, 1750-1850*. São Paulo: Pioneira, 1974.

_____. "A morte de nossos ancestrais". In: Martins, José de Souza (org.). *A morte e os mortos na sociedade brasileira*. São Paulo: Hucitec, 1983, p. 61-75.

_____. "Migrações no Brasil Colonial: uma proposta de classificação". *Revista do LPH*, vol. 1 (1), 1990, p. 36-45.

_____. *História da Escola em São Paulo e no Brasil*. São Paulo: Imprensa Oficial do Estado, 2005.

_____. *Caiçara, terra e população: estudo de demografia histórica e da história social de Ubatuba*. 2ª ed. São Paulo: Edusp, 2006.

Marcondes, Renato Leite; Motta, José Flávio. "Duas fontes documentais para o estudo dos preços dos escravos no Vale do Paraíba paulista". *Revista Brasileira de História*, vol. 21 (42), 2001, p. 495-514.

Marques, João Pedro. "Uma revisão crítica das teorias sobre a abolição do tráfico de escravos português". *Penélope,* vol. 14, 1994, p. 95-118.

_____. *Os sons do silêncio: o Portugal de Oitocentos e a abolição do tráfico de escravos*. Lisboa: Imprensa de Ciências Sociais, 1999.

Marquese, Rafael de Bivar. *Feitores do corpo, missionários da mente: senhores, letrados e o controle dos escravos nas Américas, 1660-1860*. São Paulo: Companhia das Letras, 2004.

Martinho, Lenira Menezes e Gorenstein, Riva. *Negociantes e caixeiros na sociedade da independência*. Rio de Janeiro: Secretaria Municipal de Cultura, 1993.

MATHIAS, Carlos. "Preço e estrutura da posse de escravos no termo de Vila do Carmo (Minas Gerais), 1713-1756". *Almanack Braziliense*, n. 6, 2007, p. 54-70.

MATTOSO, José. *O essencial sobre os provérbios medievais portugueses*. Lisboa: Casa da Moeda, 1987.

MATTOSO, Kátia de Queirós. *Ser Escravo no Brasil*. São Paulo: Brasiliense, 1982.

_____ *et al. Esclavages: histoire d'une diversité de l'océan Indien à l'Atlantique sud*. Paris: Harmattan, 1997.

MELLO, Carl Egbert H. V. *Apontamentos para servir à história fluminense (Ilha Grande)*. Angra dos Reis: Conselho Municipal de Cultura, 1987.

MELLO, Evaldo Cabral de. *Um imenso Portugal: história e historiografia*. São Paulo: Editora 34, 2002.

MINOIS, Georges. *História do riso e do escárnio*. São Paulo: Ed. Unesp, 2003.

MONTEIRO, John M. "Alforria, litígios e a desagregação da escravidão indígena em São Paulo". *Revista de História*, vol. 120, 1989, p. 45-57.

MONTEIRO, Nuno Gonçalo. *Elites e poder: entre o Antigo Regime e o Liberalismo*. 2ª ed. Lisboa: ICS, 2007.

_____. "A circulação das elites no império dos Bragança (1640-1808): algumas notas". *Tempo*, vol. 14, n. 27, 2009, p. 51-67.

MORAIS, Christianni Cardoso. "Ler e escrever: habilidades de escravos e forros? Comarca do Rio das Mortes, Minas Gerais, 1731-1850". *Revista Brasileira de Educação*, vol. 12 (36), 2007, p. 493-550.

MOREAU, Jean-Pierre. *Une histoire des pirates: des mers du Sud à Hollywood.* Paris: Éditions Tallandier, 2006.

MOREIRA, Maria João Guardado; VEIGA, Teresa Rodrigues. "A evolução da população". In: LAINS, Pedro; SILVA, Álvaro Ferreira da (org.). *História económica de Portugal, 1700-2000: O século XVIII.* Lisboa: ICS, 2005, p. 35-65.

MOTT, Luiz. "Pedofilia e pederastia no Brasil antigo". In: DEL PRIORE, Mary (org.). *História da Criança no Brasil.* São Paulo: Contexto, 1991, p. 44 - 60.

_____. *Rosa Egipcíaca: uma santa africana no Brasil.* São Paulo: Bertrand, 1993.

MOTT, Maria Lúcia B. "Criança escrava na literatura de viagens". *Cadernos de Pesquisa*, n. 31, 1979, p. 57-67.

MYERS, Norma. *Reconstrucing the black past: blacks in Brintain, 1780-1830.* London: Frank Cass, 1996.

NOVAIS, Fernando A. *Portugal e Brasil na crise do Antigo Sistema Colonial (1777-1808).* 7ª ed. São Paulo: Hucitec, 2001.

_____. *Aproximações: estudos de história e historiografia.* São Paulo: Cosac Naify, 2005.

NUNES, Verônica Maria Meneses. *Glossário de termos sobre religiosidade.* Aracaju: Tribunal de Justiça; Arquivo Judiciário do Estado de Sergipe, 2008.

OBELKEVICH, James. "Provérbios e história social". In: BURKE, Peter; PORTER, Roy (orgs.). *História social da linguagem.* São Paulo: Ed. Unesp, 1997, p. 43-81.

ORSONI-AVILA, Françoise. *Les esclaves de Lucena (1539-1700).* Paris: Presses de la Sorbonne Nouvelle, 1997.

PAIVA, Eduardo França. *Escravos e libertos nas Minas Gerais do século XVIII: estratégias de resistência através dos testamentos*. São Paulo: Annablume, 1995.

PATTERSON, Orlando. *Escravidão e morte social: um estudo comparativo*. São Paulo: Edusp, 2008.

PEABODY, Sue. *"The are no slaves in France": the political culture of race and slavery in the Ancien Régime*. New York: Oxford University Press, 1996.

_____. "The French free soil principle in the Atlantic world". *Africa Studia*, n. 14, 2010, p. 21-26.

PEDREIRA, Jorge Miguel Viana. *Estrutura industrial e mercado colonial: Portugal e Brasil (1780-1830)*. Lisboa: Difel, 1994.

PEREIRA, Mírian Halpern. *A política portuguesa de emigração: 1850-1930*. Lisboa: A Regra do Jogo Edições, 1981.

PEREIRA, Maria Conceição Meireles. *Casamento e sociedade na 2° metade do século XVIII: o exemplo da paróquia do Socorro*. Dissertação de Mestrado, Faculdade de Letras da Universidade do Porto, 1987.

PERES, Damião; CERDEIRA, Eleautério. *História de Portugal*. Barcelos: Portucalense, 1932.

PESSOA, Marlus Barros. "Os modos de falar do escravo em jornais brasileiros do século XIX". *Confluência - Revista do Instituto de Língua Portuguesa*, vol. 20, 2000, p. 85-93.

PÉTRÉ-GRENOUILLEAU, Olivier. *L'argent de la traite. Milieu négrier, capitalisme et développement: un modèle*. Paris: Aubier, 2009.

PHILLIPS JR, William D. *Historia de la esclavitud en España*. Madri: Playor, 1990.

PIERONI, Geraldo. "Les inquisiteurs ont-ils aussi banni des esclaves? (Empire portugais, XVIe-XVIIe siècles)". In: MATTOSO, Kátia de Queirós *et al*. *Esclavages: histoire d´une diversité de l´océan Indien à l´Atlantique sud*. Paris: Harmattan, 1997, p. 173-191.

_____. *Os excluídos do reino: a Inquisição portuguesa e o degredo para o Brasil Colônia*. Brasília: Ed. UnB, 2000.

PIMENTEL, Maria do Rosário. *Viagem ao fundo das consciências: a escravatura na Época Moderna*. Lisboa: Colibri, 1995.

PIRES, Maria de Fátima Novaes. *Crime na cor: escravos e forros no Alto Sertão da Bahia (1830-1888)*. São Paulo: Annablume/Fapesp, 2003.

PRIORE, Mary Lucy Murray del. "Auberon na Lusitânia". *Tempo: revista de história*, vol. 4, 1997, p. 124-145.

_____. *O mal sobre a terra: o terremoto de Lisboa de 1755*. Rio de Janeiro: Topbooks, 2003.

RAMINELLI, Ronald. "Montaigne e os canibais". *Revista de Ciências Humanas*, vol. 7-8, 1999, p. 89-106.

_____. *Viagens ultramarinas: monarcas, vassalos e governo a distância*. São Paulo: Alameda, 2008.

RAMOS, Donald. "Do Minho a Minas". *Revista do Arquivo Público Mineiro*, vol. XLIV (1), 2008, p. 132-153.

RAWLEY, James A.; BEHRENDT, Stephen D. *The Transatlantic Slave Trade: A History*. 2ª ed. Nebraska Paperback, 2009.

REIS, João José; SILVA, Eduardo. *Negociação e Conflito: a resistência negra no Brasil escravista*. São Paulo: Companhia das Letras, 1989.

_____. "Quilombos e revoltas escravas no Brasil". *Revista USP*, n. 28, 1995-96, p. 14-39.

_____. *Rebelião escrava no Brasil: a história do levante dos malês em 1835*. 2ª ed. São Paulo: Companhia das Letras, 2003.

REIS, Maria Cecília Batista Nunes R. S. *Entre as fragrâncias do vinho do Porto e as tentações do ouro brasileiro (1739-1777)*. Dissertação de Mestrado, Universidade do Porto, 1995.

REIS, Maria da Conceição. *A pirataria argelina na Ericeira do século XVIII*. Ericeira: Mar de Letras, 1988.

RIBEIRO, Alexandre Vieira. "O comércio de escravos e a elite baiana no período colonial". In: FRAGOSO, Luis Ribeiro; ALMEIDA, Carla Maria Carvalho de; JUCÁ, Antonio Carlos. *Conquistadores e negociantes: histórias de elites no Antigo Regime nos Trópicos. América Lusa, séculos XVI a XVIII*. Rio de Janeiro: Civilização Brasileira, 2007, p. 311-335.

RIBEIRO, Gladys Sabina. *A liberdade em construção: identidade nacional e conflitos antilusitanos no primeiro reinado*. Rio de Janeiro: Relume Dumará, 2002.

RODRIGUES, Cláudia. *Nas fronteiras do além: a secularização da morte no Rio de Janeiro, séculos XVIII e XIX*. Rio de Janeiro: Arquivo Nacional, 2005.

RODRIGUES, Jaime. "Cultura marítima: marinheiros e escravos no tráfico negreiro para o Brasil (sécs. XVIII e XIX)". *Revista Brasileira de História*. São Paulo, vol. 19 (38), 1999, p. 15-53.

_____. *O infame comércio: propostas e experiências no final do tráfico de africanos para o Brasil, 1800-1850*. Campinas: Ed. Unicamp, 2000.

_____. "Cruzar oceanos em busca da liberdade: escravos e marinheiros-escravos no Atlântico". In: CHAVES, Claudia Maria das Graças; SILVEIRA,

Marco Antonio (orgs.). *Território, conflito e identidade*. Belo Horizonte: Argumentum, 2007, p. 49-61.

RODRIGUES, Henrique. *Emigração e Alfabetização: o Alto-Minho e a Miragem do Brasil*. Viana do Castelo, 1995.

RODRIGUES, Teresa. *Crises de mortalidade em Lisboa, séculos XVI-XVII*. Lisboa: Livros Horizonte, 1990.

_____. "A estrutura familiar urbana nos inícios do século XIX: a freguesia de Santiago de Lisboa". *Ler História*, vol. 38, 2000, p. 29-53.

RUBERT, Arlindo. *A Igreja no Brasil: expansão territorial e absolutismo estatal (1700-1822)*. Santa Maria: Pallotti, 1988.

RUBIO, Joaquim Álvaro. *La esclavitud en Barcarrota y Salvaleón en el período moderno (siglos XVI-XVIII)*. Badajoz: Diputación Provincial, 2005.

RUSSELL-WOOD, A. J. R. *Um mundo em movimento: os portugueses na África, Ásia e América (1415-1808)*. Lisboa: Difel, 1998.

_____. "Fluxos de Emigração". In: BETHENCOURT, Francisco e CHAUDHURI, Kirti (dir.). *História da Expansão Portuguesa*. Vol. 1. Navarra: Circulo de Leitores, 1998.

_____. "Local Government in Portuguese America: A Study in Cultural Divergence". *Comparative Studies in Society and History*, vol. 16, 1974, p. 187-231.

_____. *Escravos e libertos no Brasil colonial*. Rio de Janeiro: Civilização Brasileira, 2005.

SABUGOSA, Antonio Maria José de Mello S. C. e M. *Bôbos na Côrte*. Lisboa: Portugalia, 1923.

Santana, Francisco. "Processos de escravos e forros na Inquisição de Lisboa". *Ler História*, 13, 1988, p. 15-30.

_____; Sucena, Eduardo. *Dicionário da história de Lisboa*. Lisboa: Carlos Quintos e Associados, 1994.

_____. "Senhores e escravos em alforrias setecentistas". *Ler História*, vol. 42, 2002, p. 93-118.

Santos, Corcino Medeiros dos. *O Rio de Janeiro e a conjuntura atlântica*. Rio de Janeiro: Expressão e Cultura, 1993.

Santos, Marcio. *Estradas reais: introdução ao estudo dos caminhos do ouro e do diamante no Brasil*. Belo Horizonte: Instituto Estrada Real, 2001.

Saunders, A. C. de C. M. *História social dos escravos e libertos negros em Portugal (1441-1555)*. Lisboa: Imprensa Nacional, 1994.

Schama, Simon. *Landscape and memory*. Londres: A. A. Knopf, 1995.

Scherer, Jovani de Souza; Rocha, Márcia Medeiros da (coord.). *Documentos da escravidão: compra e venda de escravos – Acervo dos tabelionatos do Rio Grande do Sul*. Porto Alegre: Companhia Riograndense de Artes Gráficas, 2010.

Schwartz, Stuart B. "Resistance and Accommodation in Eighteenth-Century Brazil". *Hispanic American Historical Review*, 57, 1977, p. 69-81.

_____. *Segredos internos: engenhos e escravos na sociedade colonial 1550-1835*. São Paulo: Companhia das Letras, 1988.

_____. *Escravos, roceiros e rebeldes*. Bauru: Edusc, 2001.

Scott, Ana Sílvia Volpi. *Famílias, Formas de União e Reprodução Social no Noroeste Português (séculos XVIII e XIX)*. Guimarães: NEPS – Universidade do Minho, 1999.

SERRÃO, José Vicente. "O quadro humano". In: HESPANHA, António Manuel (coord.). *História de Portugal. O Antigo Regime (1620-1808)*. Vol. 4. Lisboa: Estampa, 1998, p. 49-69.

_____. "A agricultura". In: LAINS, Pedro; SILVA, Álvaro Ferreira da (orgs.). *História económica de Portugal, 1700-2000: O século XVIII*. Lisboa: ICS, 2005, p. 145-173.

SILVA, Alfonso Franco. "Aspectos diversos sobre a esclavitud en las ciudades andaluzas en los siglos XV y XVI". *Revista de Indias*, vol. 2, 1986, p. 15-32.

SILVA, Álvaro Ferreira da. *Propriedade, Família e Trabalho no "Hinterland" de Lisboa: Oeiras, 1738-1811*. Cosmos, 1993.

SILVA, Luiz Geraldo. *A faina, a festa e o rito. Uma etnografia histórica sobre as gentes do mar (Séculos XVII ao XIX)*. Campinas: Papirus, 2001.

_____. "'Esperança de liberdade'. Interpretações populares da abolição ilustrada". *Revista de História*, vol. 144, 2001 p. 107-149.

SILVA, Maria Beatriz Nizza da. *Cultura e Sociedade no Rio de Janeiro (1808-1821)*. São Paulo: Companhia Editora Nacional, 1977.

_____. *Cultura no Brasil Colônia*. Petrópolis: Vozes, 1981.

_____. *Sistema de casamento no Brasil colonial*. São Paulo: T. A. Queiroz/Edusp, 1984.

_____. *Cultura Portuguesa na Terra de Santa Cruz*. Lisboa: Estampa, 1995.

_____. *Ser nobre na Colônia*. São Paulo: Ed. Unesp, 2005.

SILVA, Marilda Santana. *Dignidade e transgressão: mulheres no tribunal eclesiástico em Minas Gerais (1748-1830)*. Campinas: Ed. Unicamp, 2001.

SILVA, José-Gentil da. "En Afrique portugaise: l'Angola au XVIII siècle". *Annales ECS*, 1959, vol. 14 (3), p. 571-580.

SILVA NETO, Maria de Lourdes A. C. Meira do Carmo. *A freguesia de Nossa Senhora das Mercês de Lisboa no 1º quartel do século XVIII*. Lisboa: Centro de Estudos Demográficos, 1958.

_____. *A freguesia de Santa Catarina de Lisboa no 1º quartel do século XVIII (ensaio de demografia histórica)*. Lisboa: Centro de Estudos Demográficos, 1959.

SILVEIRA, Alessandra da Silva. "Casando em segredo: um estudo sobre os casamentos de consciência, Bispado do Rio de Janeiro, século XIX". *Anais do XIV Encontro Nacional de Estudos Populacionais*, ABEP, 2004, p. 3-18.

SILVEIRA, Marco Antonio. "Soberania e luta social: negros e mestiços libertos na Capitania de Minas Gerais (1709-1763)". In: CHAVES, Claudia Maria das Graças; SILVEIRA, Marco Antonio (orgs.). *Território, conflito e identidade*. Belo Horizonte: Argumentum, 2007, p. 25-47.

SLENES, Robert W. "Grandeza ou decadência? O mercado de escravos e a economia cafeeira da província do Rio de Janeiro, 1850-1888". In: COSTA, Iraci del Nero da. (org.), *Brasil: história econômica e demográfica*. São Paulo: IPE/USP, 1986, p. 103-156.

SOARES, Alvaro Teixeira. *O Marquês de Pombal*. Brasília: Ed. UnB, 1983.

SOARES, Carlos Eugênio Líbano. *A negregada instituição: os capoeiras no Rio de Janeiro*. Rio de Janeiro: Secretaria Municipal de Cultura, 1994.

Soares, Mariza de Carvalho. *Devotos da cor: Identidade étnica, religiosidade e escravidão*. Rio de Janeiro: Civilização Brasileira, 2000.

Souza, Fernando de; Alves, Jorge Fernandes. *Alto Minho: população e economia nos finais de setecentos*. Lisboa: Presença, 1997.

Souza, Laura de Mello e. *Desclassificados do ouro: a pobreza mineira no século XVIII*. Rio de Janeiro: Graal, 1982.

_____. *O diabo e a terra de Santa Cruz: feitiçaria e religiosidade popular no Brasil colonial*. São Paulo: Companhia das Letras, 1986.

_____. *Inferno atlântico: demonologia e colonização – séculos XVI-XVIII*. São Paulo: Companhia das Letras, 1993.

_____. *Claudio Manuel da Costa*. São Paulo: Companhia das Letras, 2011.

Stella, Alessandro. *Histoires d'esclaves dans la Péninsule Ibérique*. Paris: EHESS, 2000.

Subtil, José. "Os Poderes do Centro". In: Hespanha, António Manuel (coord.). *História de Portugal. O Antigo Regime (1620-1808)*. Vol. 4. Lisboa: Estampa, 1998, p. 157-267.

Taunay, Afonso de Escragnolle. *Zoologia fantástica do Brasil (séculos XVI e XVII)*. São Paulo: Edusp, 1999.

Thabata, Araujo de. "Tradição ou inovação nas leituras: Vila Rica: 1750-1800". *Oficina do Inconfidência: revista de trabalho*, vol. 3 (2), 2003, p. 25-64.

Thomas, Hugh. *The Slave Trade, the story of the atlantic slave trade: 1440-1870*. New York: Simon & Schuster, 1997.

THORNTON, John. *A África e os africanos na formação do mundo atlântico, 1400-1800.* Rio de Janeiro: Campus, 2004.

TINHORÃO, José Ramos. *Os negros em Portugal: uma presença silenciosa.* 2º ed. Lisboa: Caminho, 1997.

TORRES, Simei Maria de Souza. *O cárcere dos indesejáveis (1750-1800): degredados na Amazônia portuguesa.* Dissertação de Mestrado, Pontifícia Universidade Católica de São Paulo, 2006.

VALENÇA, Manuel. *Escravatura na região do Porto (1591-1795).* Braga: Franciscana, 2003.

VASCONCELLOS, J. Leite de. "Um bobo do século XIV". *Boletim de Etnografia,* n. 1, 1920, p. 18-21.

VENANCIO, Renato Pinto. "Presença Portuguesa: de colonizadores a imigrantes". In: *Brasil: 500 anos de povoamento.* Rio de Janeiro: IBGE, 2000, p. 62-77.

_____. "Escravos 'brasileiros' em Lisboa do século XVIII". *Anais da XXII Reunião Anual da Sociedade Brasileira de Pesquisa Histórica.* Vol. 1. Curitiba: SBPH, 2002, p. 123-130.

VERLINDEN, Charles, *L'esclavage dans Le monde ibérique mediéval.* Madrid: Typ. Archivos Olózoga, 1934.

_____. *L'esclavage dans l'Europe médiévale.* Bruges: Werken, 1955-1977, 2 vols.

VIEIRA, Alberto. *Os escravos no Arquipélago da Madeira, séculos XV-XVII.* Funchal: Centro de Estudos da História do Atlântico, 1991.

VILLALTA, Luis Carlos. "O que se fala e o que se lê: língua, instrução e leitura". SOUZA, Laura de Mello e (org.). *História da Vida Privada no Brasil.* Vol. 1. São Paulo: Companhia das Letras, 1997, p. 331-385.

ESTA OBRA FOI IMPRESSA EM SANTA CATARINA NO OUTONO DE 2012 PELA NOVA LETRA GRÁFICA & EDITORA. NO TEXTO FOI UTILIZADA A FONTE PALATINO LINOTYPE EM CORPO 10,5 E ENTRELINHA DE 16,5 PONTOS.